Fänger statt Anfänger

Angeln lernen – der schnellste Weg

Martin Wehrle

Müller Rüschlikon

Impressum

Einbandgestaltung: Luis Santos
Titelbild: Edwin Hartwich

Bildnachweis: Martin Wehrle, Edwin Hartwich (28 Fotos), Frank Weissert (2 Fotos)

ISBN 978-3-275-02000-3

Postfach 10 37 43, 70032 Stuttgart
Ein Unternehmen der Paul Pietsch Verlage GmbH & Co. KG

Sie finden uns im Internet unter
www.mueller-rueschlikon-verlag.de

2. Auflage 2018

Lektorat: Frank Weissert
Innengestaltung: NovoTec, 73779 Deizisau
Druck und Bindung: Graspo CZ, 76302 Zlin
Printed in Czech Republic

Inhalt

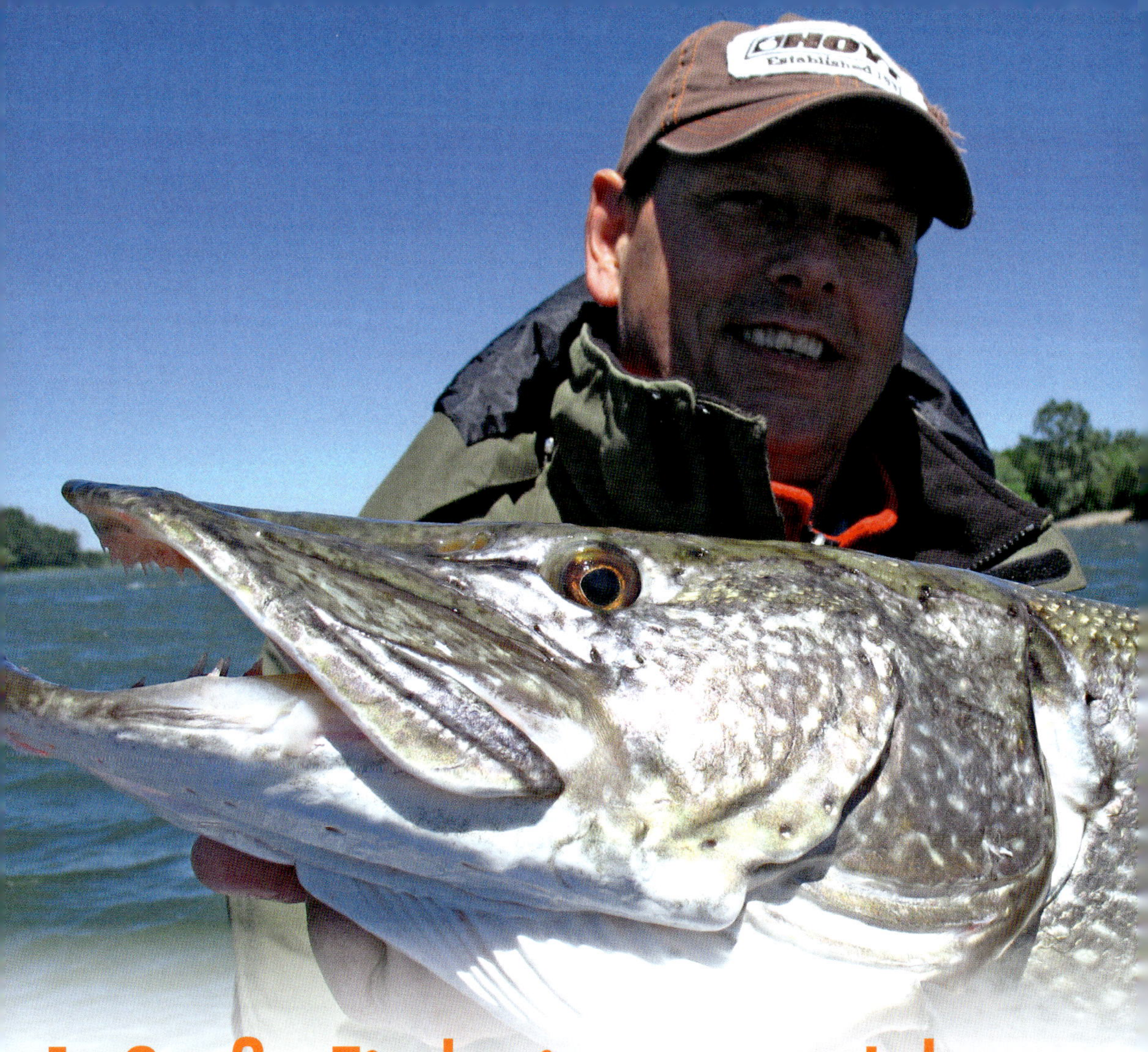

1. Große Fische im ersten Jahr – so geht's!

Der erfolgreichste Anfänger aller Zeiten

Er fing wie ein Weltmeister, Heinz Kandziora aus Memmingen. Wie schaffte er es, in wenigen Monaten mehr Großfische als andere Angler im ganzen Leben zu überlisten? Mit welchem Trick legte er Riesenhechte aufs Kreuz, darunter einen von knapp 40 Pfund? Wie gelang es ihm, Zander von über einem Meter zu fangen?

Damals war ich Jungredakteur der Anglerzeitschrift BLINKER und schrieb ein Portrait über ihn. Alle in der Redaktion waren sicher: Das musste ein ausgeschlafener Profi sein, ein Angler mit 20, 30 Jahren Erfahrung. Doch als ich Heinz Kandziora fragte, wie lang er schon angele, sagte er: »Ich habe gerade erst angefangen – mit über 40 Jahren.« Der Kapitalen-Fänger war Anfänger!

Es gibt kein anderes Hobby, bei dem du als Einsteiger so schnell erfolgreich sein kannst wie beim Angeln. Könnte einer, der zum ersten Mal Fußball spielt, Philipp Lahm ausdribbeln? Niemals! Könnte einer, der zum ersten Mal Tennis spielt, Roger Federer vom Platz fegen? Ausgeschlossen! Aber frag mal erfahrene Angler, wie es ihnen ergangen ist, wenn sie einen Einsteiger mit ans Wasser nahmen! Sogar die besten Angler , müssen zugeben: Gelegentlich fangen die Einsteiger besser.

Wie schnell der Anfänger zum Fänger wird, weiß ich aus eigener Erfahrung. Hatte ich nicht schon als Schulkind den Wildkarpfen von 14 Pfund gefangen, der heute noch präpariert im Wohnzimmer meiner Eltern hängt? Die Riesenforelle aus dem Bach? Die 5-Pfund-Schleie vom »Sockel«, dem tiefsten Punkt in unserem Vereinsteich? Tatsächlich gab es immer komische Szenen, wenn mein Vater und ich vom Angeln nach Hause kamen und einen großen Fisch ins Spülbecken legten. Meine Mutter grinste dann und sagte: »Stimmt's, den hat wieder der Martin gefangen!« Mein Vater knurrte – und ich nickte.

Wie ist das möglich, dass Einsteiger so gute Chancen haben? Angeln hat nicht nur mit handwerklichem Können und Erfahrung zu tun, sondern auch mit Glück und Instinkt. Den Fischen ist egal, wer die Rute hält, ob Routinier oder Anfänger. Hauptsache, der Köder kommt ihnen im richtigen Moment vors Maul!

Außerdem bringen die meisten Einsteiger einen gewaltigen Vorteil mit: Sie angeln nicht so, wie es alle tun – sondern sie gehen eigene Wege. Köder probieren

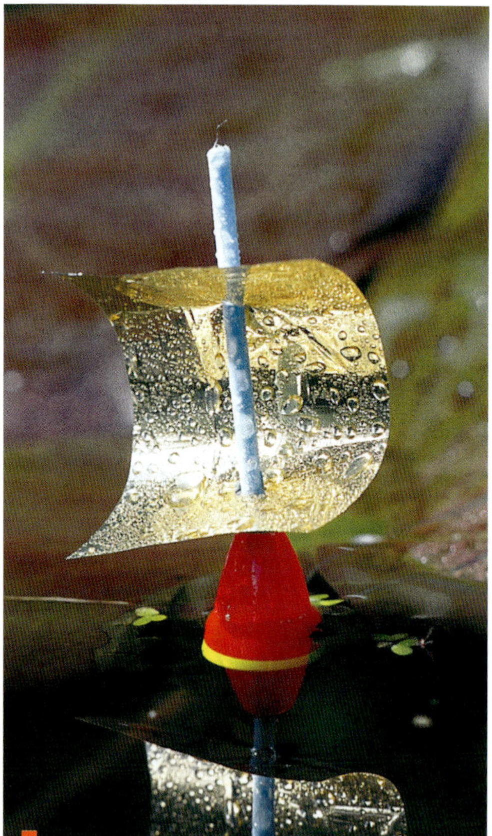

Kreativität fängt. Nicht nur mit Modellboot, auch mit Segelpose lassen sich Köder außerhalb der Wurfweite anbieten.

sie aus, die außer ihnen keiner anbietet. Plätze suchen sie auf, wo die Erfahrenen schon lange nicht mehr hingehen. Und sie angeln zu Zeiten, zu denen die Erfahrenen nicht am Wasser sind.

Wer neue Wege geht, kann neue Fische fangen. Heinz Kandziora beangelte Seen mit Bootsangel-Verbot, doch fuhr seine Köder mit einem Modellboot weit hinaus – in jene Ferne, in die sich die kapitalen Fische offenbar zurückgezogen hatten. Und Kandziora ging auf schlitzohrige Weise vor: Er kippte mit seinem Boot jeweils eine Dose Mais über seinem Raubfischköder aus.

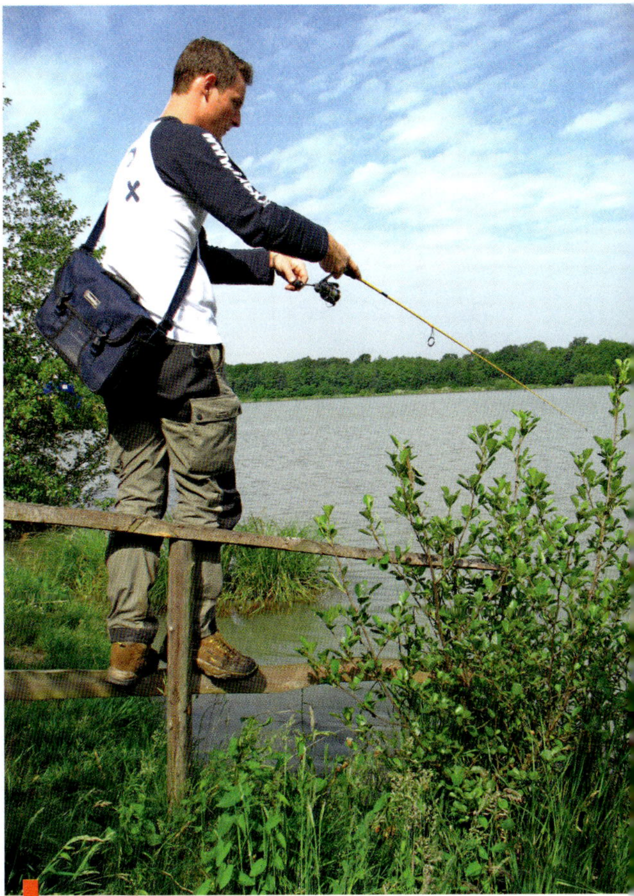

Allein auf weiter Flur! Wer als Spinnfischer abseits der Trampelpfade angelt, fängt mehr.

Der Schneller-Fänger-Tipp

Neu-Land

Frag' dich bei deinem Gewässer: Welche Stellen werden am wenigsten beangelt? Gibt es eine abgelegene Bucht, in die keiner laufen will? Ein Steilufer, das zu unbequem ist? Einen Abschnitt, der stets überworfen oder von üblichen Würfen nicht erreicht wird (wie am Gewässer von Heinz Kandziora)? Genau an diesen Plätzen solltest du dein Glück versuchen! Die Chancen stehen gut, dass dort, abseits des Angeldrucks, noch fresswillige und vor allem große Fische lauern. Dagegen sind die Standardplätze oft abgegrast.

»Anfängerfehler!«, hätte mancher Erfahrene kommentiert. »Mit Mais füttert man Friedfische an, keine Räuber!« Doch Kandziora dachte unverbraucht um die Ecke: Der Mais sollte die Friedfische an seinen Platz locken. Und die Raubfische, für die sie Beute waren, sollten ihnen folgen. Die Rechnung ging auf, bis heute hat in Deutschland niemand mehr so viele kapitale Raubfische in so kurzer Zeit gefangen wie der blutige Anfänger Heinz Kandziora.

Dieses Buch verfolgt einen neuen Ansatz: Es soll keine Vorschule des Angelns sein, sondern eine hohe Schule, die dich schnell zu großen Fischen führt. Ich traue dir zu, dass du schon in deinem ersten Angeljahr wunderbar fängst. Erst recht, wenn du nicht einfach die erfahrenen Angler imitierst, sondern dich immer wieder fragst: Wie kann ich anders, wie kreativer angeln? Darin wird dich dieses Buch systematisch schulen – damit du ein zweiter Heinz Kandziora wirst: Fänger statt Anfänger!

Wie man Großfische abstaubt

Nachdem er beschlossen hatte, Angler zu werden, stand mein Kollege Ingo bei mir auf der Matte. Er wusste, dass ich schon als junger Mann die Europameisterschaft im Hechtangeln gewonnen hatte und Bücher übers Angeln schrieb. Verschwörerisch rückte er näher. »Was muss ich wissen, um ein guter Angler zu werden? Gibt's da ein Geheimnis?« Ich wollte schon verneinen – und dann fiel mir doch eines ein: »Du musst die Fische studieren! Du musst alles über sie wissen. Dann fängst du.« – »Sag doch gleich, dass ich alle deine Angelbücher lesen soll«, schmunzelte er. »Nein, lies vor allem das Wasser!«

Er sah mich fragend an. »Erfolgreiche Angler fangen mit dem Auge«, erläuterte ich. »Du musst hinschauen, um zu sehen, wo die Fische gerade fressen. Der Rest ist nur noch ein Kinderspiel.« – »Jetzt übertreibst du aber!«, sagte er – und fügte als passionierter Fußballer hinzu: »Beim Fußball braucht man doch auch eine gute Technik, um Tore zu schießen!« – »Und wenn das Tor leer ist und der Ball direkt davor liegt? Dann kann jeder Anfänger treffen. Du musst zur richtigen Zeit am richtigen Ort sein. Dann kannst du große Fische abstauben. Auch als Einsteiger.«

Ingo sah mich skeptisch an: »Warum sind diese Fische dann nicht längst von erfahrenen Anglern gefangen?«

Gute Frage! Ich glaube: Die meisten Routiniers sind zu sehr mit sich selbst beschäftigt, mit ihrer Technik und ihrem Gerät – und zu wenig mit den Fischen. Blätter' in den Angelzeitschriften, und du wirst

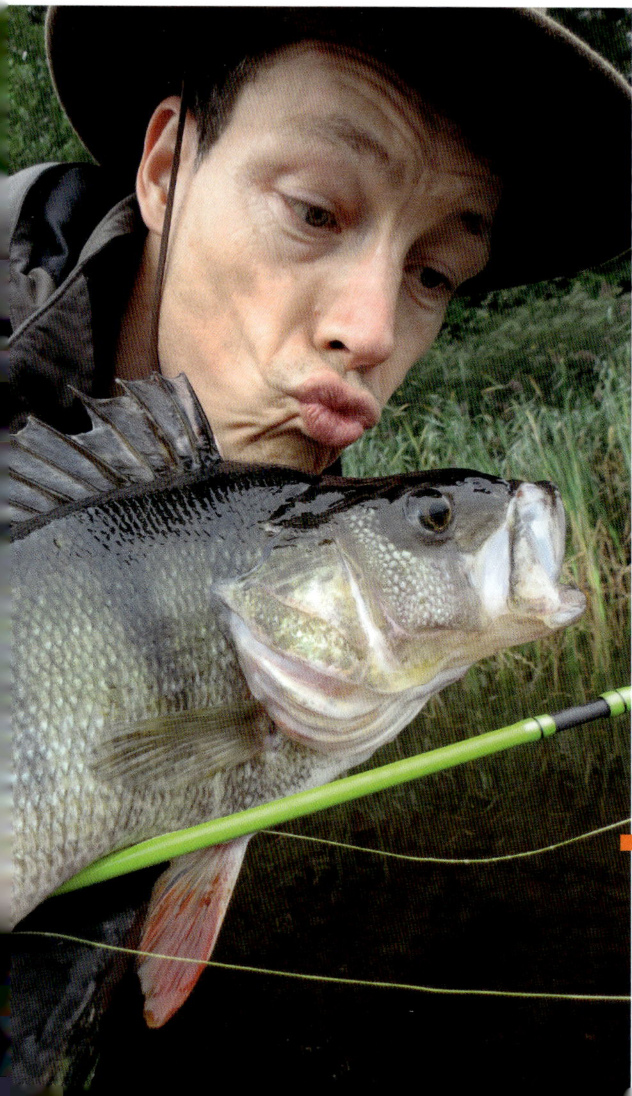

Fänger stellen nicht Gerät und Technik in den Mittelpunkt – vielmehr gilt ihr Augenmerk (mitsamt Küsschen) dem Fisch, hier einem großen Barsch.

Der Schneller-Fänger-Tipp

Perfekte Spionage

Worauf kommt es an, wenn du Fische beobachten willst? Erstens dürfen die Fische nicht vor dir zurückschrecken – je flacher und klarer das Wasser ist, desto vorsichtiger musst du dich am Ufer bewegen. Zweitens solltest du eine Polarisationsbrille tragen, damit du besser ins Wasser siehst. Und drittens sind sonnige Tage ideal, an denen das Licht bis in größere Tiefen flutet. Am einfachsten kannst du Fische an der Oberfläche ausmachen. Oder indem du helle Stellen am Grund fixierst; hier heben sich die Fische als dunkle Schatten ab. Erhöhte Aussichtspunkte, zum Beispiel Brücken, erleichtern das Beobachten.

Dutzende von Artikeln über hochkomplizierte Montagen und pfefferteures Gerät finden – aber kaum einen darüber, wie wichtig es ist, die Fische zu beobachten und zu begreifen.

Das Auge angelt mit. Deshalb bekommst du in diesem Buch gleich die Fänger-Brille aufgesetzt. Nein, damit meine ich keine Polarisationsbrille, deren Gläser die Spiegelung der Oberfläche brechen und mit der du bei günstigem Licht und klarem Wasser sogar Fische in zwei oder drei Meter Tiefe beobachten kannst (auch wenn ich dir eine solche Brille empfehle). Vielmehr meine ich eine fiktive Brille, mit der du die Unterwasser-Welt durchschauen, die Fische einschätzen und dir den richtigen Fang-Reim darauf machen kannst.

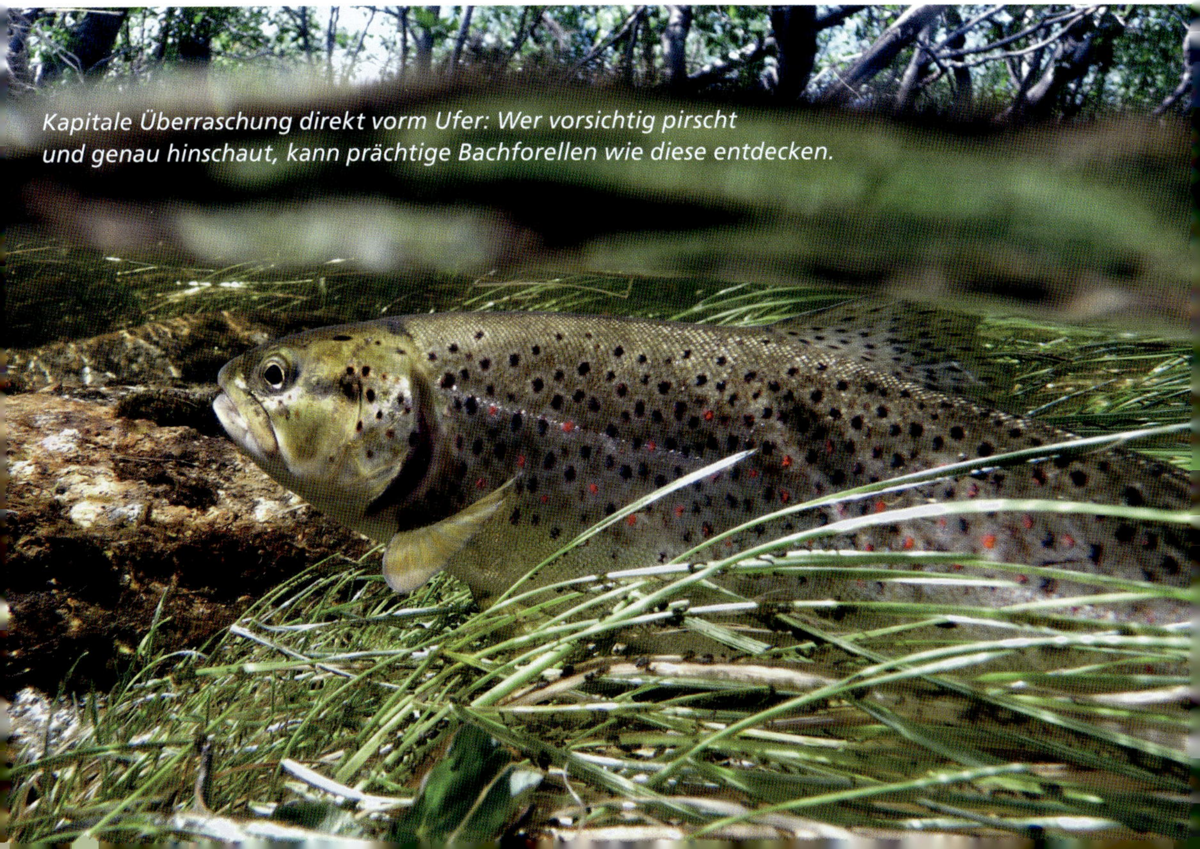

Kapitale Überraschung direkt vorm Ufer: Wer vorsichtig pirscht und genau hinschaut, kann prächtige Bachforellen wie diese entdecken.

Die Fänger-Brille

Meine Fänger-Brille begann zu wachsen, als ich ein Schulkind von sechs Jahren war. Direkt neben meinem Elternhaus im Schwarzwald floss ein Forellenbach. Und von der nahen Bachbrücke gelang mir eine sensationelle Entdeckung: Schwarze, fette Schatten huschten am Bachgrund entlang – und verschwanden bei Gefahr unter das alte Brückengemäuer. Ich, der kleine Junge, staunte mit offenem Mund.

Jeden Tag stand ich auf der Brücke und studierte das Verhalten der »Bachforellen« (wie mein Vater sie nannte). Bald schon kannte ich die einzelnen Forellen: eine große, sehr schlanke, die sich immer im Brückenschatten einstellte; eine fette, kompakte, die direkt am Rand des Brückengemäuers stand; und etliche kleine, die offenbar das Revier der größeren Forellen mieden und sich im Strömungsschatten eines Steins herumtrieben.

Und schnell hatte ich herausgefunden: Die Forellen schossen an die Oberfläche, sobald etwas Fressbares vorbeitrieb. Mal waren es winzige, fürs Auge kaum sichtbare Mücken; dann fette Grashüpfer, die beim Strampeln Wellenkreise zogen.

Natürlich versuchte ich, die Forellen zu füttern. Ich fing Grashüpfer und warf sie ins Wasser. Manchmal geschah nichts – und der strampelnde Grashüpfer trieb unbehelligt durchs Revier der Forellen. Vor allem mittags.

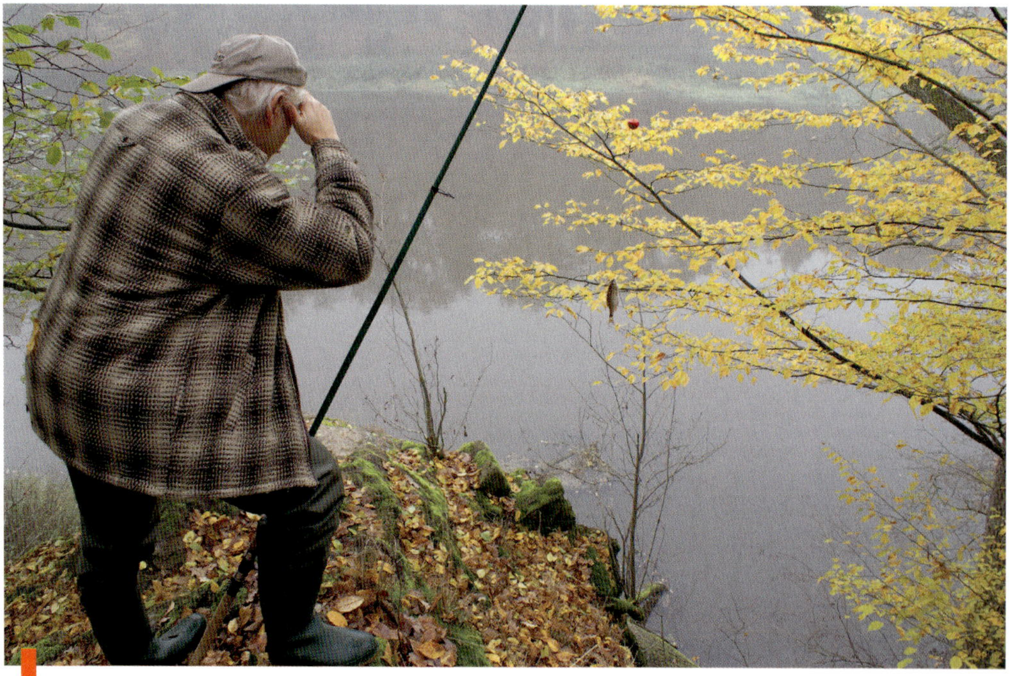

Nur wer sein Gewässer mit scharfem Blick beobachtet, weiß genau, wann und wo er seine Fische fangen kann.

Der Schneller-Fänger-Tipp

Versunkener Hüpfer

Der Grashüpfer ist ein ausgezeichneter Köder. Was viele Angler nicht wissen: Er lässt sich auch am Grund oder im Mittelwasser anbieten. Gerade unterhalb von Wehren und Wasserfällen, wo Fluginsekten unter Wasser gespült werden, gehört ein versunkener Grashüpfer zu den besten Ködern. Nicht nur auf Forellen, sondern auch auf Weißfische wie Rotauge, Rotfeder und Döbel.

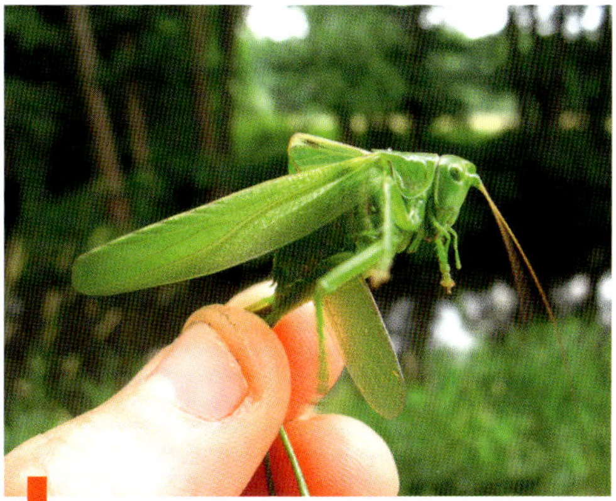

Sprung ins Maul: Grashüpfer gehören zu den besten Forellenködern, nicht nur an der Oberfläche.

Doch in den Morgen- und Abendstunden hatten meine Grashüpfer keine Chance, das Revier der Forellen ohne Angriff zu passieren. Offenbar hatten die Fische ihre festen Fresszeiten. Nach ein paar Monaten schloss ich mit meinen Schulfreunden Wetten ab: »Ich werfe jetzt diesen Grashüpfer ins Wasser. Und dann kommt von dort drüben rechts, wo das viele Moos wuchert, eine große Forelle unter der Brückenmauer hervorgeschossen.«

Mittlerweile wusste ich sogar, welche Art von Grashüpfer welche Forellen anzog: Die großen Heuschrecken wurden ausschließlich von den beiden großen Forellen genommen. Und je nachdem, wo ich sie einwarf, wusste ich auch, welche von den beiden zuschlug. Der Reiz der strampelnden Heuschrecken war stark genug, die Fische aus ihren Verstecken zu locken.

Ohne es zu wissen, hatte ich als Junge genau das getan, was die wichtigste Voraussetzung für gutes Angeln ist: hingeschaut und die richtigen Schlüsse gezogen. Wirf also nicht gleich die Angelrute aus, sondern beobachte erst das Gewässer. Dabei lernst du die Standplätze und das Verhalten der Fische kennen – und wirst immer mehr durch die Fänger-Brille schauen.

Der Witz: An meinem Schwarzwald-Bach waren auch professionelle Angler unterwegs, mit erstklassiger Ausrüstung. Doch keinem von ihnen gelang es, meine beiden Forellen zu überlisten. Zu schnell, zu achtlos und mit den falschen Ködern hasteten sie an meiner Brücke vorbei. Statt die unterspülten Brückenränder zu beangeln, warfen sie ihre Kunstköder ins Kehrwasser eines großen Steins, unter dem nur ein paar Baby-Forellen hausten. Später habe ich die beiden großen Brücken-Forellen mit einer Spule Drachenschnur gefangen.

Dieses Erlebnis zeigt dir: Wenn du als Einsteiger deine Fische gut studierst, brauchst du keine Top-Ausrüstung, keine perfekte Angeltechnik, keine Routine – du kannst unkompliziert vom Anfänger zum Fänger werden.

Fünf Wege zum schnellen Fang

Du hast dir dieses Buch gekauft, weil du schnell in die Liga der Fänger aufsteigen willst. Hier stelle ich dir fünf Wegweiser zum Fangerfolg auf, ehe wir aufs Angelgerät zu sprechen kommen.

1. Geh den unbequemen Weg!

Die meisten Angler lieben es bequem. Sie bevorzugen Plätze, die sie ohne langen Anmarsch erreichen können. Sie setzen auf Fisch-Imitate wie Wobbler, weil sie zu faul sind, sich Köderfische zu stippen. Sie packen ihr Angelgerät zusammen, sobald ein Platzregen sich ankündigt, weil sie trockenen Fußes nach Hause kommen wollen. Und natürlich füttern sie auf Karpfen nur beim Angeln an, weil ihnen der Aufwand zu groß wäre, schon Tage vorher ans Wasser zu fahren.

Alte Angelhasen sind träge. Wenn du bereit bist, mehr Energie zu investieren, wirst du auch mehr fangen. Denn die besten Angelplätze liegen oft so weit vom Parkplatz (oder Bootshafen) entfernt, dass die meisten Kollegen dort nie ankommen. Deshalb tummeln sich dort noch prächtige Fische. Ein Platzregen kann zu wahren Fressorgien führen, wenn Nahrung ins Wasser geschwemmt wird – es lohnt sich, dem Regen zu trotzen. Und beim Karpfenangeln hast du umso bessere Chancen, je länger du anfütterst.

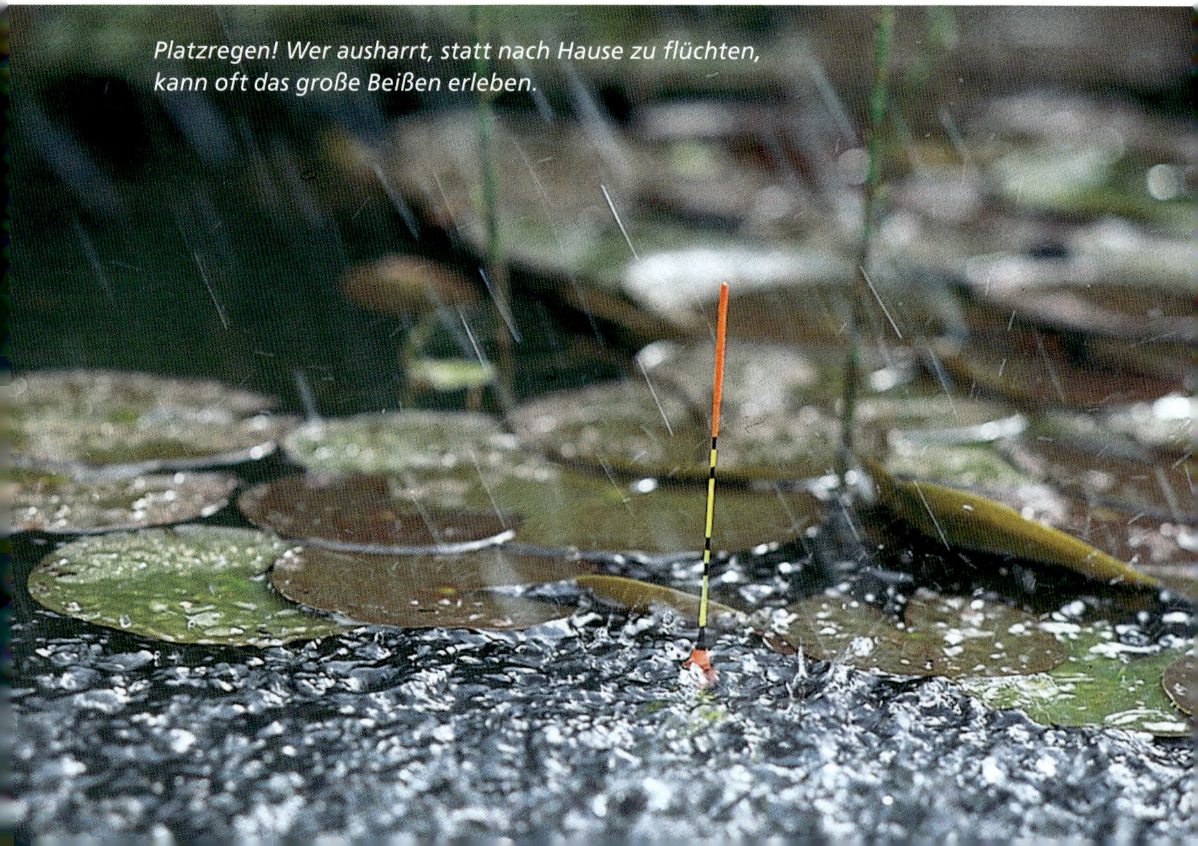

Platzregen! Wer ausharrt, statt nach Hause zu flüchten, kann oft das große Beißen erleben.

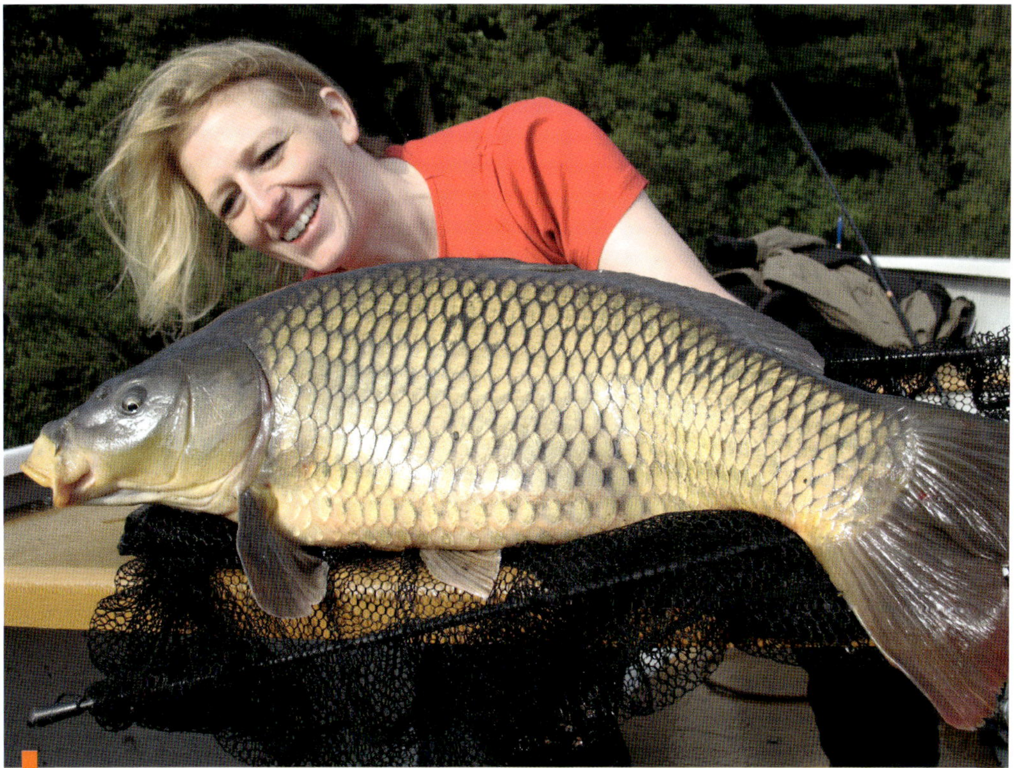

Sommer ist Karpfenzeit! Dagegen sind die Hechte oft schwer zu fangen.

Oder nimm das Spinnfischen mit einem toten Köderfisch, die mit Abstand beste Raubfisch-Methode (siehe Seite 108). Alte Hasen setzen nur deshalb auf Kunstköder, weil es ihnen zu mühsam ist, Köderfische zu fangen – die Kunstköder liegen ja in der Kiste parat. Wenn du diesen Bequemlichkeitsfallen entgehst, dann verspreche ich dir: Du wirst die alten Hasen mit deinen Fängen schon bald verblüffen!

2. Fang alles zu seiner Zeit!

Immer mehr Angler bezeichnen sich als »Karpfenangler«, »Hechtangler«, »Aalangler«, »Barschangler«. Sie spezialisieren sich auf eine Fischart und lassen den Rest links liegen. Auf den ersten Blick scheint das logisch – ein Profisportler ist ja auch erfolgreicher, wenn er sich auf Fußball spezialisiert, statt gleichzeitig Handball und Hockey zu spielen.

Aber beim Angeln gelten andere Regeln. Jeder Fisch hat seine Saison. Zum Beispiel ist das Karpfenangeln während der kalten Monate nicht gerade vielversprechend. Du musst viel Zeit investieren, um mit Müh und Not mal einen Fisch zu fangen. Ebenso gibt es (trübe) Gewässer, die im Sommer kaum Hechte hergeben. Und sogar die beißfreudigen Barsche sind oft nur ein paar Wochen des Jahres in bester Fressstimmung.

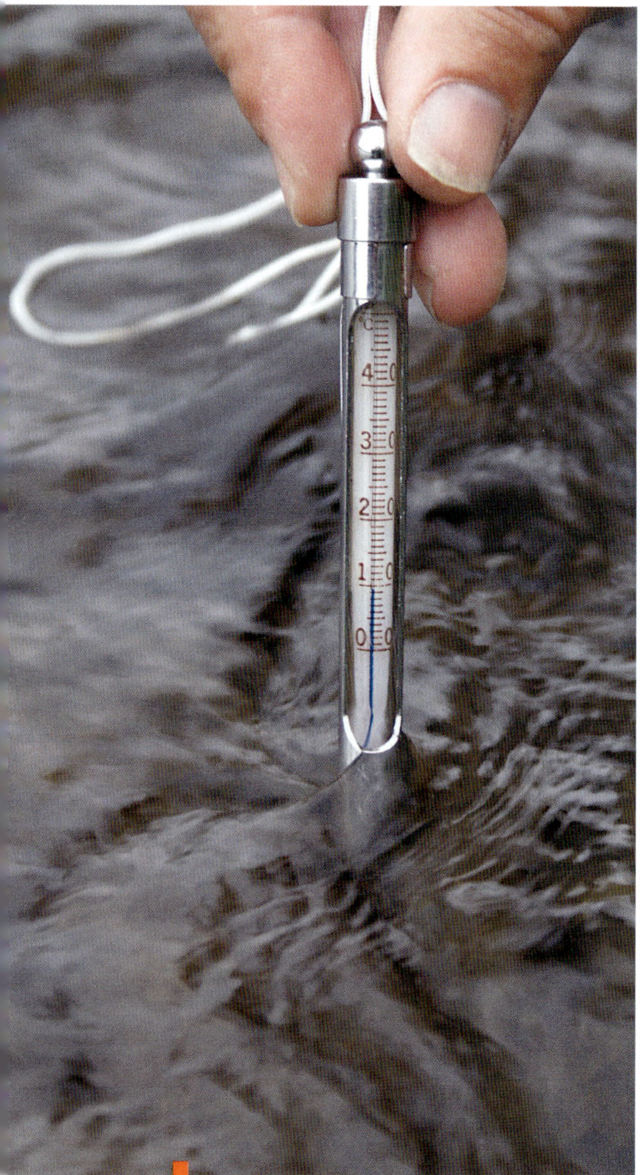

Fang-Fieber oder nicht? Wassertemperatur und Jahreszeit bestimmen, welche Fischart gerade Appetit hat.

Wer sich auf eine Fischart spezialisiert, macht sich das Leben unnötig schwer. Erfolgreiches Angeln heißt für mich: mit den Jahreszeiten arbeiten, nicht gegen sie.

Der Schneller-Fänger-Tipp

Welcher Fisch hat Saison?
Hier bekommst du einen kurzen Überblick, wann die hohe Zeit für welche Fischart winkt. Der Winter ist ideal für Quappen und Huchen (Dezember bis Februar). Im Frühjahr lohnt der Versuch auf Forellen (ab März), Brassen und Schleien (März, April, Mai) sowie Hechte und Zander (ab Mai). Im Sommer hast du die besten Aussichten auf Karpfen (Juni), Aale und Welse (von Juni bis August) sowie auf diverse Weißfische. Und im Herbst, ab September, wächst wieder der Hunger der Hechte und Zander. Nur wenige Fischarten, wie das Rotauge, lassen sich das ganze Jahr fast gleichbleibend gut überlisten.

Dieses Motto wird dir helfen, mit wenig Aufwand große Fische zu fangen. Außerdem: Wer nur eine Fischart beangelt, zum Beispiel Hechte, dem fehlen wichtige Informationen. Ein guter Friedfischangler weiß zum Beispiel, wo sich die Rotaugen tummeln – und dort lauern die Hechte. Ein guter Friedfischangler weiß, wo die Weißfische gerade laichen – und dort treiben sich Barsche, Aale und Zander herum. Und ein guter Friedfischangler weiß, wie man mit leichtem Angelgerät umgeht – eine Feinheit, die beim Raubfischangeln oft sträflich vernachlässigt wird.

Wenn du für alle Süßwasser-Angelarten offen bist, wirst du nicht nur leichter zu deinen Fängen kommen, sondern auch schneller alle Facetten des Angel-Handwerks erlernen.

3. Angle gegen den Strom!

Der typische Angel-Einsteiger ist ein Imitator: Er folgt dem Vorbild der Erfahrenen. Aber weil er weniger Erfahrung hat, tut er es weniger gekonnt. Weil er es weniger gekonnt tut, fängt er weniger. Und weil er weniger fängt, ist er bald frustriert …

Warum versuchst du es nicht andersrum? Schau genau, was die erfahrenen Angler tun und frag dich: Wie kann ich raffinierter angeln? Angenommen, du befischst einen Hechtsee, wo die Routiniers mit großen Wobblern ans Werk gehen. Warum probierst du es dort nicht mit dem Original, einem toten Köderfisch am Spinnsystem? Dieser Versuch kann dich mit einem Schlag zum Fangkönig des Sees machen.

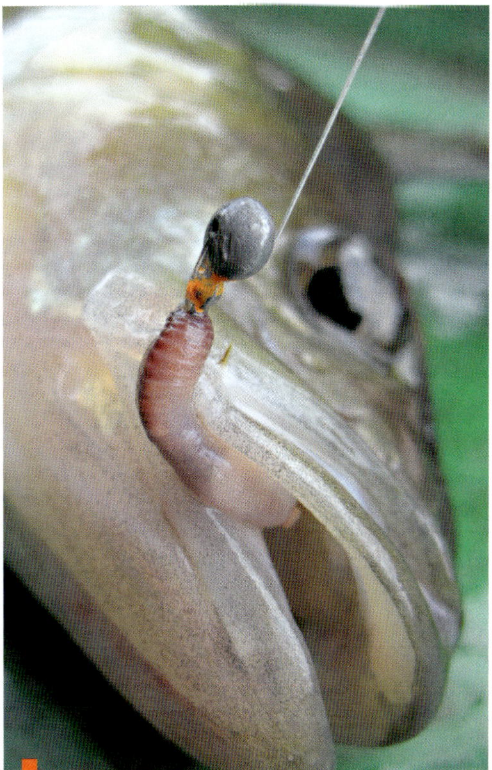

Russisches Roulette: Der gezupfte Wurm an der Mormyschka hat mal wieder in Schwarze getroffen.

Oder: Die meisten erfahrenen Karpfenangler angeln an deinem Gewässer vor allem nachts mit Boilies (das sind harte Protein-Kugeln) und Partikelködern wie Hartmais – natürlich am Gewässergrund. Aber was, wenn die Karpfen sich in der prallen Mittagshitze direkt unter der Oberfläche sonnen? Dann wäre es eine gute Idee, mit einer Brötchenkruste an der Oberfläche zu angeln – zumal diese Karpfen nur mit Boilies, nicht aber mit Schwimmbrot schlechte Erfahrungen verbinden.

Oder: Viele Barschangler versuchen ihr Glück mit einem Wurmbündel an der Pose. Warum probierst du nicht mal einen gezupften Wurm? Du brauchst dazu nur ein Bleischrot, das du auf den Hakenschenkel klemmst – schon hast du eine Eigenbau-Mormyschka (so nennt man diesen Köder aus Russland). Die gezupfte Mormyschka bringt oft viel mehr Bisse als das konventionelle Posenangeln.

4. Nutz' jeden Angeltag als Lernchance!

Jeder Angeltag ist eine Lernchance. Und die besten Lektionen erteilen dir nicht Fänge, sondern Pleiten und Reinfälle. Jedes Mal, wenn du ohne Fisch nach Hause kommst, lautet die Frage: Warum habe ich nichts gefangen? Erfahrene Angler behaupten oft: »Die Fische haben nicht gebissen!« Das ist so, als würde ein erfolgloser Fußballstürmer sagen: »Die

Abwehr war unschlagbar.« Das ist Quatsch; der Stürmer war nur nicht gut genug! Wenn du alles richtig machst, kannst du theoretisch an jedem Angeltag einen Großfisch fangen.

Nimm meinen Angelverein: Dort müssen die Angler ihre Erfolge in ein Fangbuch an der Bootshütte eintragen. So mancher Kollege kam schon fluchend vom Wasser – »Heute ging wirklich gar nichts!« –, um dann bei einem Blick in das Fangbuch festzustellen: Doch, es ging was – Kollegen haben tolle Fänge eingetragen. Mindestens ein großer Fisch hat an *jedem* Tag Hunger, nur muss der Köder vor sein Maul!

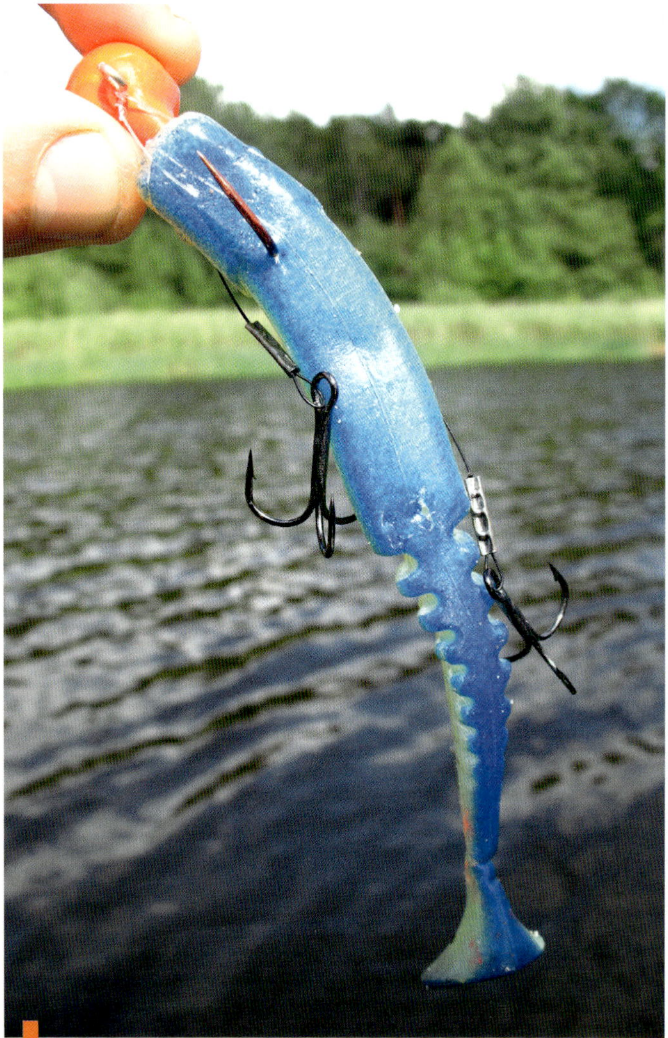

Aus Schaden klug: Am Angstdrilling – hier gleich zwei – bleiben Räuber hängen, die sonst Fehlbisse verursacht hätten.

Ein Beispiel für eine Lerngelegenheit: Du hattest Bisse auf Gummifisch, aber kein Räuber blieb hängen. Dann könntest du dich fragen: Hättest du einen kleineren Gummifisch verwenden sollen, der besser in die Mäuler passt? Hättest du einen zusätzlichen (Angst-)Drilling gebraucht, um die Fische besser zu haken? Hast du den Köder zu schnell geführt, sodass er für die Räuber nur schwer zu bekommen war? Und ist es dir gelungen, den Anhieb zum richtigen Zeitpunkt und in der richtigen Stärke zu setzen? Jede dieser Fragen bietet dir die Chance, beim nächsten Angeltag etwas anders zu machen. Und wenn du, sagen wir, pro Jahr 50 Mal am Wasser bist, addiert sich dein Können von Angeltag zu Angeltag. Ich bin sicher, dass du schon am Ende deiner ersten Saison mehr wissen wirst als all jene Kollegen, die ihr Nicht-Fangen stets aufs Nicht-Beißen der Fische schieben, statt zu lernen.

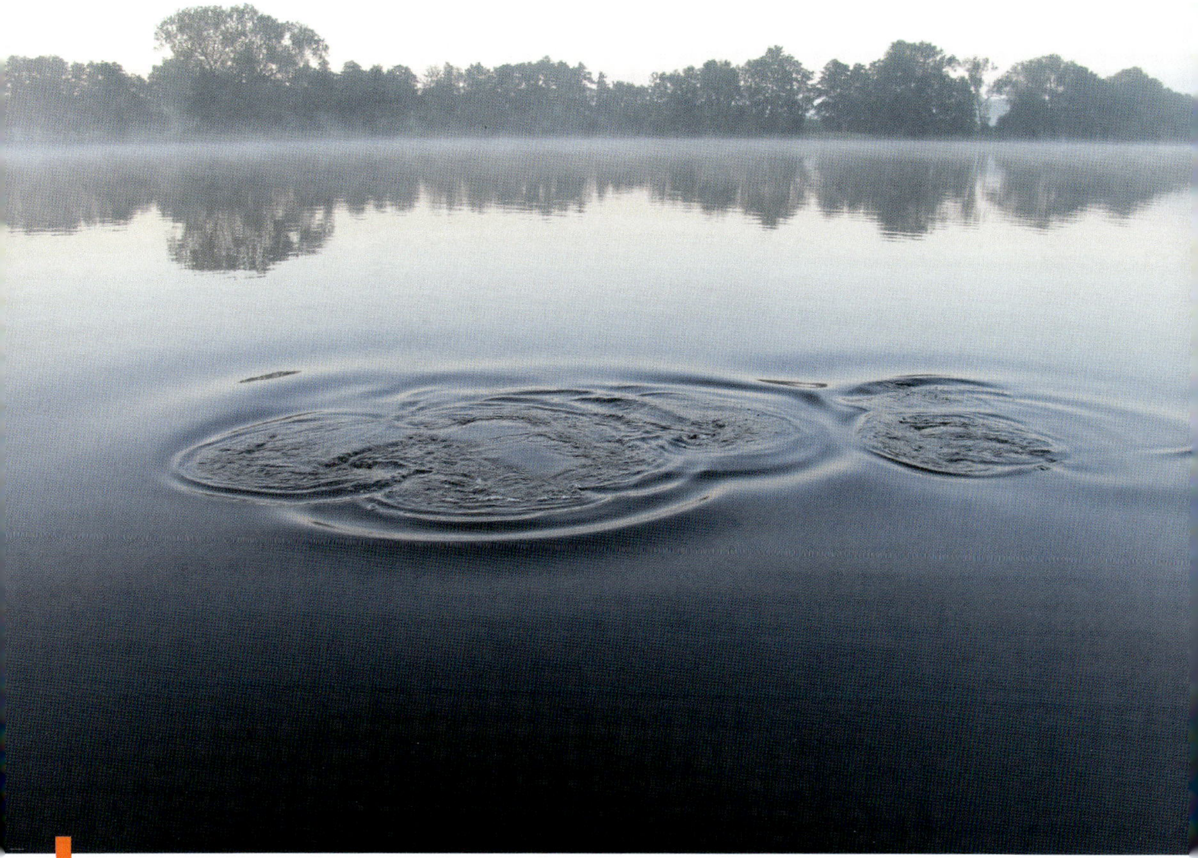

Wer schlau ist, verpasst keinen Angeltag. Dann ist er am Wasser, wenn der große Hecht beim Rauben seine Bugwelle schiebt.

Der Schneller-Fänger-Tipp

Zweimal kurz!
Was ist effektiver: Ein Angeltag von acht Stunden? Oder zwei Angeltage von vier Stunden? Wenn du jetzt denkst, das sei egal: Irrtum! Zwei kurze Angeltage sind besser. Einfach deshalb, weil die Fangkarten jeden Tag neu gemischt werden – die Wahrscheinlichkeit, dass du einen guten Beißtag erwischst, verdoppelt sich.

5. Sei so oft wie möglich am Wasser!

Alle erfolgreichen Angler verbindet eine Gemeinsamkeit: Sie sind öfter als andere am Wasser. Und deshalb fangen sie mehr. Es ist wie beim Fußball: Wer nur eine Halbzeit spielt, halbiert seine Chancen auf einen Torerfolg. Und wer pro Woche nur einmal am Wasser ist, statt zweimal, halbiert seine Chancen auf einen kapitalen Fang.

Was fällt dir auf an diesem Bild?

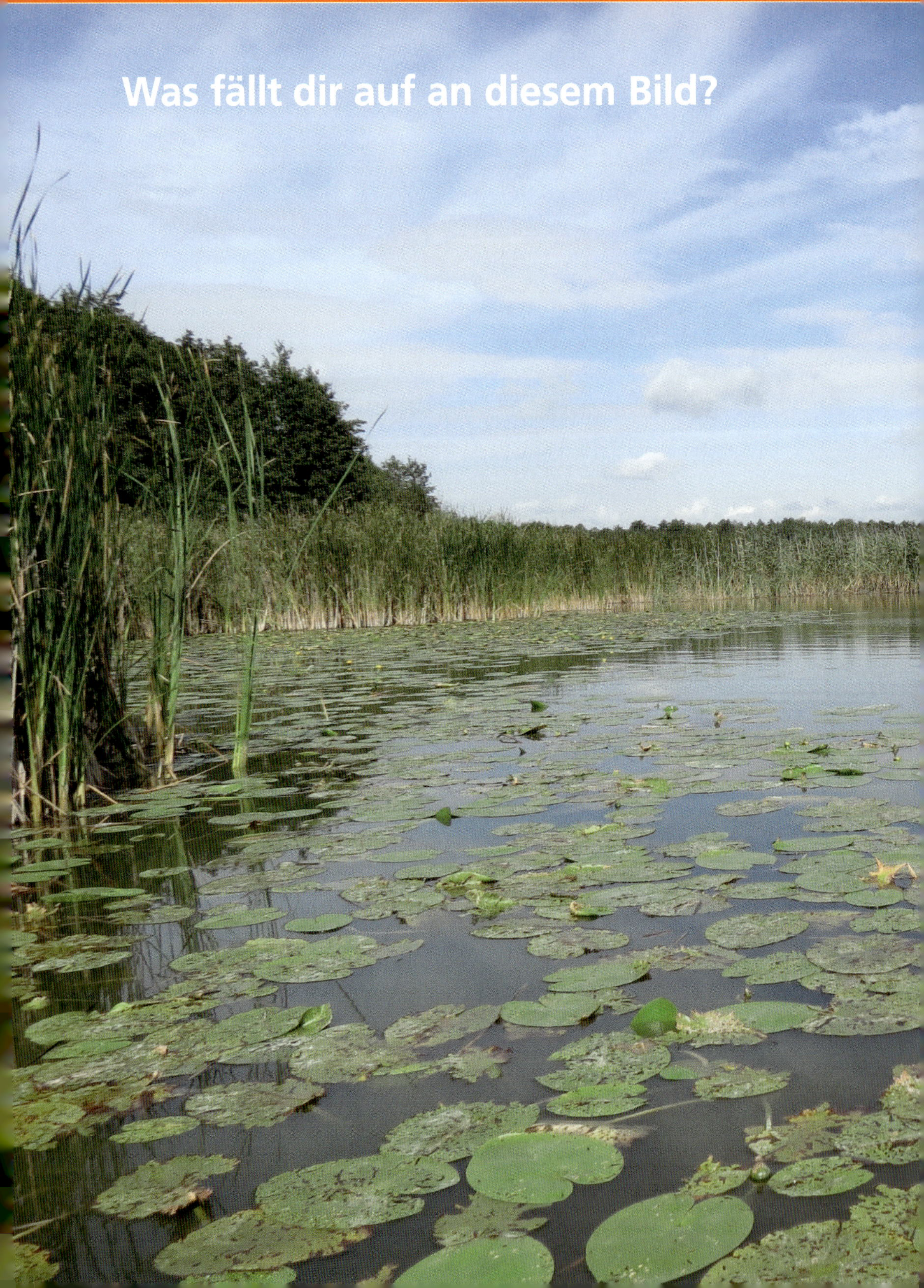

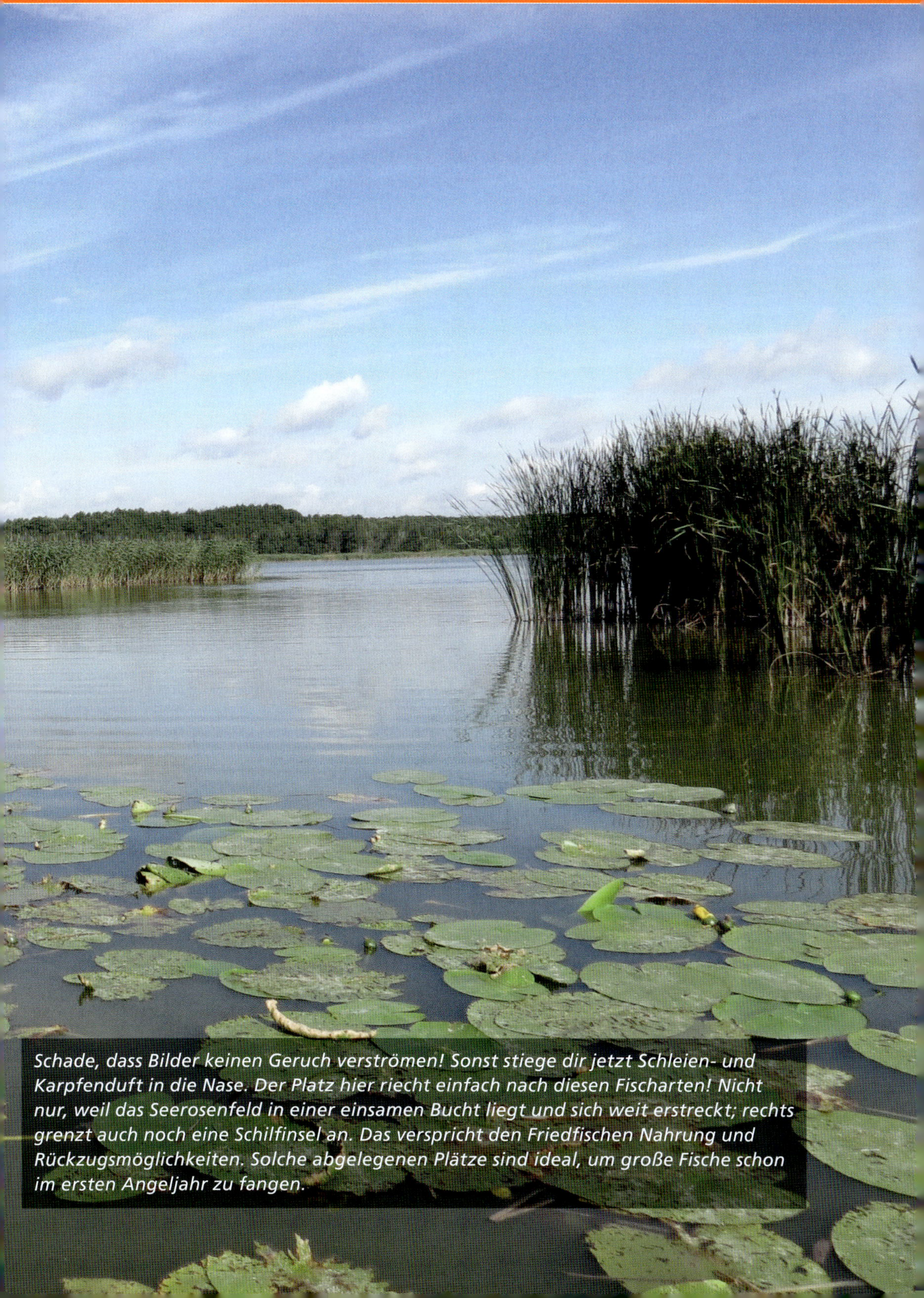

Schade, dass Bilder keinen Geruch verströmen! Sonst stiege dir jetzt Schleien- und Karpfenduft in die Nase. Der Platz hier riecht einfach nach diesen Fischarten! Nicht nur, weil das Seerosenfeld in einer einsamen Bucht liegt und sich weit erstreckt; rechts grenzt auch noch eine Schilfinsel an. Das verspricht den Friedfischen Nahrung und Rückzugsmöglichkeiten. Solche abgelegenen Plätze sind ideal, um große Fische schon im ersten Angeljahr zu fangen.

Für dich als Einsteiger ist Praxis ungeheuer wichtig: Mit jeder Angelstunde setzt du dein Angelgerät professioneller ein. Und je blinder du es beherrschst, desto mehr kannst du dich auf das Wasser konzentrieren.

Dieselbe Bucht, in der sonst Totentanz herrscht, kann eines Tages voll mit Kleinfischen und jagenden Barschen sein – was nur erfährt, wer dann am Wasser ist! Derselbe Hecht, der tagelang nur am Gewässergrund döst (und seine Beute verdaut), ist eines Tages wieder fressbereit – was nur erfährt, wer an diesem Tag seinen Köder auswirft. Die Forellen des Baches, die sich kaum an der Oberfläche blicken lassen, steigen bei einem Insektenschlupf um die Wette – was nur erfährt, wer dann angelt.

Und mit jeder Beobachtung kannst du einen neuen Puzzlestein in dein Bild eines Gewässers einfügen. Jeder Fang bringt dich vorwärts – erst recht, wenn du ein Fangbuch führst, denn im folgenden Jahr können zur selben Jahreszeit dieselben Plätze und Köder wieder funktionieren. Erfahrene Angler sind meist zu faul für ein Fangbuch – wieder ein Vorteil für dich, wenn du Fänger statt Anfänger werden willst.

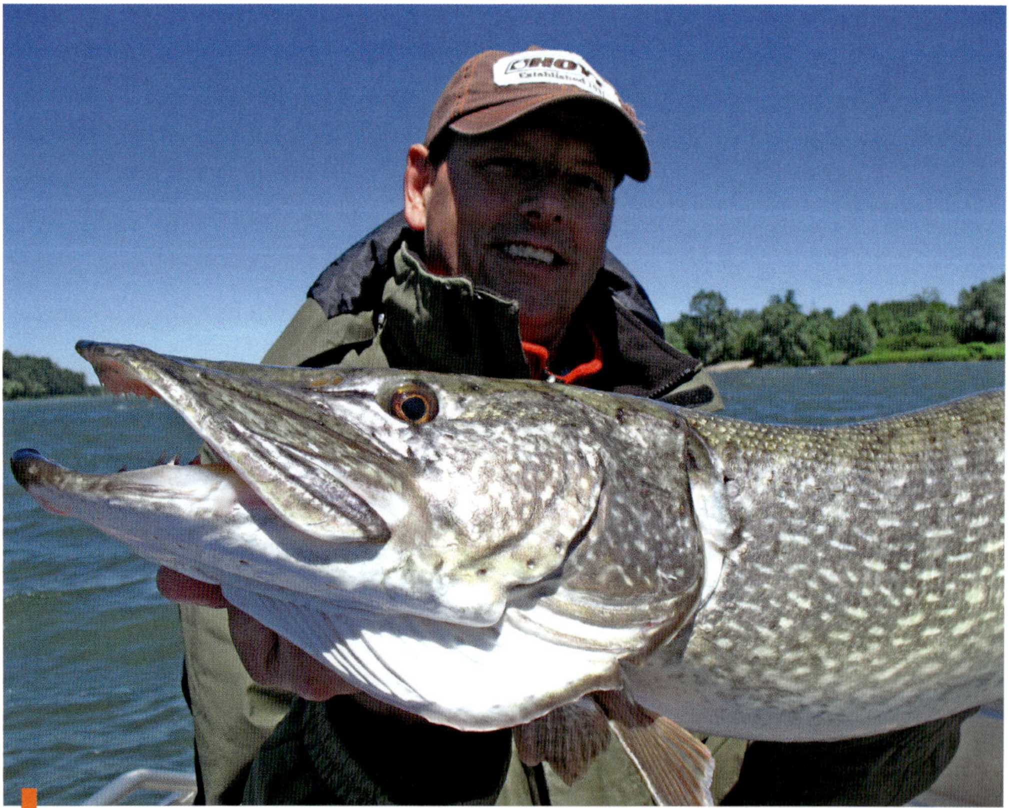

Die Ausdauer hat sich gelohnt: Ein hungriger Hecht konnte dem Köder nicht widerstehen.

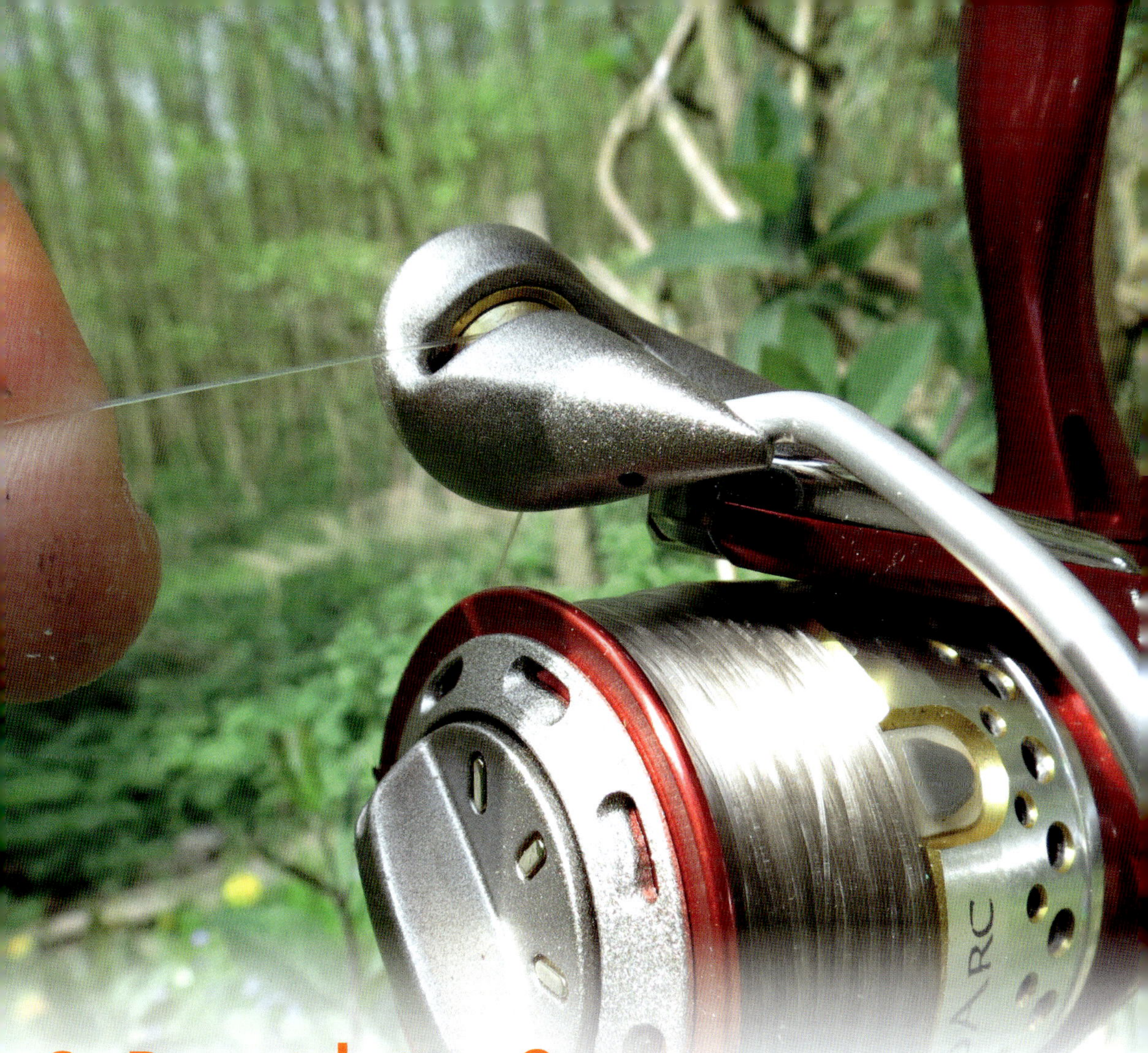

2. Das richtige Gerät: Gute Rute, tolle Rolle

Ein Wald aus Angelgerät

Bist du schon mal durch einen Angelladen geirrt, durch einen Wald aus Ruten, durch Reihen von Rollen, vorbei an Wänden voller Köder und Zubehör? Und hattest du keine Ahnung, was du davon wirklich brauchst? Dann kann ich dich beruhigen: Eine winzige Auswahl an Zubehör reicht, damit du schnell vom Anfänger zum

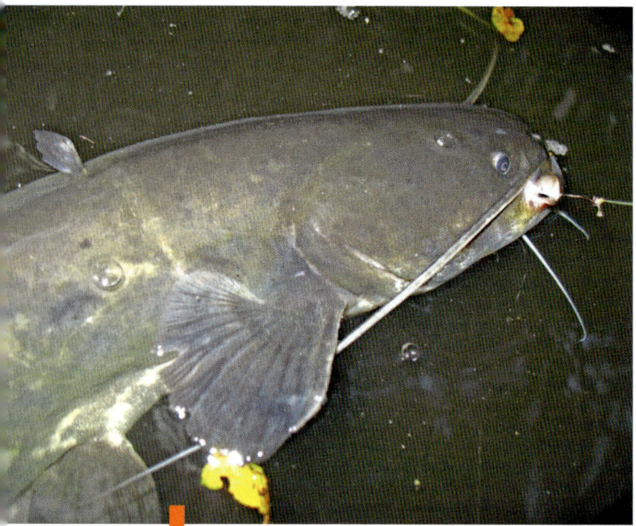

Große Fische erfordern kräftiges Gerät. Der Wels wird weit über 100 Kilo schwer und könnte leichte Ruten wie Steichhölzer knicken.

Fänger wirst. Zwar flüstert dir die Angelgeräte-Industrie, dass du einen ganzen LKW voller Angelsachen brauchst – aber dabei hat sie nicht deinen Vorteil im Auge, nur ihren Umsatz. Ich werde dir nicht so viel, sondern so wenig Gerät wie möglich empfehlen.

Zwei Punkte sind für die Wahl wichtig: Die Größe deiner angepeilten Fische und das Gewicht der Köder. Beim Wurf wirken große Kräfte auf Rute und Schnur, ebenso beim »Drill«, dem Kampf mit dem Fisch. Er findet statt zwischen dem Anbiss (kurz: Biss) und der Landung (so heißt das Aus-dem-Wasser-holen des Fisches).

Je größer und kräftiger dein Zielfisch ist, desto kräftiger muss dein Angelgerät sein. Zum Beispiel werden Weißfische wie Rotaugen nur selten über zwei Pfund schwer. Hier reicht dir eine leichte Ausrüstung, etwa eine Pose mit zwei Gramm Tragkraft und eine 0,12er Monoschnur (sie trägt etwa 1,5 Kilo). Dagegen kämpfen Karpfen und Hechte in der Schwergewichtsklasse, sie bringen es auf über 40 Pfund. Und Welse können über 200 Pfund wiegen. Solche Riesen verlangen kräftigeres Gerät. Eine 0,12er Schnur risse im Drill wie ein Spinnenfaden. Auch könntest du damit keinen Köderfisch von 200 Gramm (für Hecht) oder kein Blei von 120 Gramm (für Karpfen) auswerfen. Besser bedient wärst du mit einer 0,30er bis 0,35er Schnur (Tragkraft etwa 7 bis 10 Kilo).

Und wenn du auf Nummer sicher gehen und mit dicken Schnüren leichte Montagen auswerfen willst? Dann verhungern deine Würfe auf halbem Weg. Eine dicke Schnur erzeugt mehr Reibung als eine dünne, deshalb erfordert sie ein höheres Wurfgewicht; das Angelgerät will aufeinander abgestimmt sein.

Der Schneller-Fänger-Tipp

Nicht zu leicht(fertig)!
Jedes Mal, wenn du deine Rute montierst, lautet die Frage wieder: leichtes oder schweres Gerät, dicke oder dünne Schnur? Erfahrene Angler ziehen oft leichtes Gerät und sehr dünne Schnüre vor. Ich empfehle dir: Geh immer davon aus, dass ein Kapitaler beißt. Diesem Fisch musst du gewachsen sein. Deshalb solltest du dein Gerät eine Nummer stärker als (scheinbar) nötig wählen. Kleine Fische lassen sich an starkem Gerät fangen – Kapitale aber kaum an schwachem!

Die gute Nachricht: Für deinen Start als Angler reichen zwei bis drei Angelruten aus. Und die müssen nicht teuer sein! Für 30 bis 50 Euro bekommst du eine brauchbare Rute, für 100 Euro eine richtig gute. Natürlich könntest du auch locker das Fünffache loswerden, aber weshalb? Fische beißen an günstigen Ruten genauso gut wie an teuren.

Alles Gute: Angelrute!

Ingo war nun wild entschlossen: Er fuhr mit mir zum Angelladen. »Um Gottes Willen!«, stöhnte er und starrte auf einen Rutenwald. In breiten Reihen standen die Ruten Spalier. Von kurz bis lang, von dick bis dünn, von dunkel bis gelb: Alles war dabei. »Und wie finde ich jetzt die Richtige?«, fragte Ingo verzweifelt. – »Zuerst musst du wissen, welche Fischarten du fangen willst.« – »Ehrlich gesagt: Ich bin froh, wenn ich überhaupt etwas fange.« Ich schmunzelte: »Dann suchen wir eine Allroundrute.«

Ich nahm eine Rute aus dem Ständer und zeigte ihm den Schriftzug auf dem Rutenkörper, dort stand: »WG: 10-30 Gramm«. »WG steht für Wurfgewicht«, sagte ich. Ingo legte seine Stirn in Falten: »Und was geschieht, wenn ich mit dieser Rute 40 Gramm werfen will? Knickt die Rute dann

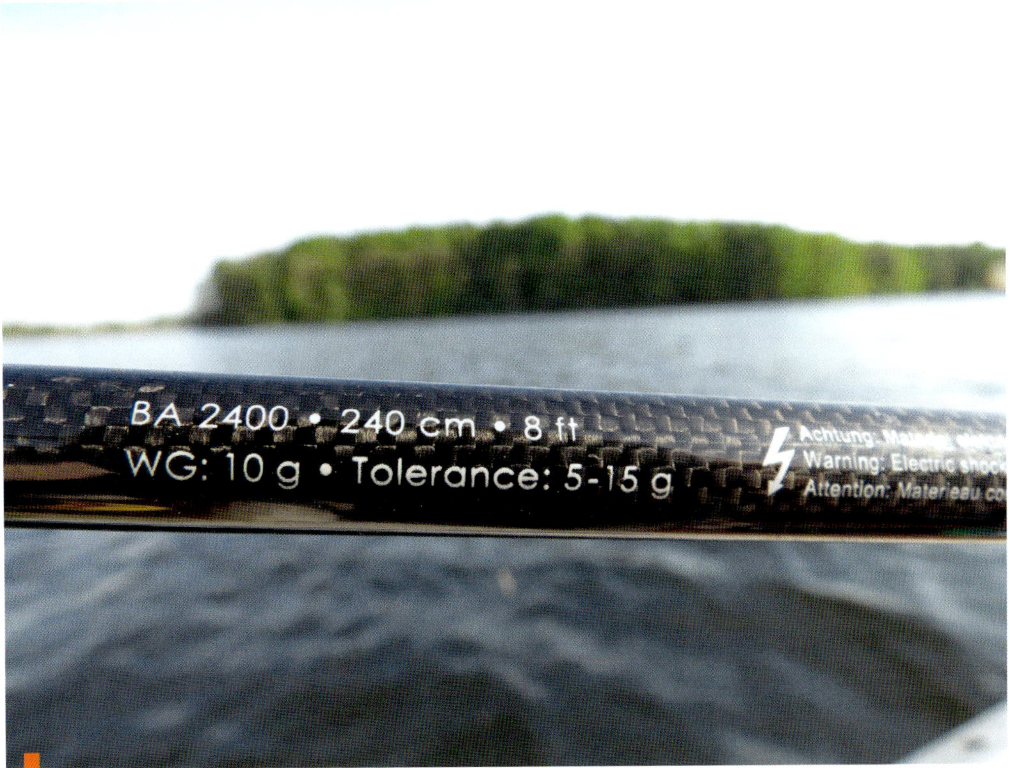

Auf jeder Rute ist das Wurfgewicht angegeben – als Richtwert, nicht als Ober- oder Untergrenze.

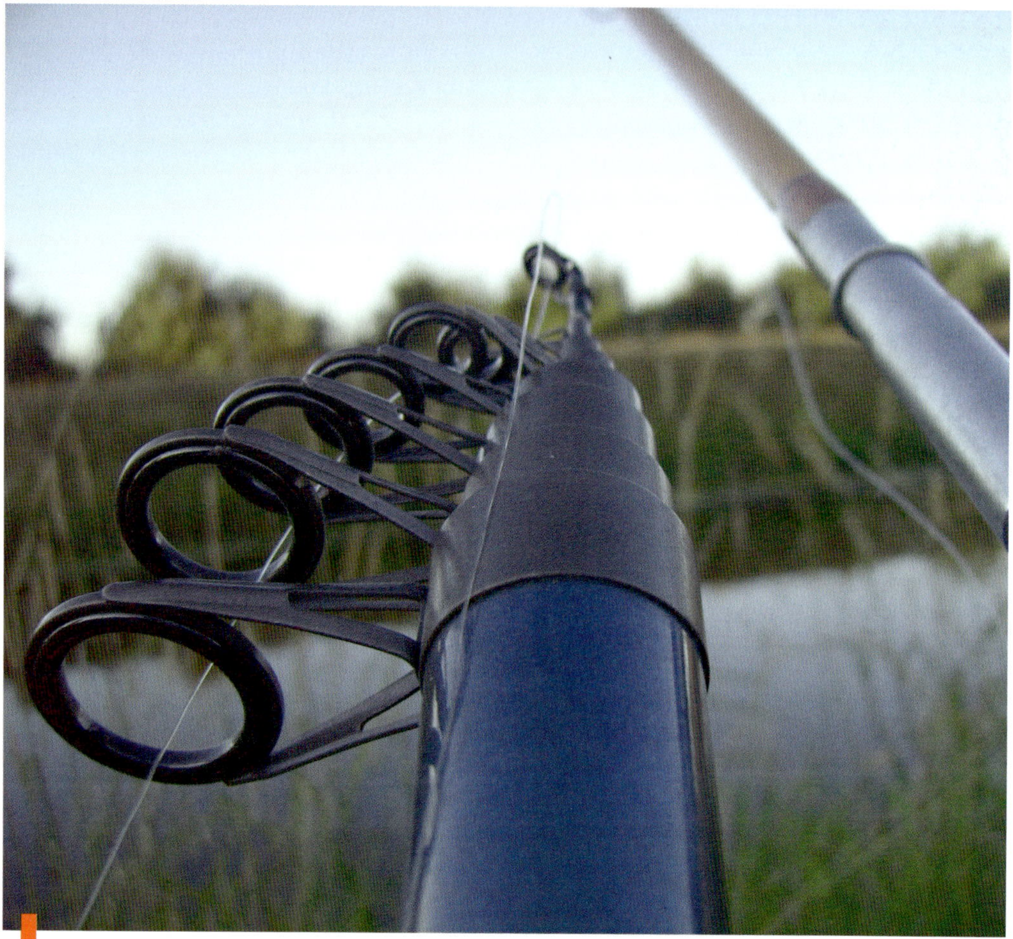

Was darf es sein: Steck- oder Teleskoprute? Steckruten biegen sich gleichmäßiger, Teleruten sind leichter zu transportieren.

wie ein Streichholz durch?« – »Quatsch«, beruhigte ich ihn, »das Wurfgewicht ist ein Idealwert. Sicher könntest du mit dieser Rute auch einen Spinner von 5 Gramm oder ein Blei von 60 Gramm bequem werfen.«

Ingo griff eine Rute und schaute verwirrt. »Hier steht nichts von WG – hier steht 2 lb!« – »Mit ‚lb' ist das englische Pfund gemeint, 454 Gramm. Damit die Rute sich um 90 Grad neigt, braucht es einen Zug von der Stärke dieses Gewichts.« – »Dann ist das eine Rute, mit der man Köder von mehreren Pfund auswerfen kann?« – »Nein, ein lb ist mit einem Wurfgewicht von 30 Gramm vergleichbar. Ideal für diese Rute, mit 2 lb, wäre ein Wurfgewicht von 60 Gramm.«

Bislang war Ingo an zwei- und dreiteiligen Steckruten entlang gelaufen. Nun entdeckte er die Fläche mit den etwas dickeren, zusammenschiebbaren Rutenkörpern. »Das sind die Teleskopruten«,

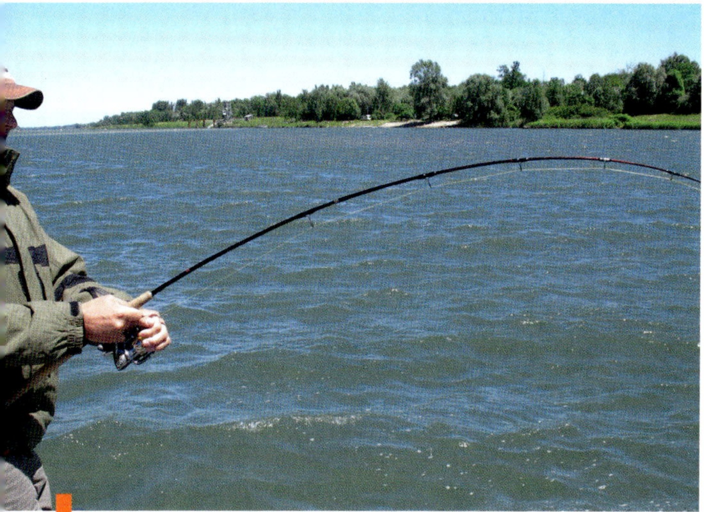

Zu Gast beim Fisch-TÜV: Im Drill stellt sich heraus, was eine Rute kann.

Ingo fragte: »Wenn Teleskopruten so viel praktischer sind, weshalb stehen hier dann so viele Steckruten herum?« – »Weil du mit Steckruten einen besseren Kontakt zum Köder und zum Fisch hast. Eine Rute aus vielen zusammengeschobenen Teilen biegt sich nicht so fließend wie eine zwei- oder dreiteilige Steckrute. Außerdem sind Steckruten in der Regel leichter – sie brauchen ja keinen Hohlraum zum Zusammenschieben.« – »Aber merke ich da als Einsteiger überhaupt einen Unterschied?« – »Ja, zumindest beim Gewicht der Rute: Vergiss nicht, dass du sie oft den ganzen Tag in der Hand hast. Und zu Anfang wird es dir schwer fallen, Bisse von Hängern zu unterscheiden. Auch dabei hilft eine sensible Rute.« – »Hänger?«, fragte Ingo und zog seine Stirn in Falten. »Das bedeutet, dass dein Köder am Gewässergrund festhängt. Im ersten Moment kann dieser Widerstand wie ein Fisch wirken. Mit einer feinfühligen Steckrute merkst du schneller, was Sache ist.« – »Und wie unterscheide ich einen Hänger von einem großen Fisch?« – »Der Hänger bietet einen dumpfen, gleichbleibenden Widerstand. Ein großer Fisch bewegt sich und ruckt!« »An was man alles beim Rutenkauf denken muss!«, sagte Ingo. – »Nimm doch mal eine Rute in die Hand, dann merkst du selbst den Unterschied.« Ingo griff sich eine gelbe Teleskoprute und zog die einzelnen Teile auseinander. »Achte darauf, dass die Ringe in einer

kommentierte ich. »Beim Angeln ziehst du sie auseinander. Der Vorteil ist die kurze Transportlänge. Eine drei Meter lange Teleskoprute kannst du für den Transport auf einen Meter zusammenschieben.« –»Verstehe«, sagte Ingo, »das wäre ideal, um mit dem Fahrrad ans Wasser zu fahren oder eine Rute ins Reisegepäck zu stecken.« Ich nickte.

Der Schneller-Fänger-Tipp

Testlauf am Wasser

Angelruten lassen sich nicht blind kaufen. Statt sie im Internet zu bestellen, solltest du sie vor Ort bei einem Händler in die Hand nehmen. Frag ihn, ob es möglich ist, die Rute auf Probe zu kaufen und für einen Angeltag zu testen. Am Wasser wirst du merken, ob du mit der Rute harmonierst. Denn wie wusste schon Goethe: »Grau, teurer Freund, ist alle Theorie!«

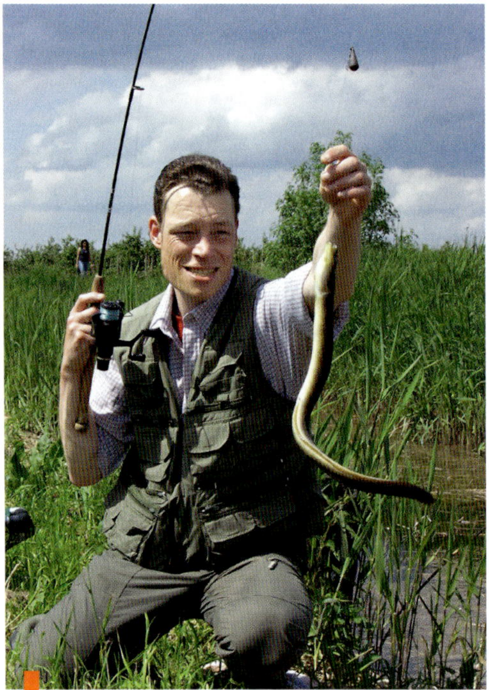

Die Würze liegt in der Kürze: Beim Grundangeln auf Aal sind kurze Ruten mit kräftigem Rückgrat gefragt.

geraden Reihe stehen«, riet ich ihm. Er korrigierte die Stellung einiger Ringe. Ich bat ihn, die ausgezogene Rute leicht nach oben zu halten, griff den Spitzenring und übte Zug aus.

»He, was soll das!«, schimpfte Ingo. »Ich spiele jetzt den Fisch – damit du merkst, wie sich die Rute verhält. Stemm dich einfach gegen den Druck.« Ingo hielt die Rute fest, ich ruckte kräftig daran. »Siehst du, wo sich die Rute biegt?« – »Im vorderen Drittel.« – »Richtig, bei solchen Ruten spricht man von einer Spitzenaktion.« – »Und welche Aktionen gibt es noch so?« – »Ruten mit Halbaktion, sie biegen sich weiter hinten. Und Ruten mit Vollaktion, sie biegen sich durchgehend.«

Er griff sich eine ähnliche Steckrute, und wir wiederholten das Spiel. »Jetzt fühle ich den ‚Fisch' intensiver«, sagte er. »Dachte ich doch«, antwortete ich. »Aber probier mal eine Rute mit Vollaktion.« Er griff sich eine, und ich spielte erneut den flüchtenden Fisch. Er sagte: »Jetzt fühlen sich die Rucke weicher an, nicht so schlagartig.« – »Eine Rute mit Vollaktion federt die Fluchten des Fisches besser ab. Deshalb ist sie für Einsteiger eine kluge Wahl.«

»Und welche Rolle spielt die Länge einer Rute«, wollte Ingo noch wissen. –»Kurze Ruten erlauben den direktesten Kontakt. Die meisten Spinnruten zum Einholen von Kunstködern sind 1,80 bis 2,70 Meter lang. Ruten fürs Grundangeln sind ähnlich kurz. Posenruten aber können 3,50 Meter und noch deutlich länger sein. Doch die ganz langen Ruten empfinden Einsteiger als kompliziert – etwa wenn sich die Schnur um die Rutenspitze wickelt oder du unter Bäumen werfen musst. Mit einer kurzen Rute wirst du zunächst mehr Freude haben!«

Schließlich hatte sich Ingo für drei Ruten entschieden:

1. Leichte Spinnrute, Wurfgewicht 5–20 Gramm, 2,40 Meter, Halbaktion. Mit dieser Rute bist du fürs leichte Spinnfischen bestens gerüstet, ob auf Forelle, Barsch oder auch kleinere Zander.

2. Mittlere Grund- und Spinnrute, Wurfgewicht 20-40 Gramm, 2,70 Meter, Vollaktion. Diese Rute eignet sich fürs Grundangeln, zum Beispiel auf Karpfen, aber auch fürs Spinnfischen auf größere Raubfische, etwa auf Hecht oder größere Zander.

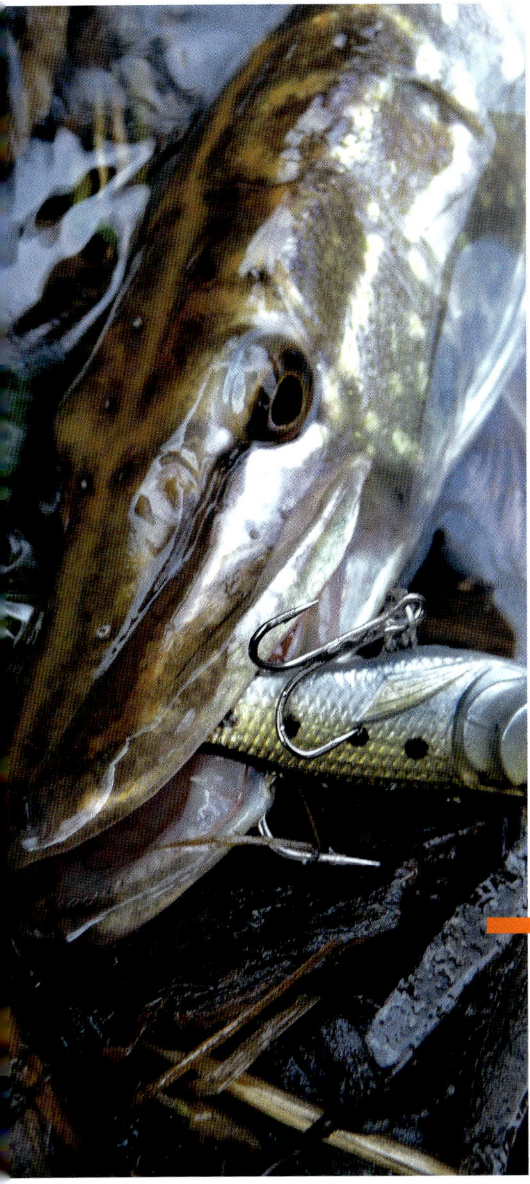

3. Posenrute, 3,60 Meter, Wurfgewicht 5–20 Gramm, Vollaktion. Diese Rute kannst du fürs leichte bis mittlere Posenangeln verwenden. Sie ist ideal für Fische wie Rotauge, Rotfeder, Brassen und Schleie, eignet sich für den Forellensee, wird aber auch mit Satzkarpfen fertig.

Der Schnell-Fänger-Tipp

Die Spinn-Falle

Wenn du mich beim Posenangeln auf Friedfische triffst, wird dir auffallen: Hinter mir liegt eine montierte Spinnrute mit Gummifisch. Warum? Weil an Weißfisch-Plätzen immer auch Räuber wie Hecht und Zander vorbeischauen – erst recht, wenn man anfüttert. Es kann immer passieren, dass es an deinem Weißfisch-Platz klatscht, weil ein Hecht zwischen die Futterfische fährt.

Die meisten erfahrenen Angler staunen dann nur, ohne zu reagieren – schließlich sind sie aufs Friedfischangeln eingerichtet. Du aber, als Fänger statt Anfänger, wirst ebenfalls eine montierte Spinnrute hinter dir liegen haben – und deinen Köder sofort an den Ort des Geschehens werfen. Der Lohn kann sein: ein großer Hecht!

Die Spinn-Falle ist zugeschnappt: Dieser Hecht stürzte sich auf einen Weißfisch-ähnlichen Wobbler.

Ohne Rollen – nichts zu wollen

Wie ist es möglich, einen Fisch von 20 oder 30 Pfund auszudrillen, wenn deine Schnur nur sechs Pfund trägt? Klar, die Rute federt im Drill einige Schläge des Fisches ab. Aber wenn ein großer Karpfen oder Hecht mit ganzer Kraft flüchtet, wäre die Schnur sofort durch. Dieser Knall, mit dem sich Kapitale verabschieden, ist für ein Angler-Ohr das hässlichste aller Geräusche.

Dass sich mit dünnen Schnüren dicke Fische fangen lassen, liegt an der Rolle. Als Einsteiger solltest du dich auf die Stationärrolle konzentrieren, sie ist am einfachsten zu bedienen. Die Rolle spielt, passend zum Wort, eine Schlüsselrolle. Billige Ruten werden dich kaum Fische kosten – aber billige Rollen, sobald im Drill die Rollenbremse blockiert.

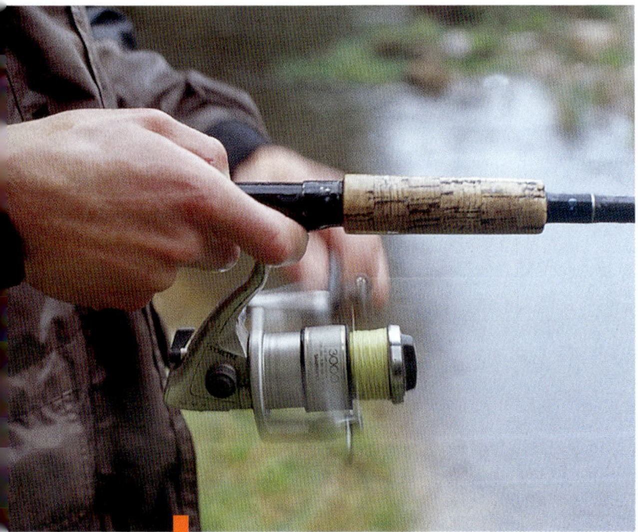

Alles dreht sich um die Rolle! Wenn sie versagt, gehen die großen Fische verloren.

Es gibt zwei Arten von Rollenbremsen: die Frontbremse, ein Rädchen vorne auf der Rolle; und die Heckbremse, ein Rädchen unten an der Rückseite der Rolle. Mit der Bremse regulierst du, ab welcher Zugstärke deine Rolle Schnur gibt. Stell' dir vor, du hast einen kampfstarken Fisch gehakt, sagen wir einen Karpfen. Gleich nach dem Biss rast der Fisch davon. Deine Rute biegt sich durch, deine Schnur singt im Wind. Nun kommt es darauf an, dass deine Bremse richtig eingestellt ist: Ehe die Schnur reißt, muss sie nachgeben. Der Karpfen zieht dann Schnur von der Rolle – und dieses Geräusch, das Summen der Bremse, ist für Angler-Ohren die allerschönste Musik.

Und was passiert, wenn der Karpfen einige Zeit gegen diesen kräftigen Zug anschwimmt? Er wird müde – und bald kannst du ihn landen. Ein solcher Fang gelingt nur mit einer guten Rollenbremse. Das ist der Grund, warum ich dir bei den Ruten einen Typ verschwiegen habe: die Stipprute. Sie kommt ohne Ringe und Rolle aus, die Schnur wird an der Rutenspitze befestigt. Bei diesem Rutentyp hast du nicht die Chance, einem großen Fisch Schnur zu geben. Experten gelingt es manchmal, große Fische dennoch zu landen (ein Gummizug an der Spitze federt die Fluchten des Fisches ab). Als Einsteiger wärst du überfordert; ohne Rolle geht nichts.

Denn die Rolle soll nicht nur Schnur im Drill geben: Sie dient dir auch als Schnurspeicher, mit ihrer Hilfe kannst du den Köder 20, 50 oder gar 70 Meter

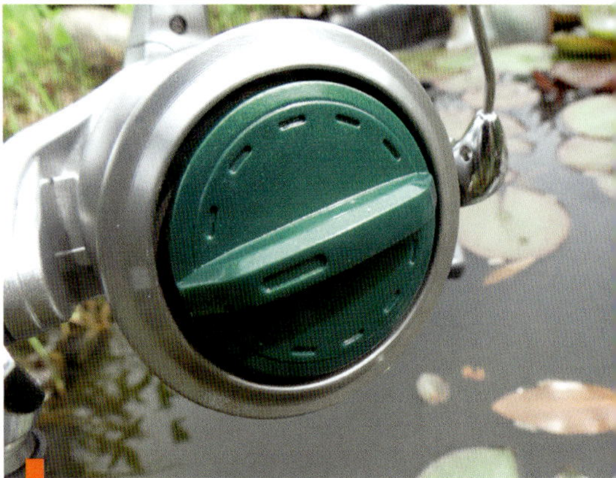

An vorderster Front: Mit diesem Rädchen wird die Frontbremse der Rolle verstellt.

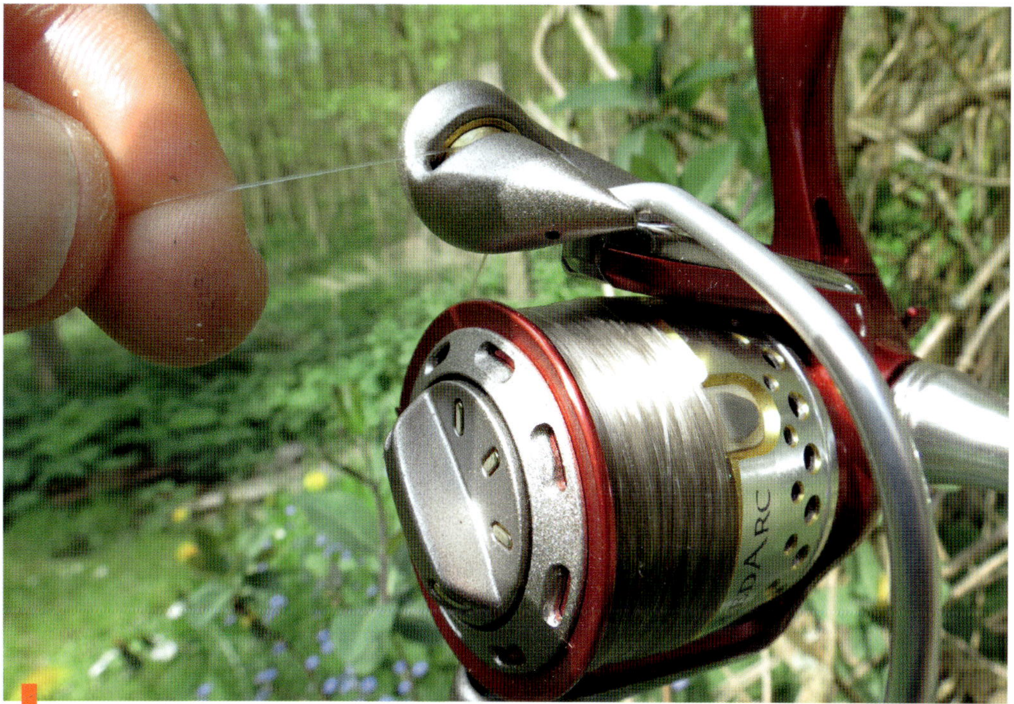

Bremstest bestanden! Diese Rolle gab bei kräftigem Zug ruckfrei Schnur.

auswerfen. Ohne Rolle – also mit einer Stippe – kämst du nie über doppelte Rutenlänge hinaus. Für den Wurf (siehe Seite 39) klappst du den Bügel deiner Rolle auf. Sobald du ankurbelst, schließt er sich automatisch. Also nie das Ankurbeln nach dem Wurf vergessen; mit offenem Bügel könntest du keinen Anhieb setzen, sprich deinen Haken nicht mit einem Ruck ins Fischmaul treiben.

Die Rolle erlaubt es dir, deine Montage bequem und mit geringem Kraftaufwand einzuholen. Wenn du die Kurbel einmal umdrehst, dreht sich die Rollenspule zum Beispiel fünf Mal um die eigene Achse; man spricht dann von einer »Übersetzung« von 1:5.

Aber wie findest du heraus, ob eine Rolle etwas taugt? Zunächst musst du testen, ob die Bremse ruckfrei Schnur gibt. Bitte den Händler, dass er dir etwas Schnur auf die Rolle spult – dann stellst du die Bremse auf eine gewünschte Stärke und reißt kräftig an der Schnur. Idealerweise lässt sich die Schnur mit einer fließenden Bewegung ziehen, sogar bei sehr kräftiger Brems-Einstellung.

Damit hat die Rolle die erste Probe bestanden. Aber eine zweite ist nötig: Wie gut lässt sie sich kurbeln? Halt' die Rolle an ihrem Fuß fest, kurble sie schnell an und lass die Spule dann alleine kreisen. Wie oft dreht sich die Rolle? Ist sie leichtgängig? Je öfter die Spule sich dreht, je runder die Rolle läuft, desto besser. Die Verarbeitung der Rolle kannst du prüfen,

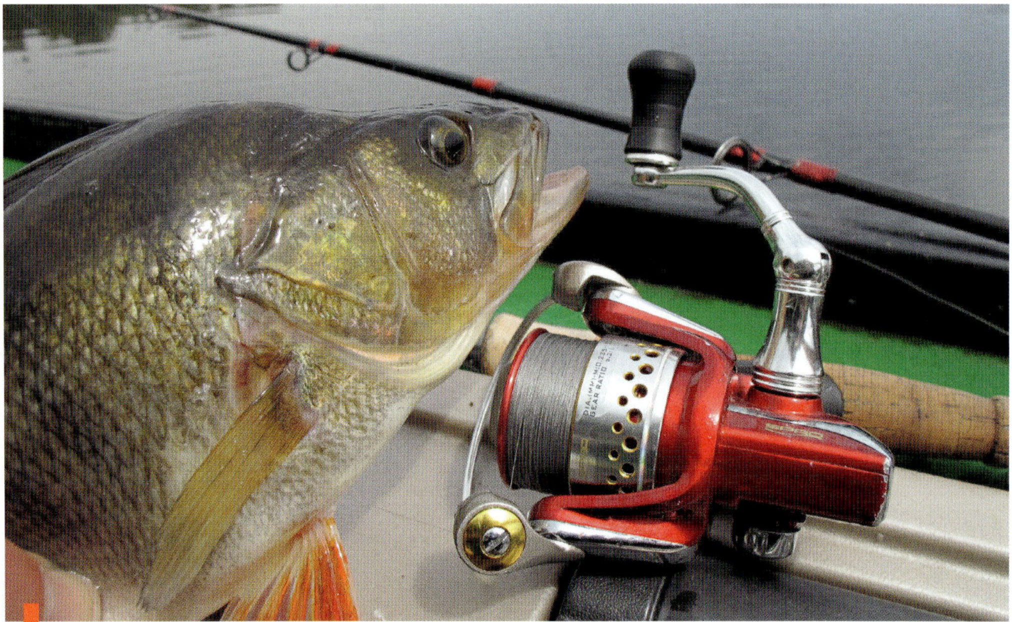

Rezept gegen Schnursalat: eine gleichmäßig, bis knapp unter den Rand gefüllte Schnurspule; hier fürs Barschangeln.

indem du an der Kurbel rüttelst: Sitzt sie stabil? Dann ist die Rolle gut gearbeitet. Oder hat die Kurbel Luft? Dann rechne damit, dass dieser Spielraum beim Angeln immer größer wird.

Und welche Bedeutung hat die Zahl der Kugellager, in der Rollenwerbung das A und O? Eine geringe! Ich kenne Rollen mit zehn Kugellagern, die nichts taugen, und Rollen mit zwei Kugellagern, die vorzüglich laufen. Es kommt nicht auf die Zahl, sondern auf die Qualität der Kugellager an.

Die Größe der Rolle hängt von deinen Zielfischen und den Schnurstärken ab, mit denen du angeln willst. Auf der Spule ist aufgedruckt, welche Menge an Schnur die Rolle fasst, zumindest einer Stärke (manchmal auch mehrerer). Von einer dünnen Schnur, etwa mit 0,15 Millimetern, passt eine deutlich größere Menge auf eine Spule als von einer 0,25er.

Welche Menge an Schnur benötigst du? In der Regel reichen 150 Meter der gewünschten Stärke. Zwar wirst du die komplette Menge kaum brauchen (es sei denn, du drillst einen Riesenfisch oder fährst deinen Köder mit dem Boot hinaus) – aber Rollen mit geringerer Fassung erschweren das Werfen. Die Spule sollte bis knapp unter den Rand gefüllt sein, dann gleitet die Schnur beim Wurf am reibungsärmsten.

Doch übertreib' es nicht: Wenn die Spule zu voll ist, springt die Schnur von alleine runter. Das führt oft zu hässlichen Schnurverwicklungen, die unter Anglern einen speziellen Namen haben: Perücken.

Der Schneller-Fänger-Tipp

Gute Reserve

In manchen Situationen brauchst du eine stärkere Schnur als sonst, etwa zum Angeln dicht an einem Hindernis. Denn der gehakte Fisch wird genau auf diesen Baum, dieses Seerosenfeld oder diese Steinpackung zustreben. Wie aber schaffst du es, am Wasser zügig auf eine dickere Schnur umzustellen? Du brauchst eine Rolle mit Ersatzspule. Letztere ist eine zweite Schnurspule, die du vorsorglich mit einer stärkeren Schnur füllen und rasch gegen die vorhandene Spule eintauschen kannst. Meist lösen sich die Spulen, indem du das Bremsrädchen aufdrehst. Manche sind auch mit Druckknopf zu wechseln. Mit diesem Trick sparst du dir eine zusätzliche Rolle – und fängst zusätzliche Fische.

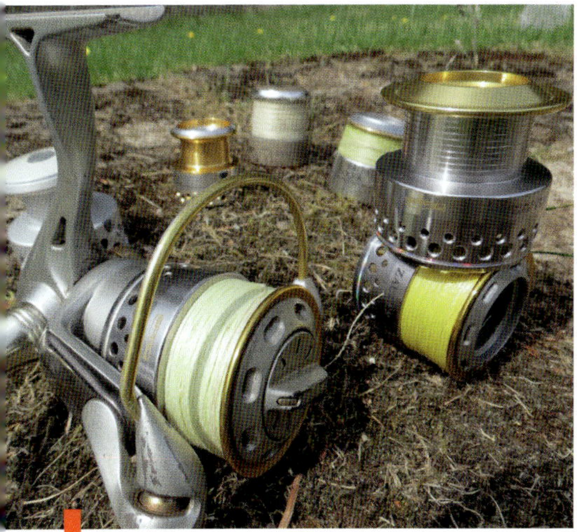

Starke Reservebank: Wer seine Ersatzspulen mit Schnüren unterschiedlicher Stärke füllt, kann am Wasser schnell und flexibel reagieren.

Schnurstracks zum Fang

»Ich habe einen Fisch an der Angel!« – dieser Satz stimmt nicht! Kein Fisch dieser Welt hängt an der Angel, es sei denn, du spießt ihn mit der Rutenspitze auf! Nein, Fische hängen immer an der Schnur. Wenn deine Schnur hält, wirst du sie fangen. Wenn deine Schnur reißt, sind sie verloren.

Die Schnur, dieser dünne Faden, ist deine einzige Verbindung zum Fisch – und somit Kernstück der Ausrüstung. Als Ingo das im Angelladen hörte, meinte er: »Dann ist es sicher klug, eine dicke Schnur zu wählen – damit ich alle Fische sicher aus dem Wasser bekomme.« – »Nicht ganz«, antwortete ich, »denn damit du einen Fisch bekommst, muss er erst mal beißen. Und damit er beißt, muss der Köder unauffällig präsentiert sein. Und damit der Köder unauffällig präsentiert ist, brauchst du ...« – »Eine dünne Schnur!«, führte er meinen Satz zu Ende.

»Richtig«, sagte ich, »genau das ist die Gratwanderung: Die Schnur muss dünn genug sein, damit der Fisch den Köder nimmt. Das hängt vor allem vom Vorfach ab.« – »Vorfach?«, fragte Ingo. »So nennt man das letzte Schnurstück der Montage, an dem der Haken oder der Kunstköder befestigt wird. In der Regel werden Vorfächer mit einer Schlaufe in einen Karabinerwirbel geklinkt«, erklärte ich.

Ingo sah mich skeptisch an. »Warum knotet man den Haken nicht direkt an die Hauptschnur?« – »Beim Angeln auf Hechte brauchst du ein spezielles Stahl- oder Titan-Vorfach. Damit der Hecht das

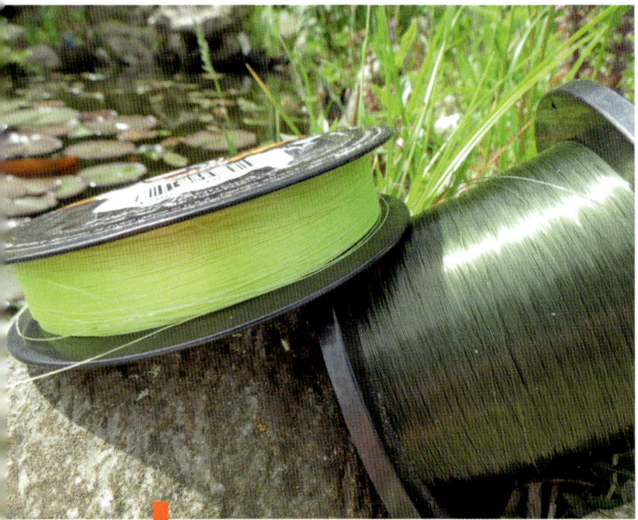

Alles hängt an diesem Faden! Monofile Schnüre (rechts im Bild) lassen sich leichter knoten, geflochtene tragen mehr und sind dehnungsärmer.

Monovorfach mit seinen spitzen Zähnen nicht durchreibt.« – »Und bei Fischarten ohne spitzes Gebiss?«, fragte Ingo. »Da hilft dir das Vorfach, bei einem Hänger den größten Teil deiner Montage zu retten – denn das Vorfach sollte immer etwas dünner als die Hauptschnur sein, eine Soll-Bruchstelle. Angenommen, du hast eine Pose, Bleischrote, einen Karabinerwirbel und am Ende der 0,20er Hauptschnur ein 0,18er Vorfach montiert – dann wird die Schnur bei einem Hänger auf Höhe des Wirbels reißen. Du verlierst also nur den Haken. Ohne ein dünneres Vorfach hätte dich der Hänger deine komplette Montage kosten können.«

Ingo grübelte einen Moment und meinte dann: »Aber wenn ich ohnehin ein Stahlvorfach verwende, kann ich doch dahinter eine richtig dicke Schnur anknoten, ohne dass sie den Fisch beim Beißen stört.« – »Beim Hechtangeln vielleicht. Aber je dicker die Schnur, desto schlechter lässt sie sich werfen. Außerdem macht das Angeln am meisten Spaß, wenn die Kraft des Fisches und die Stärke der Schnur zueinander passen.«

Ingo zog seine Stirn in Falten: »Warum sollte ich dünner angeln, als ich es muss?« Ich fragte: »Würde es dir Spaß machen, auf ein 15 Meter breites Fußballtor zu schießen? Sicher nicht, denn die Enge des Tores macht das Spiel reizvoll. Beim Angeln ist es genau so: Der Reiz und das Vergnügen am Drill wachsen, wenn die Schnur dick genug ist, um den Fisch mit Geschick zu fangen, aber auch dünn genug, dass er eine Chance hat.«

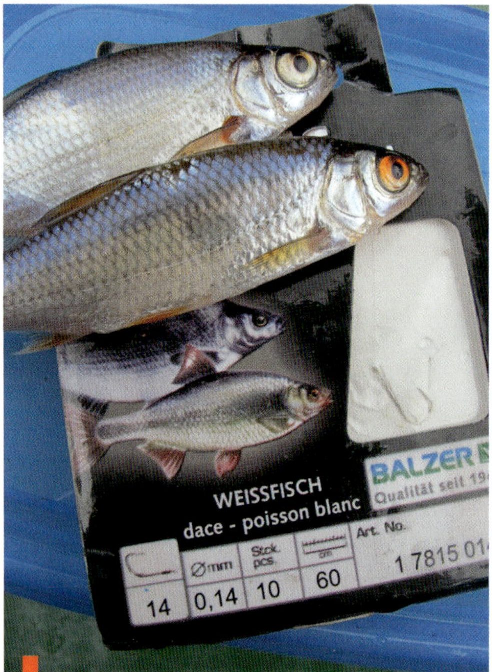

Immer eine Nummer dünner: das Vorfach. Hier gibt es die Zielfische gleich zweifach: als Zeichnung und im (gefangenen) Original.

Ingo nickte. Fasziniert schaute er die Wand mit den Schnurspulen an. »Warum gibt es eigentlich so viele farbige Schnüre? Diese hier ist zum Beispiel schrill-gelb. Wäre es nicht klüger, mit transparenten Farben zu angeln?« – »Entscheidend ist das Vorfach«, sagte ich. »Und hier ist transparentes Material üblich. So haben sich beim Angeln mit Kunstködern Fluorocarbon-Vorfächer bewährt. Weil sie durchsichtig sind. Und auch noch bissfester als herkömmliche Mono-Schnüre.«

Ingo kratzte sich am Kinn. »Und die Hauptschnur ist oft farbig, weil …?« – »Weil eine farbige Schnur hilft, Bisse zu erkennen. Zum Beispiel passiert es, dass ein Gummifisch beim Absinken genommen wird. Je besser du die Schnur sehen kannst, desto eher wirst du den Ruck oder die Unterbrechung des Ablaufens erkennen.« – »Aber man angelt doch nicht immer mit Kunstködern!« – »Auch beim Angeln mit Naturködern hilft es, die Schnur zu sehen – zum Beispiel merkst du am Forellensee, ob die Schnur ins Revier deines Nachbarn driftet. Oder du siehst, ob die Schnur durch Seitenwind einen Bauch bildet. « – »Dann müssen Angelschnüre immer farbig sein?« – »Nein, ich verwende auch helle und durchsichtige Schnüre. Nur glaube ich, dass du als Einsteiger mit sichtbaren Schnüren leichter zurechtkommst.«

Ingo griff sich ein paar Schnurspulen und nahm sie näher unter die Lupe: »Hier heißt es: monofile Schnur. Und dort heißt es: geflochtene Schnur. Wo liegt eigentlich der Unterschied?« – »Die monofile Angelschnur besteht aus einem einzigen Faden, die geflochtene wird aus vielen Fäden gedreht. Geflochtene Schnüre sind bei gleichem Durchmesser deutlich tragstärker als monofile.« – »Also empfiehlst du mir eine geflochtene Schnur?« – »Für später schon, vor allem zum Spinnfischen – für den Einstieg aber nicht. Denn geflochtene Schnüre sind schwerer zu knoten und zu werfen als monofile – und sie neigen auch eher zu Perücken. Ganz abgesehen davon, dass sie deutlich teurer sind.«

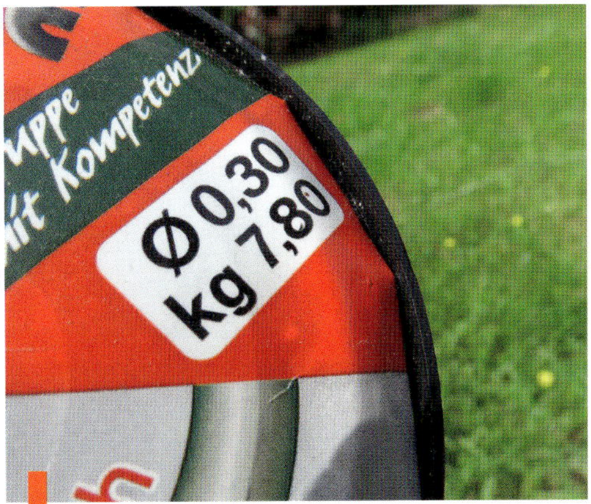

Mit Vorsicht zu genießen: Tragkraftwerte werden oft mit Optimismus angegeben.

Ingo schaute auf die Schnurspule auf seiner Handfläche: »Der einzige Vorteil einer Geflochtenen ist die höhere Tragkraft?« – »Nein«, sagte ich, »der größte Vorteil ist: Sie dehnen sich kaum. Der Kontakt zum Köder und zum Fisch ist deutlich direkter. Für erfahrene Angler ist das eine Chance: Sie merken die Bisse früher und können im Drill schnell auf jede Bewegung des Fisches reagieren. Für unerfahrene Angler ist das ein Risiko: Der Fisch bemerkt beim Biss den Widerstand früher, der Anhieb muss blitzschnell kommen. Und auch im Drill schlitzt der Haken eher aus, da die Schnur die Fluchten des Fisches nicht abfedert. Dagegen verzeiht monofile Schnur handwerkliche Angelfehler eher.«

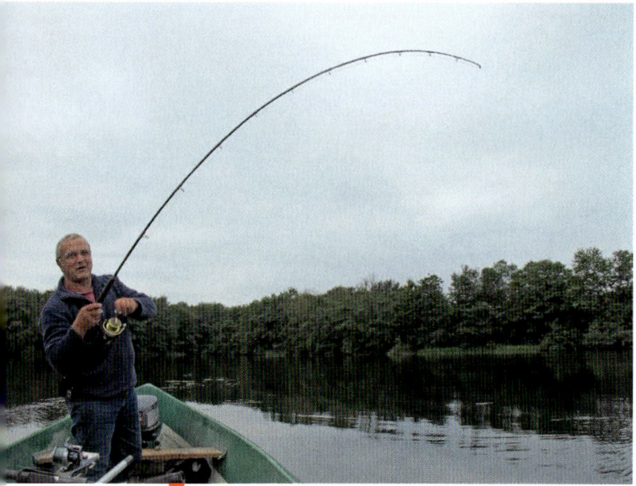

Hecht-Drill: Jetzt muss die Schnur halten! Darum solltest du sie nach Hängern auf Fehler untersuchen.

Alles hängt am Haken

Wenn es eine Sache gibt, die wirklich einen Haken hat, dann das Angeln. Der klassische Angelhaken hat zwei Funktionen: Er trägt deinen (Natur-)Köder. Und er soll im Maul des Fisches fassen. Das klingt einfach, doch woher weißt du, welche Hakengröße und welcher Hakentyp die besten sind? Besser Einzelhaken, Zwilling oder Drilling? Besser goldener oder schwarzer Haken? Langgestreckt oder kurz? Mit Öhr oder ohne? Ans Vorfach gebunden oder lose?

Die Hakengröße hängt von zwei Faktoren ab: Wie groß ist dein Köder? Und wie groß das Maul des Zielfisches? Eine Made erfordert zum Beispiel einen kleinen Haken (sagen wir einen 16er), während ein fetter Tauwurm nach einem großen Haken schreit (sagen wir einem 6er). Die genannten Hakengrößen verraten dir schon: Je kleiner die Zahl, desto größer

Der Schneller-Fänger-Tipp

Fehler tasten

Jeder erfahrene Angler hat es schon erlebt: Ein großer Fisch tobt an der Rute – doch dann reißt die Schnur wie aus heiterem Himmel. Der Grund? Bei Hängern wird die Schnur am Gewässergrund beschädigt, ohne dass der Angler es bemerkt. Darum ist es wichtig, dass du nach Hängern die Schnur mit den Fingern beim Einkurbeln abtastest. Wenn dir unregelmäßige Stellen auffallen, musst du sie dort abschneiden. Nur dann bist du beim nächsten Drill auf der sicheren Seite.

Knoten, die nicht platzen

Nun könnte ich dir ein Dutzend Knoten vorstellen, die Angler so verwenden. Aber ich glaube, mit zweien für Mono-Schnur wirst du zunächst auskommen. Du brauchst einen Knoten, mit dem du einen Karabiner oder einen Kunstköder mit der Hauptschnur verbinden kannst. Hier empfehle ich dir den verbesserten Clinchknoten (siehe Zeichnung).

Und du benötigst einen Knoten, mit dem du zwei lose Schnurenden verbinden kannst – hier ist der Blutknoten unschlagbar (siehe Zeichnung). Alle Knoten solltest du mit Speichel befeuchten, ehe du sie zusammenziehst – das verringert die Reibungshitze und erhält die Tragkraft.

Bloodknoten
zum Verbinden von zwei Schnüren

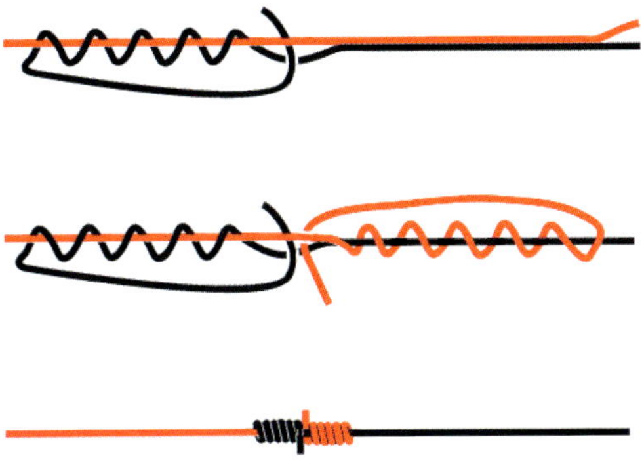

Der Knoten eignet sich auch zum Verknüpfen von Schnüren unterschiedlicher Durchmesser.

Öhrknoten
(gesicherter Clinchknoten)

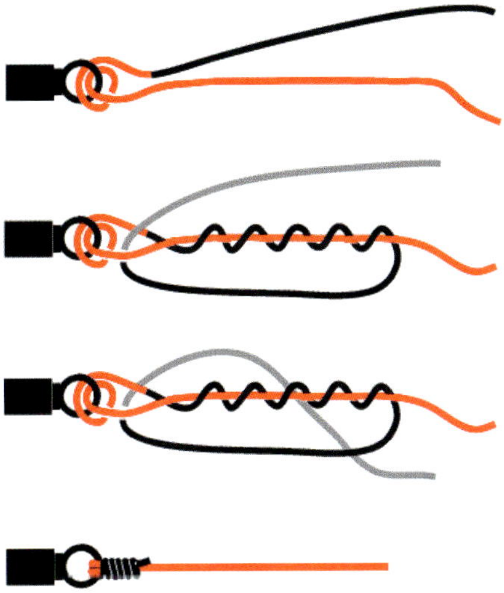

Bei kleinem Öhr die Schnur nur einmal durchfädeln.

Zeichnung 1: *Beim Blut- oder Bloodknoten führst du zwei Schnurenden zusammen, wickelst sie jeweils fünfmal um das andere Schnurstück und führst beide Enden durch die Schlaufe in der Mitte zurück.*

Zeichnung 2: *Beim verbesserten Clinchknoten wird die Schnur durch die Öse geführt, das Ende fünfmal um den Hauptstrang gewunden, dann wieder durch die erste Öffnung gezogen und zur oberen Schlaufenöffnung hinaus.*

der Haken. Die gängigen Haken bewegen sich zwischen einer Größe von 1 (Riesenhaken) bis 20 (Minihaken). Und wie es spezielle Kleidung für dicke Menschen gibt, so gibt es auch Übergrößen bei den Haken; du erkennst sie an einer Null hinter dem Querstrich, sie beginnen bei 1/0.

Und jetzt stell dir vor, was bei einem Biss geschieht: Der Fisch saugt deinen Köder mit Haken ein. Und du reagierst darauf, indem du die Rute mit einem Ruck nach hinten reißt. Damit bewegst du den Köder mitsamt Haken im Maul des Fisches nach vorne. Aber was passiert, wenn ein winziger Haken durch ein großes (Hecht-) Maul gleitet? Er kann hinausflutschen, ohne zu fassen. Darum erfordern große Mäuler auch große Haken, zumal die Stabilität eines Hakens mit seiner Größe wächst. Während es leicht ist, einen 20er Haken aufzubiegen, wird dir das bei einem 4er Haken kaum gelingen.

Bei kleinen Fischen gilt die umgekehrte Regel: Ein Rotauge bekäme einen 1er Haken nicht ins Maul oder würde von ihm abgeschreckt, denn es wäre deutlich mehr

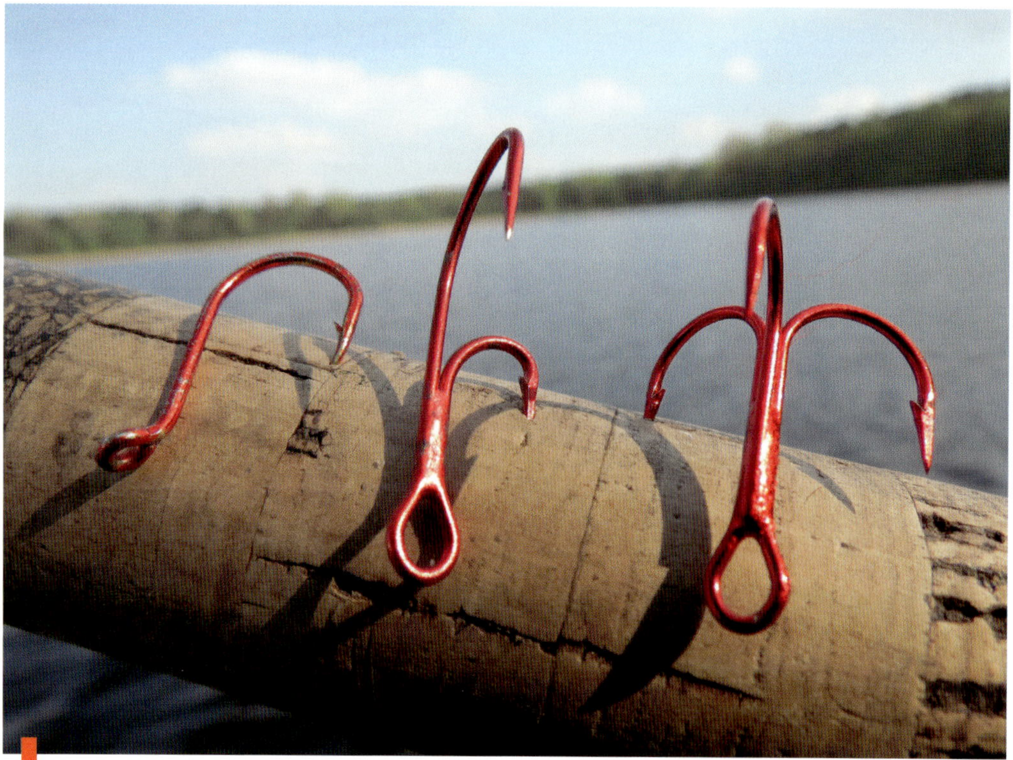

Haken zur Wahl: Einzelhaken, Ryder-Hook und Drilling.

Haken als Köder zu sehen. Der Haken muss unverdächtig sein. Wenn du die Größe des Fischmauls und des Köders berücksichtigst, wirst du die richtige Hakengröße wählen (Empfehlungen findest du in den Köder-Steckbriefen ab Seite 47).

Und was hat es mit den verschiedenen Hakenformen und -Farben auf sich? Haken mit langem Schenkel eignen sich dafür, Würmer aufzuziehen. Spezielle Wurmhaken sind am Schenkel mit einem kleinen Widerhaken ausgestattet, damit der Wurm besser hält. Der typische Haken dagegen ist eher rund als langgestreckt; mit diesem Typ bist du in den meisten Situationen gut bedient.

Und wann verwendest du einen Drilling oder einen Doppelhaken (es gibt Zwillinge und Ryder-Haken)? Der Drilling kommt im Süßwasser vor allem beim Spinnfischen zum Einsatz. Dabei führst du einen Kunstköder durchs Wasser, um ein lebendes Beutetier vorzutäuschen (siehe ab Seite 87). Die Raubfische attackieren deinen Köder, fressen ihn aber nicht; Holz, Gummi oder Plastik sind keine Delikatesse. Deshalb muss der Fisch zu haken sein, sobald er den Köder berührt.

Dieses schnelle Überrumpeln des Fisches gelingt am besten mit einem scharfen Drilling, jeder seiner drei Haken kann im Maul fassen. Darum sind nahezu alle Wobbler und Blinker mit Drilling(en) ausgestattet.

Auch beim Angeln mit größeren Köderfischen empfiehlt sich ein Drilling. Mit einem Einzelhaken, dessen Spitze im Köder steckt, wäre beim Anhieb ungewiss, ob der Räuber hängt. Beim Drilling jedoch hast du die Garantie, dass mindestens zwei Haken freistehen.

Nur bringen freie Haken auch einen Nachteil mit sich: Vorsichtige Fische, zum Beispiel der Zander, lassen den Köder nicht selten los, wenn sie diese stachligen Fremdkörper entdecken. Als Zwischenweg hat sich der Ryder-Hook bewährt: Das ist ein Haken mit zwei Hakenbögen, einem kurzen zum Einhaken des Köders und einem langen zum Haken des Fisches. Ähnliches gilt für Zwillinge.

Die meisten Angler verwenden für unterschiedlichste Köder dieselbe Hakenfarbe, zum Beispiel Schwarz oder Silber.

Der Schneller-Fänger-Tipp

Nägel mit Hakenköpfen
Haken sind großen Belastungen ausgesetzt: Sie müssen in harten Fischmäulern fassen, sitzen oft am Gewässergrund fest und verlieren mit der Zeit ihre Schärfe. Darum empfehle ich dir die »Nagelprobe«: Nimm den Haken und drücke ihn mit sanfter Gewalt auf deinen Daumennagel. Dringt er oberflächlich ein? Dann ist der Haken scharf. Oder will er nicht in den Nagel gleiten? Dann ist er stumpf, und du solltest ihn austauschen. Bei Qualitätshaken kann es auch lohnen, ihm mit dem Hakenschärfer zu einem neuen Schliff zu verhelfen.

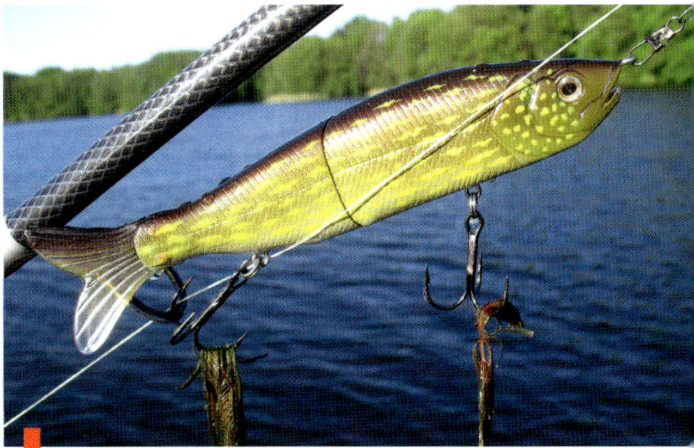

Aller guten Haken sind drei! Große Kunstköder wie dieser Wobbler haken mit Drillingen – manchmal auch Kraut.

Schneller vom Anfänger zum Fänger wirst du, wenn du die Farbe des Hakens auf den Köder abstimmst. Für das Maiskorn ist ein goldener Haken ideal, für den Rotwurm ein roter, für kleine Köder-Rotaugen ein silberner.

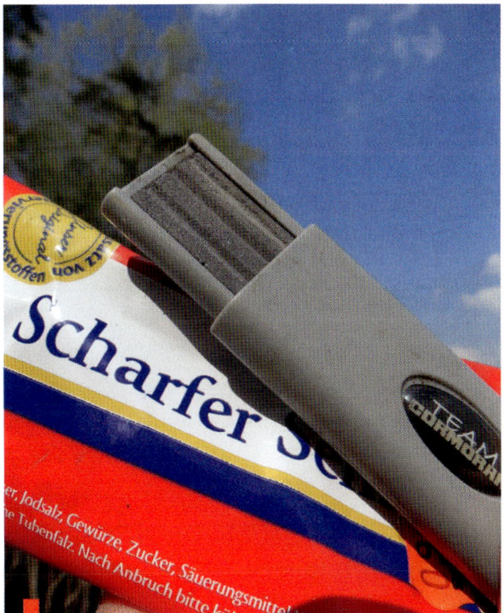

Scharfe Sache: Ein Hakenschärfer reduziert die Fehlbisse.

Die meisten Einsteiger ziehen Haken an fertigen Vorfächern den losen Haken vor, um sich das Anknoten zu ersparen. Nichts spricht dagegen, sofern du beim Kauf auf Qualität achtest; denn billige Vorfächer sind oft mit billigen und damit minderwertigen Schnüren versehen.

Und wenn du im Regal einen Haken entdeckst, aus dessen Hakenbogen ein Schnurstück mit Schlaufe ragt? Dann bist du einem fertigen Haarvorfach begegnet. Das ist eine Montage für das Karpfenangeln, auf die ich noch zurückkomme (siehe Seite 82).

Das Märchen vom großen Wurf

Als kleiner Junge war ich ehrgeizig: Kaum hatte ich gelernt, wie man einen Köder mit der Angelrute auswirft, wurde ich zum Weitenjäger. Mit aller Kraft ließ ich die Rute durch die Luft sauen, bis der Köder 30, 40 oder 60 Meter vom Ufer entfernt einschlug. Wie weit ich kam, hing vom Wurfgewicht ab: Ein Blei von 50 Gramm lässt sich locker 50 Meter weit werfen, während du mit einer Pose von 2 Gramm froh sein musst, 15 Meter weit zu kommen (erst recht bei Gegenwind!).

Doch während ich stolz wie Oskar war, weil ich immer weiter warf, ging etwas anderes zurück: meine Fänge. Wann immer meine Pose ganz weit draußen dümpelte oder mein Grundblei am Horizont einschlug, waren Bisse eine Rarität. Diese Erfahrung machen Einsteiger bis heute.

Wenn du Fänger statt Anfänger sein willst, solltest du dir merken: Der Köder

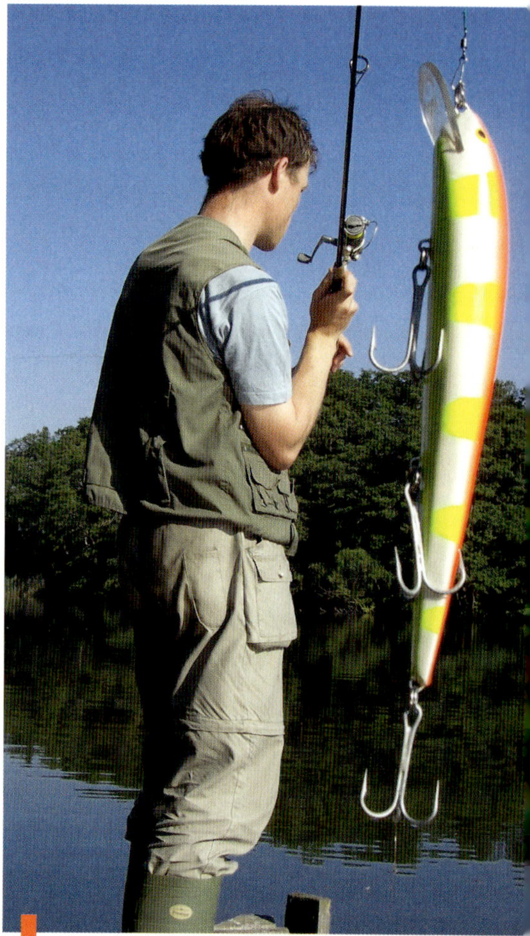

Nicht jeder Wurf muss ein großer Wurf sein; oft beißen die Fische dicht am Ufer.

muss meist nicht so weit wie möglich ins Wasser hinaus (die Fänge Heinz Kandzioras waren eine Ausnahme) – sondern dorthin, wo die Fische stehen! Und alle Fischarten treiben sich mit Vorliebe in der Uferregion herum, weil sie hier zweierlei finden: Deckung und Nahrung.

Darum will ich dir zuerst den Pendelwurf vorstellen. Das ist eine unauffällige und elegante Methode, mit der du den Köder

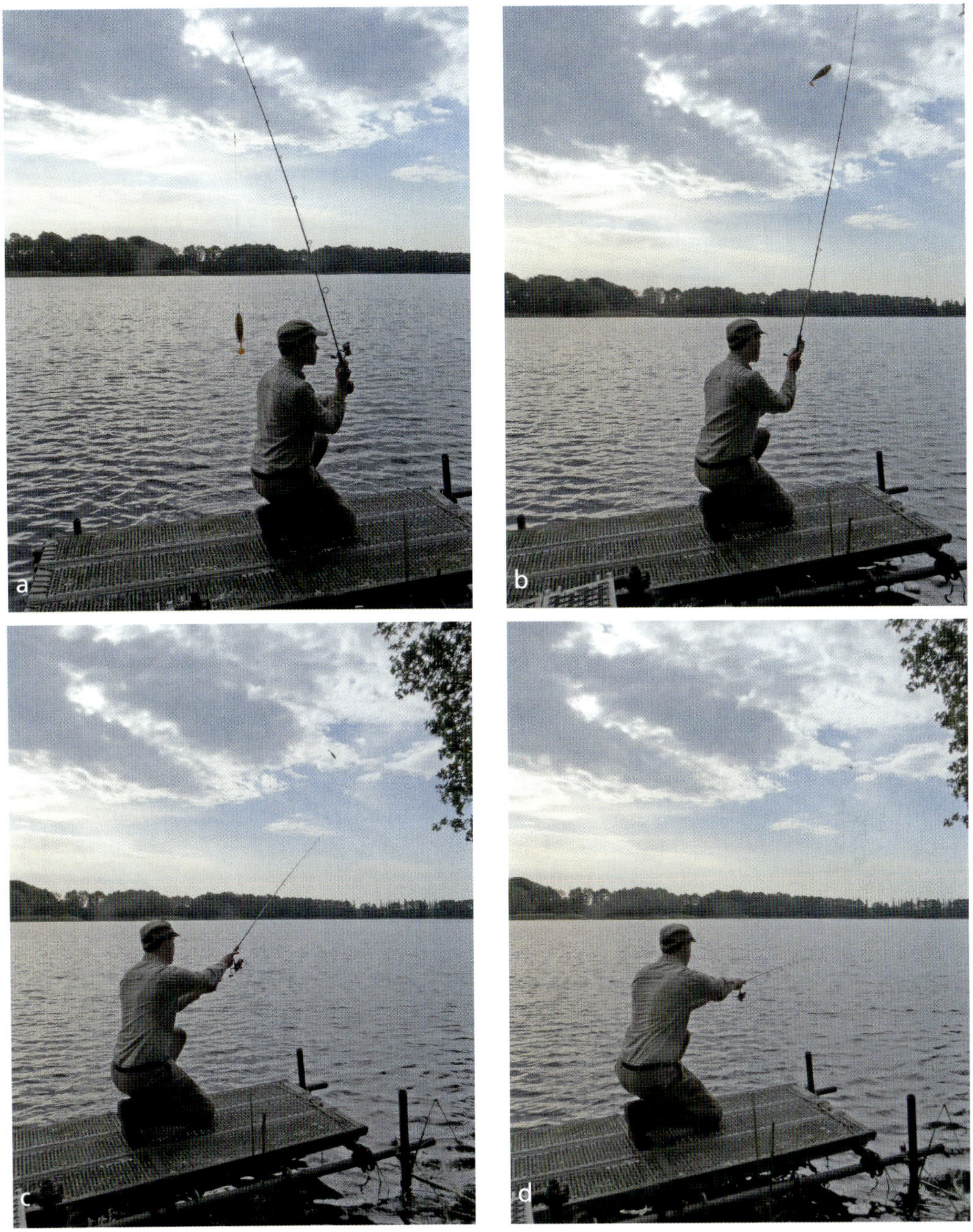

Hier der Über-Kopf-Wurf in einzelnen Schritten. Der Köder baumelt einen knappen Meter unter der Rute (a). Dann führst du die Rute schwungvoll nach vorne (b),gibst an der Rolle mit dem Zeigefinger die Schnur frei und senkst die Rute zum Wasser (c), bis sie in der Waagerechten ist (d). Derweil fliegt dein Köder zum Ort seiner Bestimmung.

bis zu 20 Meter weit werfen kannst. Noch dazu bietet dieser Wurf den Vorteil, dass du nicht über den Kopf ausholen musst, was an bewachsenen Ufern schwierig ist.

Der Pendelwurf ist sehr einfach und funktioniert am besten mit einem kompakten Wurfgewicht, etwa einem Kunstköder. Wie gehst du vor? Du lässt den Köder einen guten Meter unter der Rutenspitze baumeln, neigst die Rute etwas nach oben, damit der Köder in deine Richtung pendelt, senkst die Rutenspitze und führst sie dann aus dem Handgelenk schwungvoll nach oben, während dein Arm sich vollends streckt. Anfangs kannst du die Pendelbewegung auch mehrfach ausführen, um Schwung zu holen. In dem Moment, da die Rute wieder in der Horizontalen ist, lässt du den Köder fahren.

Womit wir bei der zweiten Komponente des Werfens sind: dem Schnurgeben an der Rolle. Du hast den Rollenbügel aufgeklappt und hältst die Rute am Rollenfuß zwischen Zeige- und Mittelfinger. Dein Zeigefinger drückt die Schnur mit seiner Spitze von unten an den Rutenkörper. Indem du diesen Finger hebst, wird die Schnur freigegeben. Hebst du den Finger zu spät, geht der Wurf nach oben oder gar nach hinten los; hebst du ihn zu früh, klatscht der Köder im Flachflug aufs Wasser. Am besten probierst du diese Wurftechnik in hindernisfreiem Gelände so lange aus, bis du das richtige Timing gefunden hast.

Der zweite Wurftyp, den du brauchst, ist der Über-Kopf-Wurf. Mit ihm kannst du deutlich größere Entfernungen erreichen und auch längere (Posen-)Montagen auswerfen (während der Pendelwurf am besten mit kurzen Montagen funktioniert). Bei diesem Wurf kurbelst du den Köder einen knappen Meter unter die Rutenspitze. Deine linke Hand greift den unteren Rutengriff, deine rechte Hand umfasst die Rolle. Der Bügel ist wieder geöffnet, dein Finger drückt die Schnur an den Rutengriff. Nun führst du die Rute über Kopf nach hinten, sodass die Ringe auf dem Kopf stehen. Dein Blick ist dabei nach hinten gerichtet, du willst ja keinen schreienden Spaziergänger haken.

Freie Bahn? Dann lässt du deine Rute mit einer schnellen Bewegung über Kopf nach vorne peitschen und zielst dabei auf jene Stelle, wo dein Köder landen soll. Manchmal hilft es, einen Punkt am

Der Schneller-Fänger-Tipp

Der gestoppte Wurf

Manchmal kommt es beim Werfen auf Zentimeter an – etwa dann, wenn du einen Baum im Wasser mit einem Kunstköder anwirfst. Je dichter dein Köder am Hindernis landet, desto größer die Chance auf einem Biss; denn die Räuber lauern im Holz. Viele Einsteiger schrecken vor solchen Würfen zurück, um keine Köder zu verlieren. Wie gelingt es dir, den Wurf auszusteuern? Du wirfst den Köder mit etwas mehr Schwung als nötig, bis er in der Luft kurz vor dem Hindernis angelangt ist. In diesem Moment greifst du mit Daumen und Zeigefinger oberhalb der Rolle in die Schnur. Damit kannst du den Wurf punktgenau bremsen. Das vermeidet Hänger und bringt Fische.

Ufer gegenüber ins Visier zu nehmen. Dein Finger gibt die Schnur frei, wenn deine Rute beginnt, sich zurück in die Horizontale zu senken.

Die größte Herausforderung besteht darin, die Schnur im richtigen Moment freizugeben. Tust du es zu früh, saust der Köder steil nach oben; tust du es zu spät, klatscht er direkt vor der Rute aufs Wasser. Übung macht den Meister. Es wird nur ein paar Tage dauern, bis du ein passabler Werfer bist.

Zwar wird es immer »Profis« geben, deren Würfe 100 Meter in den See hinausschießen. Doch das triumphale Grinsen auf ihren Gesichtern erstarrt, wenn du direkt vor deinen Füßen einen Riesenfisch fängst.

Einkaufsliste – alles, was ein Angler braucht

Welches Zubehör brauchst du als Angel-Einsteiger? Die folgende Einkaufsliste lehnt sich an mein Buch »Die 111 wichtigsten Angel-Antworten«, das alle wichtigen Fragen zum Angeln knackig beantwortet und eine gute Ergänzungslektüre zu diesem Buch ist:

Grundausrüstung: Posenrute, leichte Spinnrute, mittlere Grund- und Spinnrute, dazu drei Stationärrollen mit je 150 Meter 20er, 25er und 30er Monofilschnur, Unterfangkescher, Erdspieße zur Rutenablage, Gerätekiste für Kleinteile.

Kleinteile: Posen (2, 5 und 10 Gramm Tragkraft), Stopperperlen, Karabinerwirbel, Bleischrote, Vorfächer mit Haken (6er, 10er, 14er, 16er), Drillinge (6er und 4er), Vorfächer mit Haarvorfach (6er), Boiliestopper, Birnenbleie (20 und 40 Gramm), Sargbleie (60 und 100 Gramm), Tiroler Hölzl, Spinnköder (Spinner, Twister, Blinker, Wobbler), fertige Stahl- und Fluorocarbon-Vorfächer, Einhängebissanzeiger, Arterienklemme (zum Lösen der Fische vom Haken), Hakenlöser, Rachensperre, Ködernadel (zum Aufziehen einiger Köder), Maßband, Fischtöter, Messer, Futtereimer.

Zusätzliches Gerät (nicht zwingend, aber nützlich): gefüllte Ersatzspulen, Rutenfutteral, Köderfischsenke, Stirnlampe und Knicklichter (fürs Nachtangeln), Segelpose, Schnurfett, Drachkovitch-Spinnsystem, Futterschleuder, Futtersieb, Schwingspitze, Zitterspitze und Spitzenring mit Gewinde, passend für deine Grundrute, großer Setzkescher.

Kleidung: Robuste Angelhose, Kniestiefel, Regenzeug, Polarisationsbrille, optional (vor allem für Forellenbäche): Watstiefel (bis zur Hüfte) oder Wathose (bis zu Brust).

Natürlich musst du nicht alles auf einen Schlag kaufen. Eine Rute und ein bisschen Zubehör reichen für *einzelne* Angelarten aus. Zum Beispiel brauchst du fürs Spinnfischen neben Rute und gefüllter Rolle nur drei Kleinteile: Karabinerwirbel, Kunstköder und, wenn's auf Hecht geht, ein Stahlvorfach.

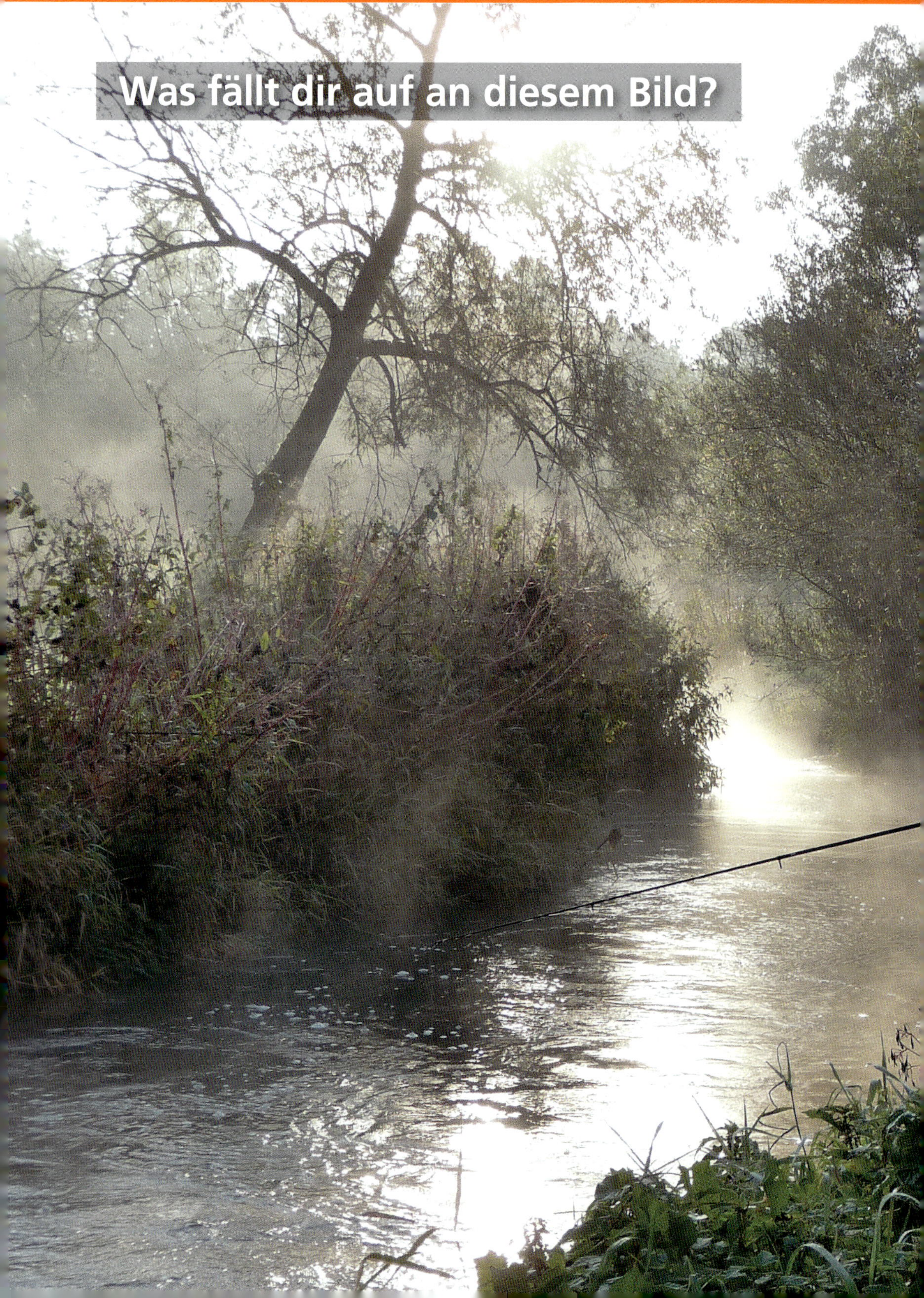
Was fällt dir auf an diesem Bild?

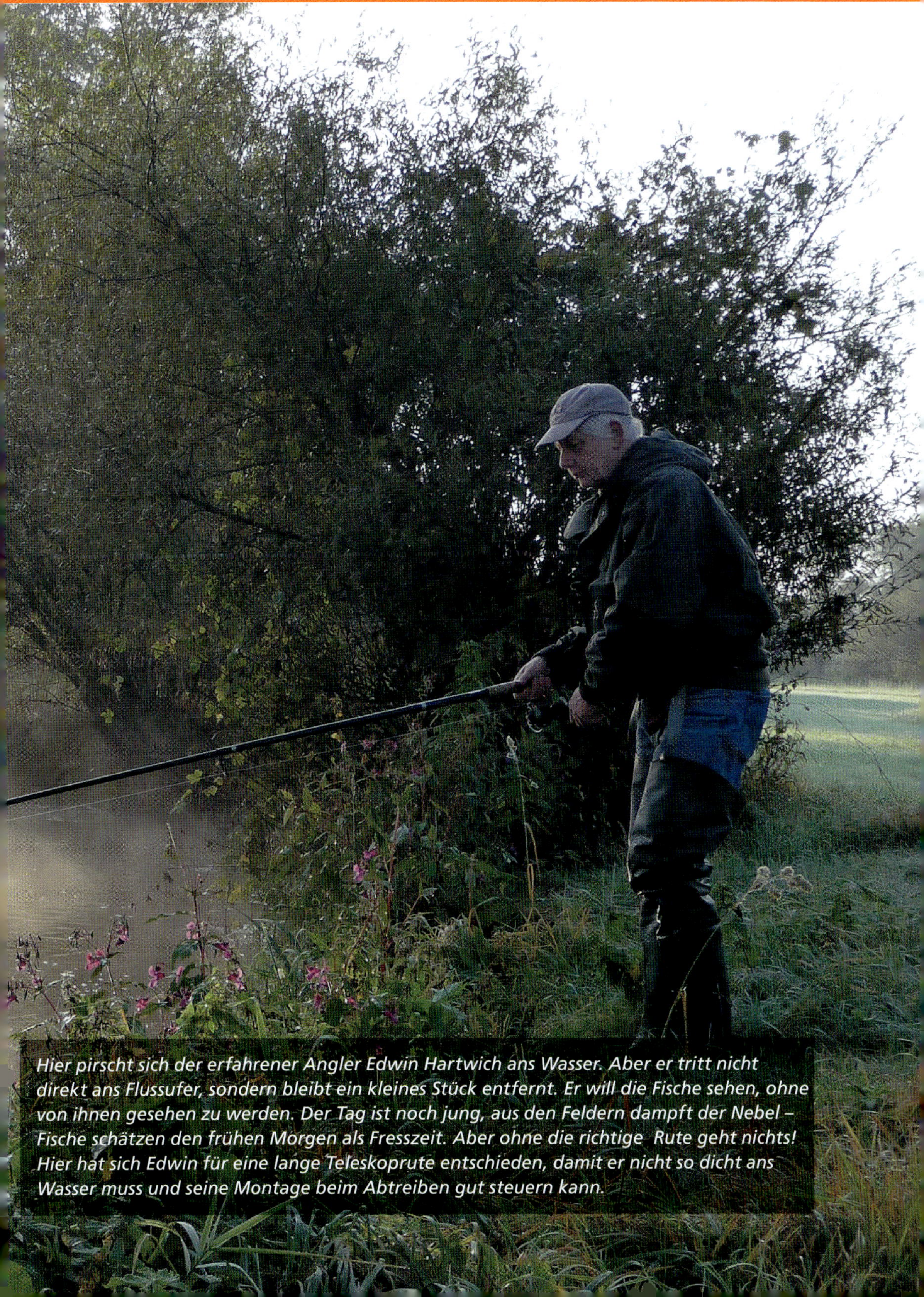

Hier pirscht sich der erfahrener Angler Edwin Hartwich ans Wasser. Aber er tritt nicht direkt ans Flussufer, sondern bleibt ein kleines Stück entfernt. Er will die Fische sehen, ohne von ihnen gesehen zu werden. Der Tag ist noch jung, aus den Feldern dampft der Nebel – Fische schätzen den frühen Morgen als Fresszeit. Aber ohne die richtige Rute geht nichts! Hier hat sich Edwin für eine lange Teleskoprute entschieden, damit er nicht so dicht ans Wasser muss und seine Montage beim Abtreiben gut steuern kann.

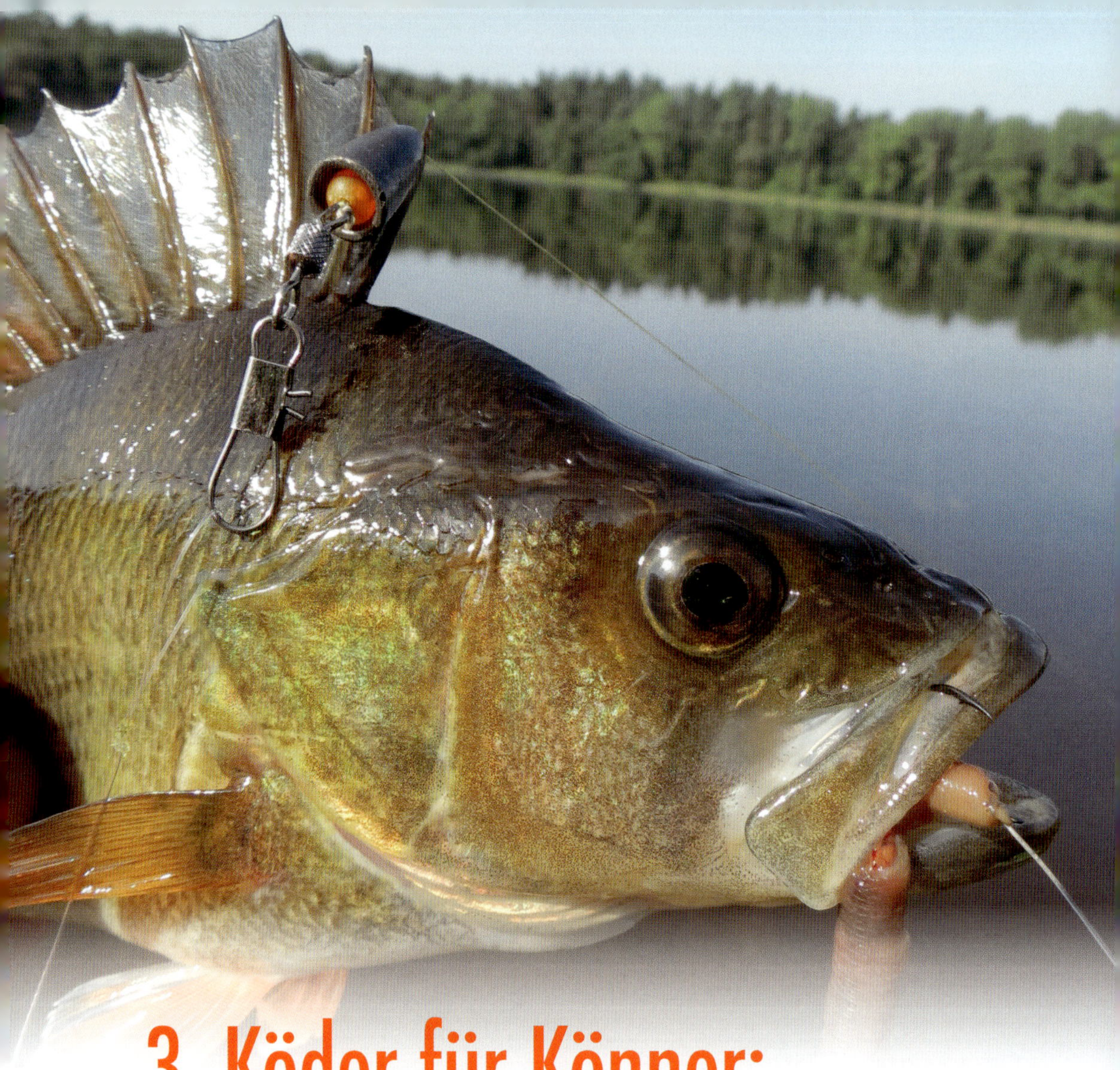

3. Köder für Könner: Was wirklich Fische fängt

Zum Fressen gern

Wenn du auf der Straße fragst, welcher Angelköder der beste ist, antworten die Passanten: »Der Wurm!« Doch tatsächlich ist die Zahl der Köder so groß, dass man ganze Bücher damit füllen kann. Ob Hartkäse, Frühstückswurst oder Krabben, ob Blutegel, Maulwurfsgrille oder Schnecke: Mit allen möglichen Naturködern lassen

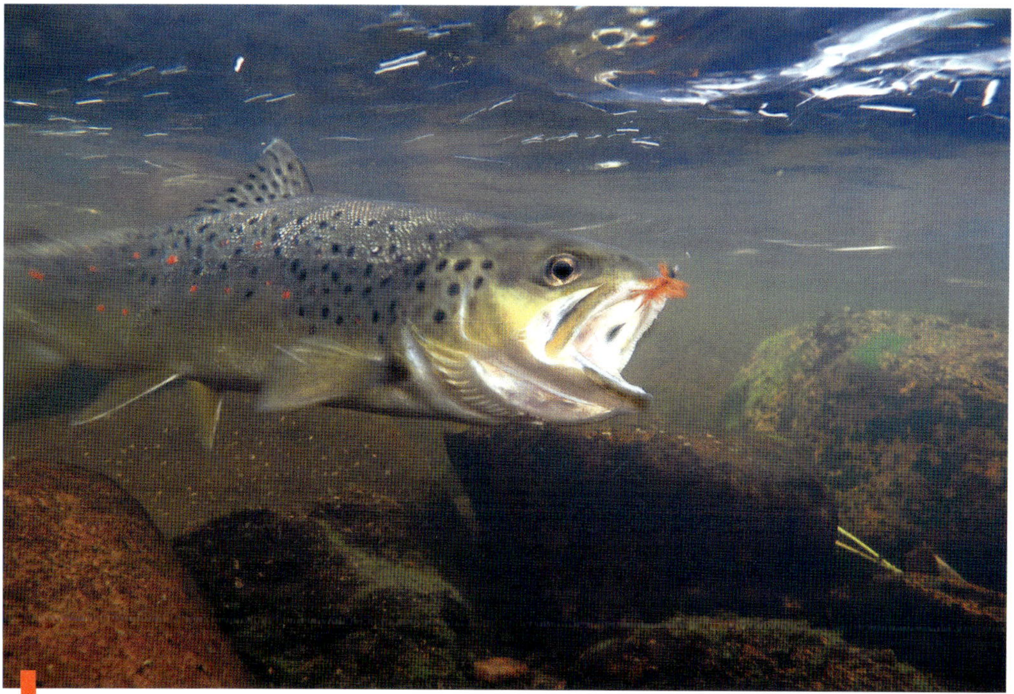

Hauptdarsteller am Ende der Schnur: der Köder. Diese Forelle fiel auf eine Kunstfliege herein.

sich Fische fangen. Ganz zu schweigen von Hunderten neuer Kunstköder, die Jahr für Jahr den Markt fluten.

Doch entscheidend ist nicht der Köder, sondern wann und wie du ihn anbietest. Wenn zum Beispiel ein Hecht mit vollem Magen in der Sonne döst, kannst du ihm 50 Kunstköder an der Nase vorbeikurbeln, und er zuckt nicht mit der Flosse. Aber wenn derselbe Hecht raubt? Dann wird er einen Wobbler ebenso wie einen Gummifisch nehmen, einen Köderfisch ebenso wie einen Spinner.

Der Köder ist kein Selbstzweck – er ist Mittel zum Fang. Viele erfahrene Angler haben das vergessen. Ihre Kisten sind so reich mit Ködern gefüllt, dass in ihrem Kopf nur eine Frage kreist: »Was biete ich als Nächstes an?« Und so schicken sie einen Köder nach dem anderen ins Rennen. Das ist so, als würde ein Fußballtrainer alle fünf Minuten einen neuen Spieler von der Ersatzbank aufs Feld schubsen, statt sein bestes Team vor dem Anpfiff gründlich zu wählen und möglichst lange im Spiel zu lassen.

Vor allem ist jeder Gedanke, der sich auf den Köder konzentriert, ein Gedanke, der nicht *direkt* beim Fisch ist. Dabei lautet die entscheidende Frage: »Wo stehen die Fische, und was fressen sie gerade?« Wenn du dir diese Frage stellst, wirst du den idealen Köder fast automatisch herausfinden.

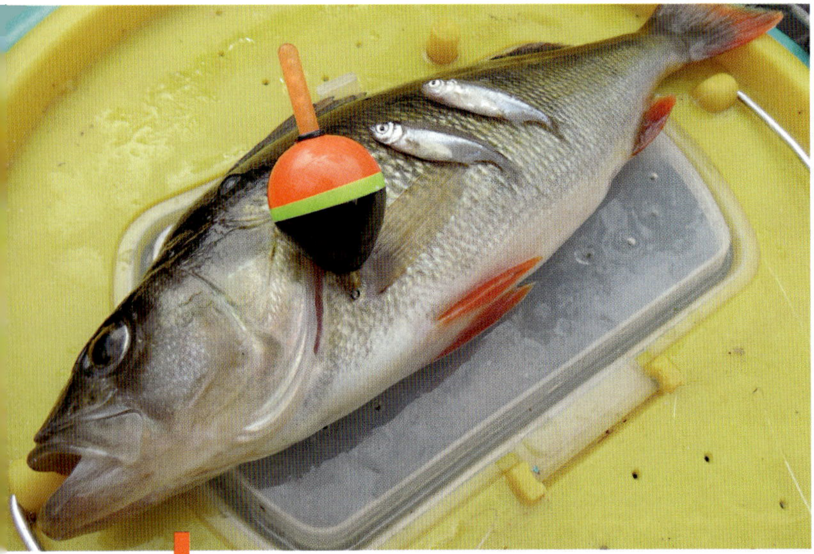

Auf Kunstköder geht nichts mehr? Dann hilft Natur: Kleine Köderfische sind immer für Extra-Barsche gut.

Ein Beispiel: Es ist Hochsommer, du kommst an den See und siehst, dass immer wieder winzige, silberne Fischchen aus dem Wasser spritzen. Warum tun die Fische das? Sie werden gejagt! Und wer jagt solche Fischchen? Nicht Hecht oder Zander, denn sie sind auf größere Beute aus. Als Täter kommt fast nur der Barsch in Frage.

Durch diese Beobachtung weißt du also: Hier sind Barsche am Jagen – und ihre Beute ist gerade mal drei Zentimeter lang und glitzert silbern. Nach dieser Beobachtung kannst du aus deiner Gerätekiste leicht den passenden Köder greifen – in diesem Fall zum Beispiel einen Mini-Wobbler von drei Zentimetern mit silbernem Weißfisch-Dekor. Diesen Köder bietest du an deiner leichten Spinnrute an.

Und was ist, wenn du nicht sofort einen Biss bekommst? Dann wirst du nicht den Köder wechseln, sondern dich fragen: »Ist mein Köder den Barschen überhaupt begegnet?« Mag sein, du hast zu flach gefischt. Also wirst du den Wobbler in größerer Tiefe anbieten, indem du ihn länger absinken lässt (falls es ein sinkender Wobbler ist) oder mit einem Bleischrot versiehst (falls es ein schwimmender Wobbler ist). Oder du holst den Köder langsamer ein. Oder schneller. Du wirst sehen: Wenn dieser Wobbler verlockend genug das Maul eines Barsches kreuzt, bekommst du Bisse.

Erst wenn du etliche Barsche gefangen hast und das Beißen nachlässt (was vor allem mit Kunstködern passiert), ist es Zeit, einen anderen Köder ins Rennen zu schicken; denn jetzt haben die Barsche den faulen Zauber wohl durchschaut. Nun könntest du einen Mini-Köderfisch nachlegen, den du hinter einem kleinen Bleischrot zupfst. Wer sich auf wenige Köder konzentriert, kann die kurzen Beißphasen der Fische besser nutzen, als wenn er ständig mit dem Wechseln seiner Köder beschäftigt ist. Die einfachste Erfolgsregel: Nur ein Köder, der im Wasser ist, fängt!

Deshalb habe ich mir vorgenommen, dir nur jene Köder vorzustellen, die du wirklich brauchst. Gleich lernst du die wichtigsten Naturköder kennen, erst (vor allem) für Friedfische, dann für Raubfische. Später folgen die Spinnköder (ab Seite 87).

Naturköder für Friedfische

Legende
+++ = ausgezeichneter Köder für ...

++ = guter Köder für ...

+ = annehmbarer Köder für ...

- = ungeeigneter Köder für ...

Made: Klein, aber fein

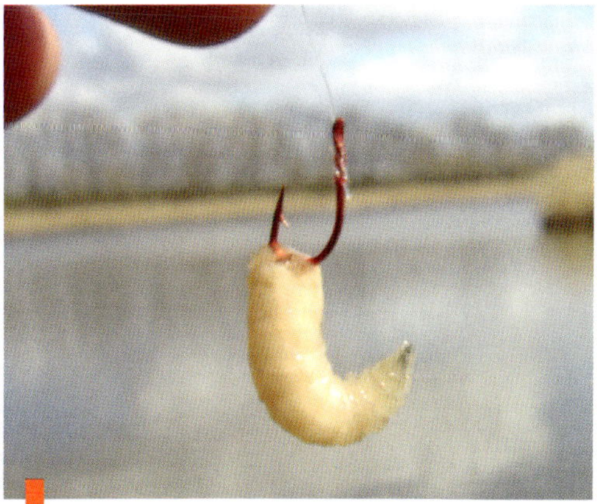

Ob einzeln oder im Bündel: Die Made ist die Nummer 1 unter den Weißfisch-Ködern.

Fischarten

+++	Brassen, Rotauge, Rotfeder
++	Schleie
+	Aal, Forelle, Barsch Karpfen
-	Hecht, Zander

Haken
14er bis 18er (dünndrahtig)

Montage
Die Made soll nicht auslaufen, deshalb brauchst du einen Haken aus dünnem Draht. Sie wird am stumpfen Ende aufgezogen. Ob du eine Made oder mehrere verwendest, hängt von der Größe der Fische ab (je größer, desto mehr) und von der Jahreszeit (je kälter, desto weniger).

Vorteile
• Kein anderer Köder hält so gut am Haken: Die Made übersteht Gewaltwürfe und wird kaum abgefressen.

• Die kleinen Maden flutschen blitzschnell ins Maul der Fische: Fehlbisse sind selten.

• Maden sind ähnlich klein wie die natürliche Insekten-Nahrung der Fische.

• Maden zappeln am Haken, das reizt.

• Maden fangen auch Fische mit kleinem Hunger, so im tiefsten Winter.

Nachteile
• Maden fangen eher kleine als große Fische. Maden bringen oft unerwünschte Beifänge, zum Beispiel (kleine) Kaulbarsche.

• Maden verwandeln sich schnell zu Puppen, vor allem bei Hitze.

Schneller-Fänger-Tipps

• Maden gehören in den Kühlschrank! Aber nicht in einer handelsüblichen Dose, denn Maden büxen gerne mal aus (unter Anglern der häufigste Scheidungsgrund ...). Auf der sicheren Seite bist du, wenn du die Maden umfüllst in eine stabile, ausbruchssichere Kunststoff-Box.
• Achte darauf, dass deine Maden am Wasser im Schatten stehen. Noch besser: Lagere sie in einer Kühltasche.
• Schieß mit einer Futterschleuder Maden an deinen Angelplatz – und gib sie auch reichlich in dein Anfutter. Ihr Gewusel lockt die Fische.
• Wenn die Bisse nachlassen: Made austauschen! Oft ist sie ausgelutscht oder ausgelaugt.

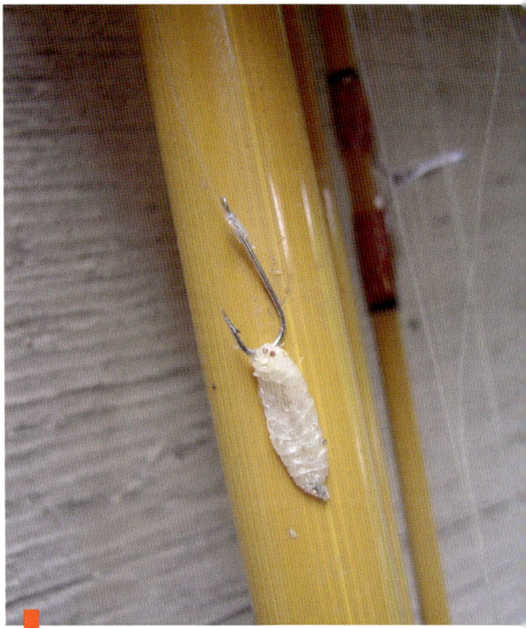

Ausgelutscht! Nur wer seine Maden regelmäßig kontrolliert, kann sie schnell genug austauschen.

Wurm: Der Alles-Fänger

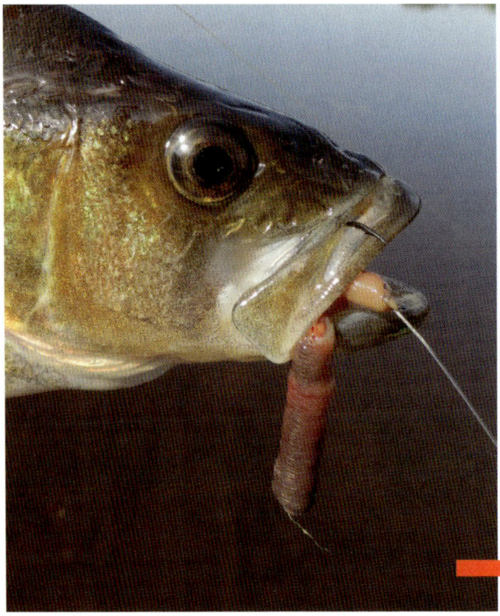

Beim Angeln darf gerne der Wurm drin sein – hier im Maul eines prächtigen Barsches.

Fischarten

+++	Aal, Schleie, Forelle, Barsch
++	Brassen, Rotauge
+	Rotfeder
-	Hecht, Zander

Haken

8er bis 10er für kleinere Mist- und Rotwürmer; 4er bis 6er für Tauwürmer und größere Wurmbündel.

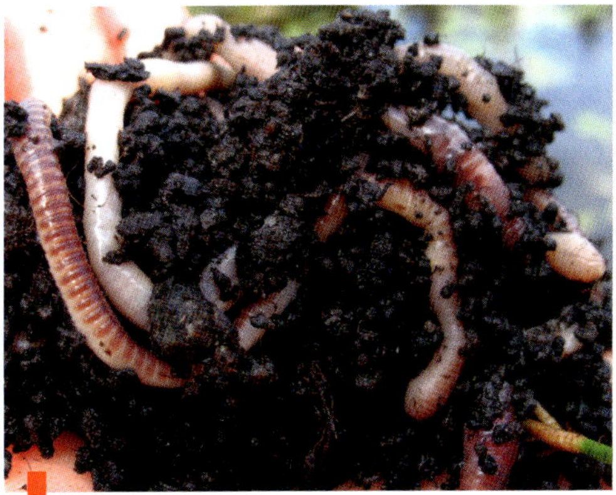

Erde zu Wasser: Wer Würmer in Erde anfüttert, bindet Schleien an den Futterplatz.

Montage

Entweder spießt du den Wurm (oder die Würmer) mehrfach auf den Haken, dann strömt der Geruch am besten aus, und die Zahl deiner Fehlbisse sinkt. Oder du ziehst den Tauwurm auf den Haken und das angrenzende Vorfach auf. Dann wird der Köder nicht so schnell abgefressen.

Vorteile

• Würmer gehören zur Leibspeise vieler Fischarten, vom Mini-Barsch bis zum Riesen-Wels kannst du alles damit fangen.

• Würmer sind den Fischen als Nahrung vertraut: Bei Regen werden sie ins Wasser geschwemmt und gelten als unverdächtig.

• Du kannst den Wurm auf deinen Zielfisch abstimmen: Duftende Rotwürmer fangen Schleien und Brassen, Tauwürmer sind gut für Barsche und Aale – und das fette Tauwurm-Bündel kann dir Welse bringen.

• Mehrfach durchstochene Würmer entfalten durch ihren Geruch eine starke Lockwirkung.

Nachteile

• Größere Würmer werden von den Fischen oft an den Enden gepackt – Fehlbiss-Gefahr!

• Bei starken Würfen können weiche Würmer abfallen, dann angelst du ohne Köder.

• Wenn es gut beißt, brauchst du große Mengen an Würmern: Das geht ins Geld (falls du gekaufte Würmer verwendest).

Schneller-Fänger-Tipps

• Achte beim Wurf immer darauf, ob sich abseits des Einschlagpunktes deiner Montage ein Ring an der Oberfläche bildet: Dann kann dein Wurm abgefallen sein.

• Spar dir hohe Köderkosten, indem du deine Würmer selber suchst: Rotwürmer finden sich zum Beispiel in Komposthaufen und Pferdemist. Tauwürmer kannst du bei Nacht mit einer Taschenlampe suchen, indem du über feuchte Rasenflächen schleichst: Die Würmer liegen mit einem Teil ihres Körpers auf der Erde, der Rest steckt rückzugsbereit im Erdloch. Du musst blitzschnell zupacken und sie behutsam herausziehen (sonst reißen sie ab).

• Schneide einen Tauwurm mit der Schere in fünf bis zehn Stückchen, die du dann auf deinen Haken ziehst: ein besonders duftintensiver Köder.

• Füttere pure Würmer an, die du in Erdbälle knetest: Gerade beim Schleienangeln eine erstklassige Methode.

Mais: Ein Korn, bitte!

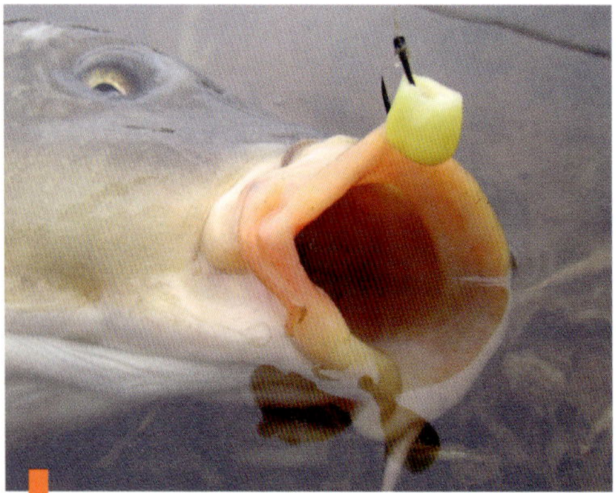

Ein Korn, bitte! Mais ist ein ausgezeichneter Friedfischköder, nicht nur für Karpfen.

Fischarten

+++	Karpfen
++	Brassen, Rotauge, Rotfeder, Schleie
+	Forelle
-	Aal, Barsch, Hecht, Zander

Haken
8er bis 10er

Montage
Am einfachsten ist das Angeln mit Dosenmais: Du kannst das weiche Korn (oder die Körner) einfach auf den Haken spießen. Einzelne Körner sind ideal für (kleine) Weißfische, mehrere empfehlen sich für Karpfen oder Schleie. Hartmais wird am Haarvorfach angeboten.

Vorteile
• Dosenmais ist leicht und günstig im Supermarkt zu beschaffen.

• Mais ist ein gutes Anfutter, pur oder unters Trockenfutter gemischt.

• Mais spricht Karpfen deutlich mehr als Made oder Wurm an.

• Mais ist ein guter Sommerköder (was für die meisten pflanzlichen Köder gilt).

• Mais bringt in der Regel größere Fische als die Made.

• Hartmais ist ein billiger Karpfenköder (während Boilies sehr teuer sind).

Nachteile
• Mais ist ein reiner Friedfischköder – keine Barsche als Beifang (wie mit Wurm).

• Mais kann sich bei harten Würfen vom Haken lösen.

• Weicher Mais wird manchmal unbemerkt vom Haken abgefressen.

• Mais ist ein Standardköder, dem Fische bei starkem Angeldruck mit Vorsicht begegnen.

Schneller-Fänger-Tipps

• Gib in eine Maisdose drei Esslöffel Honig und rühr den Inhalt kräftig durch – das ergibt einen super-süßen Karpfenköder.
• Nimm die Flüssigkeit der Maisdose zum Anrühren des Trockenfutters. Dieser Geschmack verbessert das Futter.
• Aus Mais lassen sich fängige Kombiköder bilden, vor allem mit tierischen Naturködern. Legendär für Brassen ist das Doppel aus Mais und Made.
• Fürs Karpfenangeln solltest du Hartmais aus dem Großhandel verwenden. Füll' einen Topf zur Hälfte mit Mais, gib Wasser hinzu, lass ihn mit Deckel aufkochen und dann über Nacht quellen. Schon hast du perfekten Angelmais.

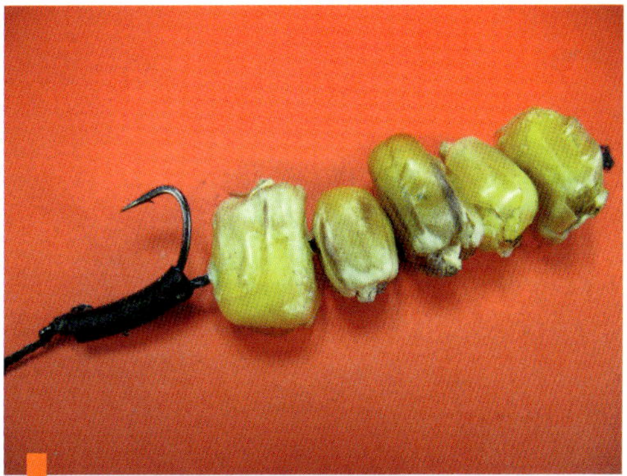

Haarige Sache: Hartmais am Haarvorfach überlistet dicke Karpfen

Fischarten

+++	Karpfen
++	Brassen, Rotauge, Rotfeder, Schleie
+	Forelle (außer: Forellenteig in Angelteichen: hier +++)
-	Barsch, Hecht, Zander

Haken
10er (kleine Kugel), 6er (mittlere); 2er (große)

Teig: Gib ihm die Kugel!

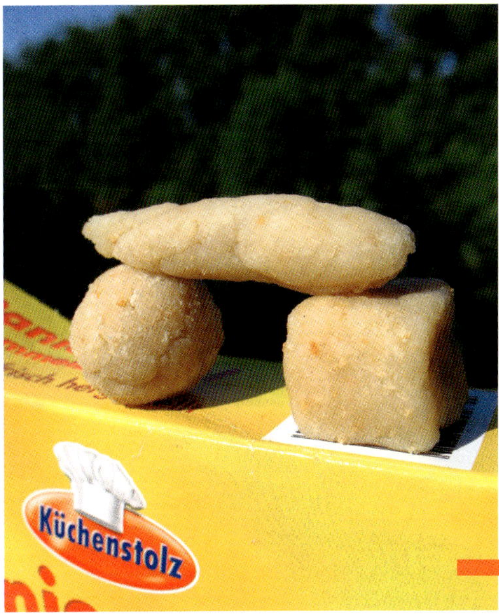

Fängt in allen Formen: Teig aus Paniermehl

Herstellung/Montage
Du gibst Paniermehl in eine Schüssel und langsam Wasser hinzu. Je weniger Wasser, desto härter wird dein Teig – je mehr, desto weicher. Mit beiden Händen knetest du die Masse zum Teig, er sollte geschmeidig sein und nicht schmierig. Nun rollst du Kugeln zwischen den Handflächen. Teig für Weißfische kannst du auf den Haken kneten – die Spitze

dringt beim Anhieb durch. Bei golfballgroßen Teigkugeln fürs Karpfenangeln sollte die Hakenspitze ein Stück aus dem Teig ragen.

Vorteile

• Teig ist ein sehr individueller Köder: Du kannst alles selbst bestimmen, die Zutaten, die Farbe, die Größe und die Festigkeit.

• Beim Grundangeln mit großen Teigkugeln kannst du oft auf ein Wurfgewicht verzichten und mit der freien Leine fischen – unauffällig!

• Spezieller Forellenteig aus dem Handel gehört zu den besten Ködern am Forellensee.

• Teig ist billig. Aus einer Packung Paniermehl kannst du Teig für mehrere Angeltage herstellen.

• Teig trägt Lockstoffe gut: Du kannst ihm beliebige Duftnoten verleihen.

Nachteile

• Teig ist anfällig für Fehlbisse, da der Haken oft verdeckt ist.

• Selbstgemachter Paniermehl-Teig löst sich im Wasser nach einigen Stunden auf.

• Teig fliegt bei harten Würfen leicht vom Haken.

• Teig – bis auf Forellenteig – ist ein reiner Friedfischköder.

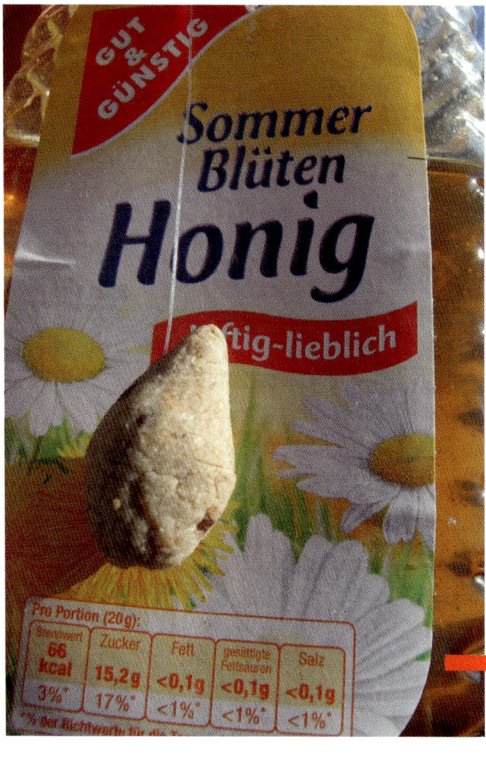

»Ich will dich fressen, Süßer!«: Das soll der Karpfen später zum Honig-Teig sagen.

Schneller-Fänger-Tipps

• Stimm' die Geschmacksnote deines Teigs auf den Zielfisch ab: Für Karpfen solltest du Honig einkneten, für Brassen Vanillepulver oder -zucker, für Rotaugen ein paar Tropfen Anis.
• Gib zerhackte Würmer in deinen Teig: Schleien und Brassen lieben das!
• Verleih deinem Teig einen Mantel aus Fett, indem du einen Teelöffel Margarine einknetest. Dann zerbröselt er nicht so schnell.
• Variiere die Form: Es müssen nicht immer Kugeln sein – auch Quadrate, Eier oder Scheiben fangen.

Naturköder für Raubfische

Köderfisch: Das Original

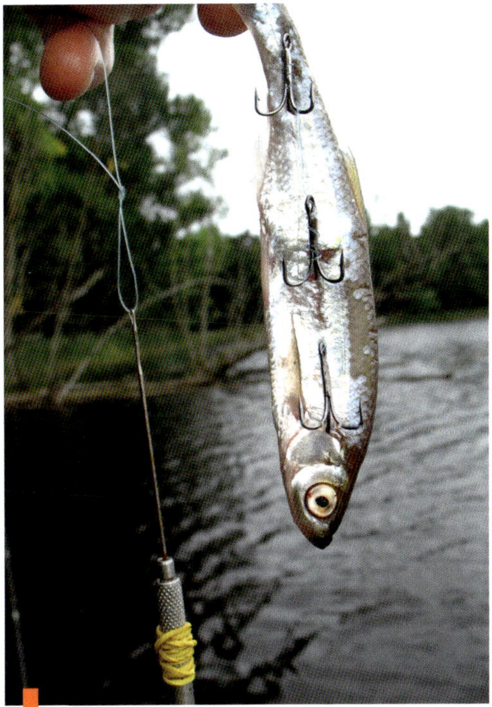

Tote Köderfische sorgen beim Raubfischangeln für Leben. Drillinge empfehlen sich fürs Hechtangeln.

Fischarten

+++	Barsch, Hecht, Wels, Zander
++	Aal, Forelle
-	Brassen, Karpfen, Schleie, Rotauge, Rotfeder

Haken

6er bis 8er (kleine Fische); 4er Haken (mittlere); ein oder zwei 2er bis 6er Drillinge (größere Fische).

Montage

Du stichst den Haken oder Drilling durch den Rücken unter der Rückenflosse (für Posenmontagen) oder durch die Lippen (für Schlepp- oder Spinnmontagen) – dann behält der Fisch seine natürliche Schwimmhaltung. Große Köderfische kannst du mit einem zusätzlichen Drilling in der Flanke versehen. Fürs Grundangeln auf Hecht oder Zander empfehlen sich Systeme mit mehreren Drillingen, vom Schwanz in Richtung Kopf montiert – dann wird ein schneller Anhieb möglich.

Schneller-Fänger-Tipps

- Besorg dir eine Köderfisch-Senke. Das ist ein Gestänge mit quadratischem Netz, das du an einer dicken Leine auf den Grund lässt, wartest und dann mit einem schnellen Zug aus dem Wasser holst. Manchmal zappeln Dutzende Fische auf dem Netz.
- Fang die Köderfische, wenn es am einfachsten ist: bei Wärme. Dann kannst du Vorräte für den Winter einfrieren.
- Wähl' den Köderfisch nach den Vorlieben der Raubfische. Beim Ausnehmen gefangener Fische kannst du im Magen sehen, welche Fischart momentan auf der Speisekarte steht.
- Gerade im Herbst fangen salzige Meeresfische wie Hering und Makrele auch im Süßwasser, vor allem beim Hechtangeln.

Vorteile

- Natur ist unübertroffen! Durch Aussehen, Geruch und Geschmack reizt ein Köderfisch mehr als Nachbildungen.

- Köderfische sind Spezialisten für große und scheue Räuber.

- Köderfische lassen sich vielseitig einsetzen: beim Grundangeln, beim Driftangeln mit der Pose sowie beim Spinnfischen mit System.

- Köderfische sind gratis – sofern es dir gelingt, sie zu fangen.

Nachteile

- Das Timing für den Anhieb fordert Erfahrung. Mal kommt der Anhieb zu früh, mal hat der Räuber schon losgelassen.

- Lebende Köderfische sind in Deutschland fast überall verboten – anders in vielen Urlaubsländern.

- Manchmal scheitert man am Fang der Köderfische, vor allem im Winter.

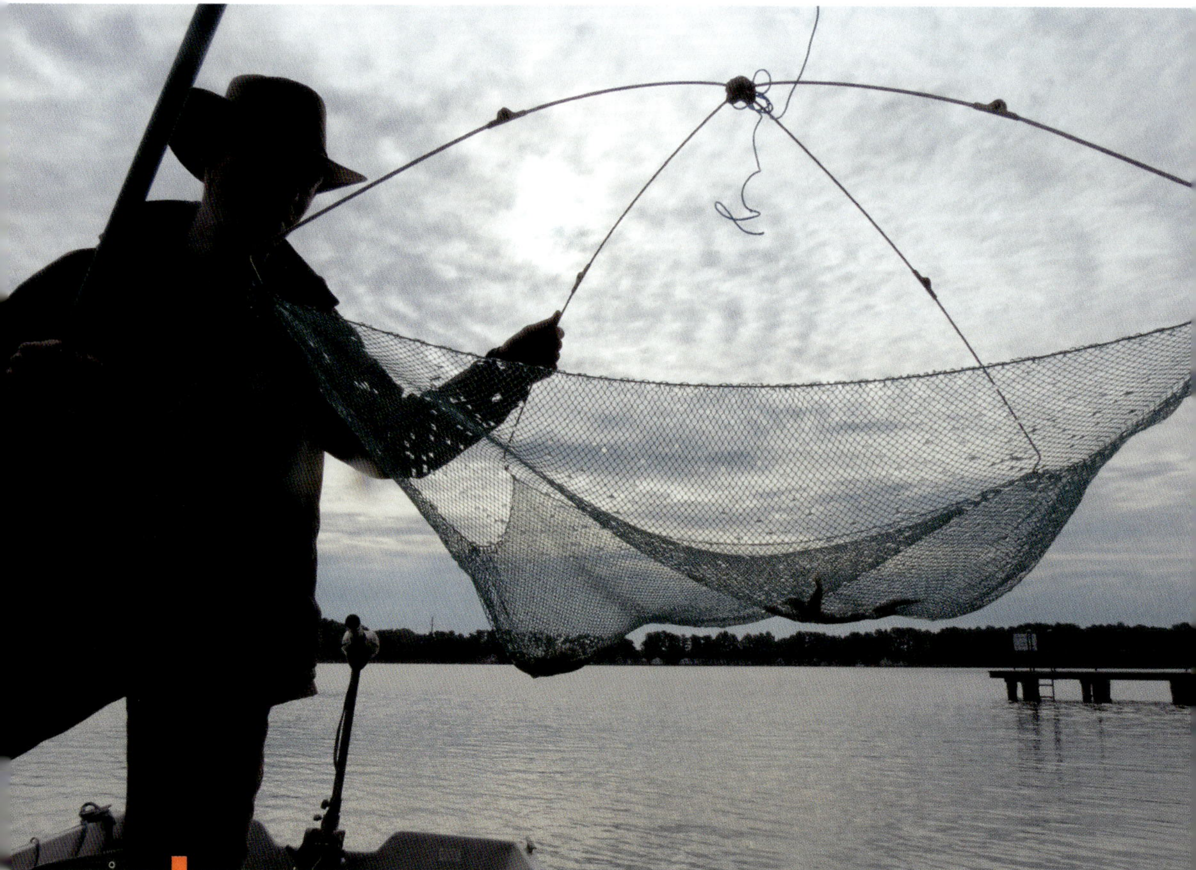

Spannung mit Netz: Wer Köderfische senkt, ist fürs Barschangeln bestens gerüstet.

Fischfetzen: Erfolgreiches Stückwerk

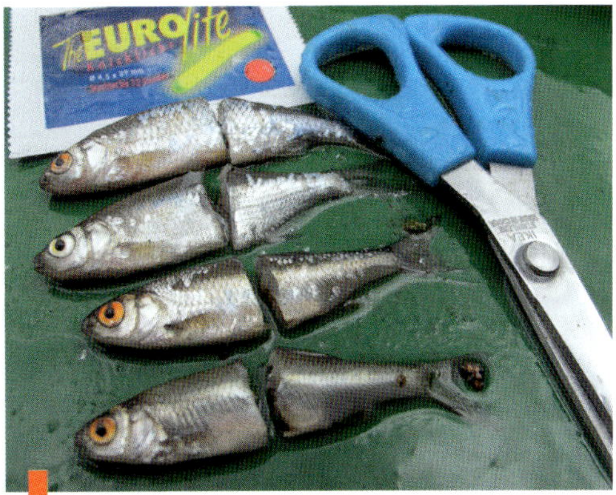

Fängiger Schnitt: Fetzenköder lassen sich mit dem Messer oder mit der Schere herstellen.

Fischarten

+++ Aal, Zander

++ Hecht, Wels

\+ Barsch

– Brassen, Karpfen, Rotfeder, Rotauge, Schleie

Haken

4er bis 6er (auch Ryder-Hook und Drilling, dann auch etwas kleiner)

Montage

Fischfetzen schneidest du aus dem Körper oder dem Filet eines Köderfisches und ziehst sie so auf den Haken, dass die Spitze freisteht.

Vorteile

• Fetzen duften intensiver als ganze Köderfische. Das lockt Räuber.

• Dünne Filetfetzen lassen sich beim Grundangeln im Fluss am langen Vorfach so anbieten, dass sie in der Strömung flattern: reizende Bewegung!

• Fetzen sind leicht aufzutreiben: Sobald du einen Fisch gefangen hast, egal welcher Größe, kann die Produktion beginnen.

• Fetzen sitzen gut am Haken, sie überstehen sogar weite Würfe und (Fehl-)Bisse von Raubfischen.

Schneller-Fänger-Tipps

• Wenn du regelmäßig Fischfetzen an einer Stelle einwirfst, kannst du Raubfische anfüttern, vor allem Aale.
• Fetzen, besonders Barschhäute, lassen sich als aktive Spinnköder einsetzen! Sie werden mit zwei Haken versehen: vorne mit einem Ryder-Hook, hinten einem Drilling. Kleine Fetzen fürs Barschangeln kannst du an einem Einzelhaken hinter einem Bleischrot zupfen.
• Schalt' beim Grundangeln im Fluss vor deinen Köder eine oder zwei Styroporkugeln als Auftriebskörper – dann flattert dein Köder noch lebendiger in der Strömung.

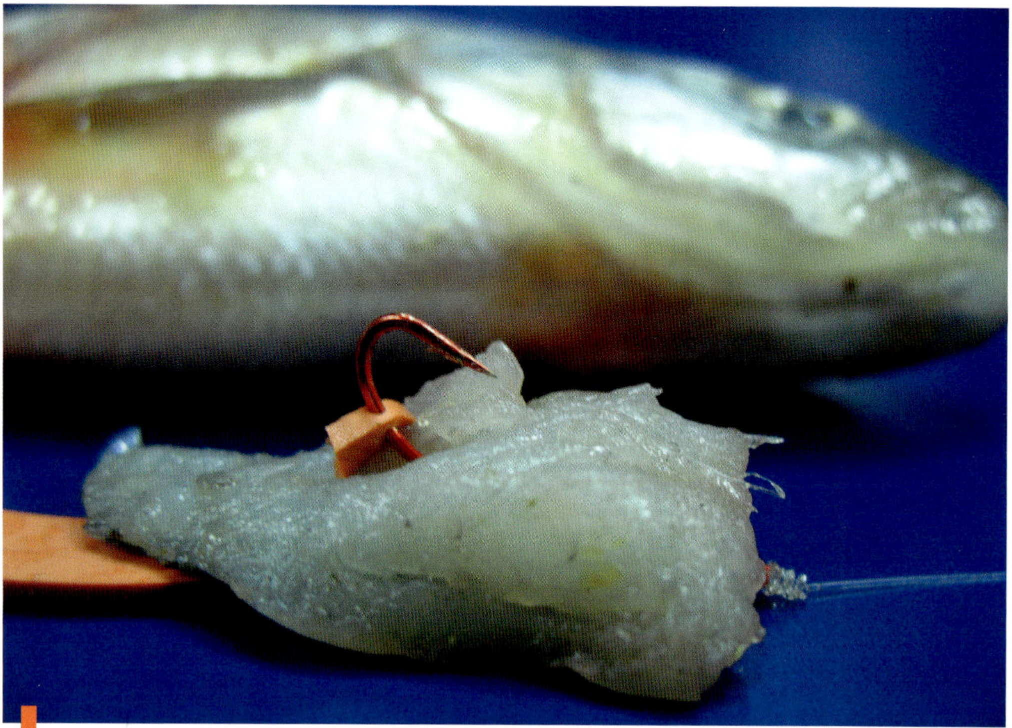

Wer mit Fischfetzen anfüttert, erhöht seine Chancen. Der Anhieb kommt am besten mit freier Hakenspitze durch. Ein Stück Einweckgummi verhindert das Verrutschen.

Nachteile

• Fetzen funktionieren nicht in allen Gewässern. Zum Beispiel kenne ich Seen, wo Raubaale nur ganze Köderfische nehmen.

• Fetzen können am Haken verklumpen, die Spitze verdecken – Gefahr von Fehlbissen!

• Fetzen laugen im Wasser schnell aus und wollen alle ein bis zwei Stunden gewechselt sein.

Futter bringt Fische

Ingo war schon ein paar Wochen als Angler aktiv, als ich das erste Mal mit ihm übers Anfüttern sprach. Einige Ansitze auf Weißfische und Karpfen hatte er hinter sich, seine Fänge hielten sich in Grenzen. »Ich habe mit Mais geangelt. Aber mein Köder hat die Fische einfach nicht angelockt«, klagte er. Ich antwortete: »Warum sorgst du nicht dafür, dass die Fische zu deinem Köder schwimmen?« Er grinste schief: »Ha, ha, ich soll wohl eine schriftliche Einladung verschicken.« – »Sozusagen«, antwortete ich ernst, »indem du anfütterst.«

Ingo wollte nun wissen, wie das Anfüttern funktioniert, und ich erklärte: »Es gibt zwei Ansätze: Das langfristige Anfüttern, vor allem für Karpfen und Schleien; und das Anfüttern beim Angeln, vor allem für Weißfische.« – »Fang doch mal mit dem Anfüttern beim Angeln an.« – »Die Idee ist folgende: Wenn du Futter möglichst dicht bei deinem Köder einwirfst, verbreitet sich unter Wasser eine große Duftwolke und zieht die Fische aus größerer Entfernung an. Manchmal kommt ein ganzer

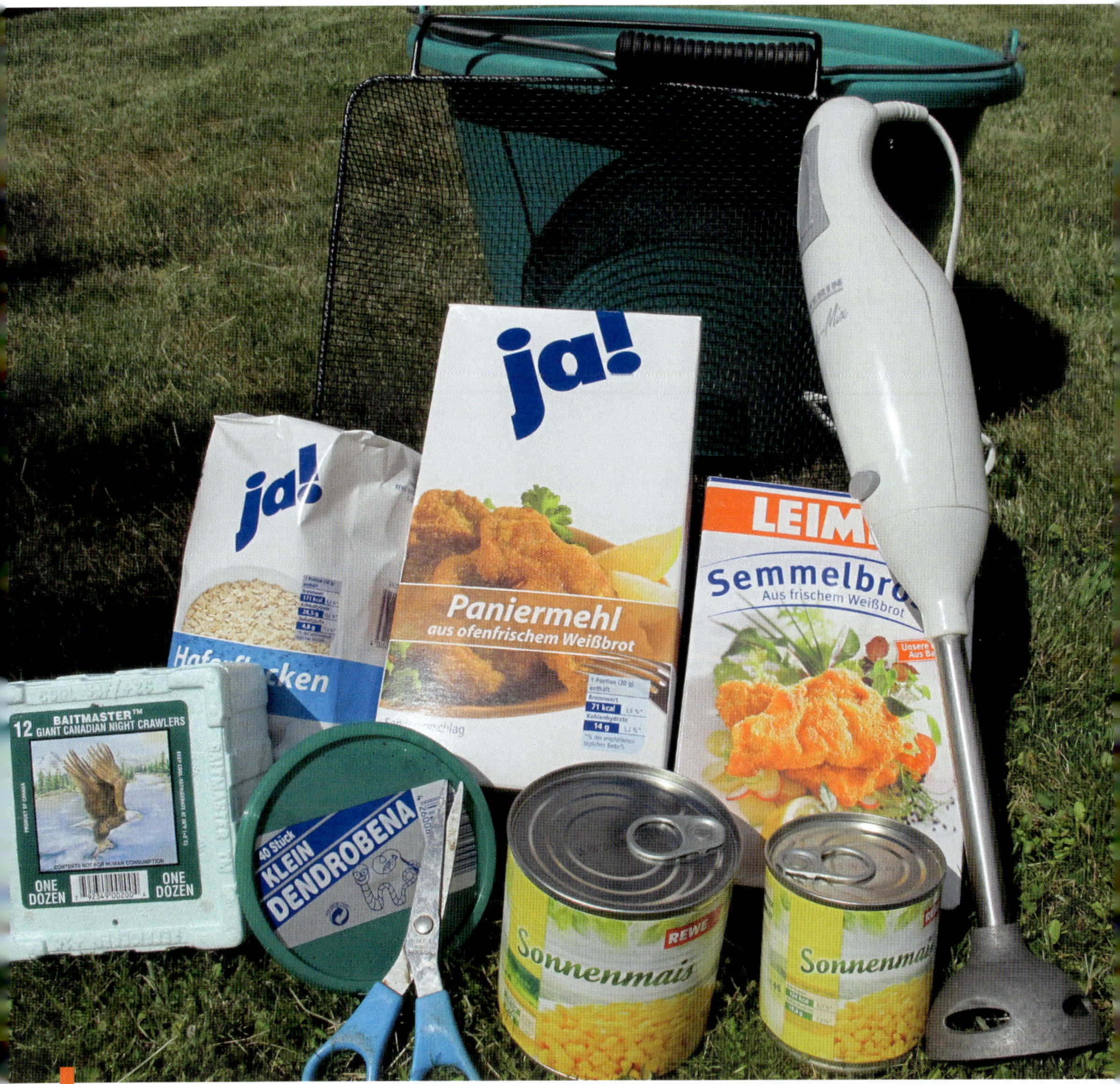

Futter in Vorbereitung. Wer die angefeuchtete Masse durch ein Futtersieb drückt, sorgt dafür, dass sich sein Futter noch besser auflöst.

Was fällt dir auf an diesem Bild?

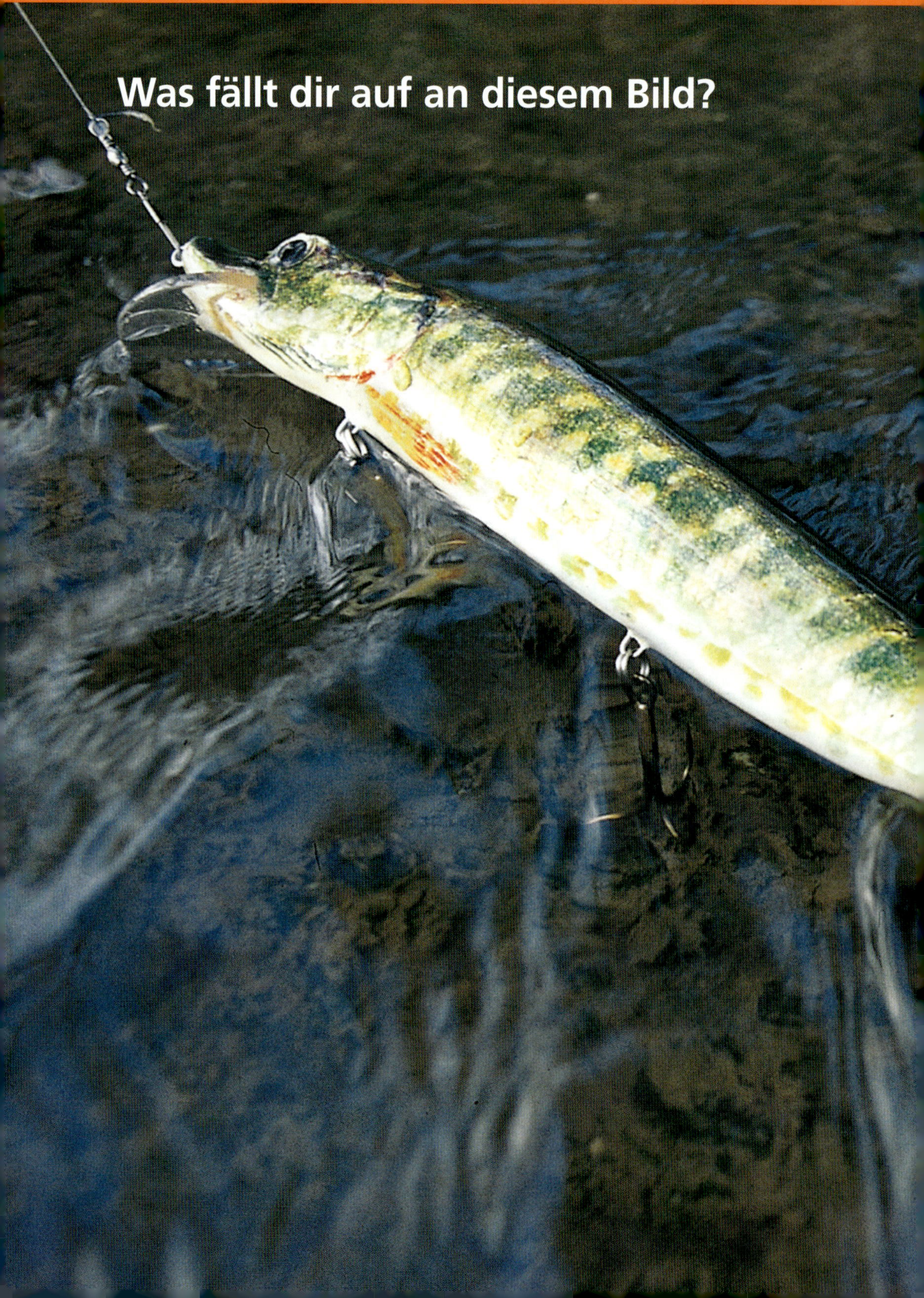

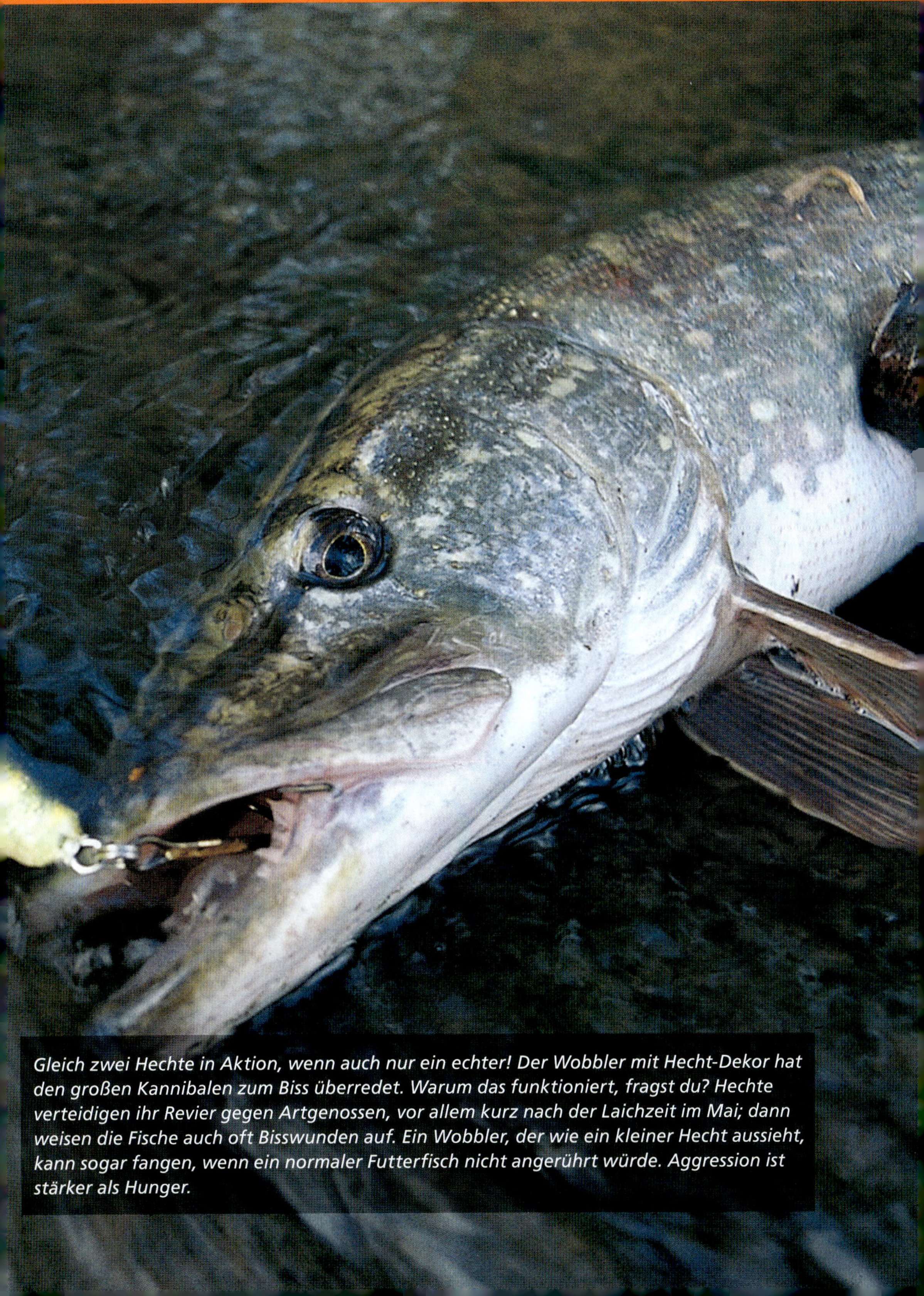

Gleich zwei Hechte in Aktion, wenn auch nur ein echter! Der Wobbler mit Hecht-Dekor hat den großen Kannibalen zum Biss überredet. Warum das funktioniert, fragst du? Hechte verteidigen ihr Revier gegen Artgenossen, vor allem kurz nach der Laichzeit im Mai; dann weisen die Fische auch oft Bisswunden auf. Ein Wobbler, der wie ein kleiner Hecht aussieht, kann sogar fangen, wenn ein normaler Futterfisch nicht angerührt würde. Aggression ist stärker als Hunger.

Der Schneller-Fänger-Tipp

Doppel gefüttert

Viele Kollegen füttern mehrere Tage auf Karpfen an – und erleben dann eine Enttäuschung. Mal ist der Platz besetzt, mal die Fütterung ins Leere gelaufen. Dann war die Mühe umsonst. Es sei denn, du hast eine Fang-Versicherung abgeschlossen – durch einen weiteren Futterplatz. Warum eigentlich nicht? Du fährst ohnehin ans Wasser und bereitest Köder vor. Der Aufwand, an einem weiteren Platz zu füttern, ist minimal. Aber der Nutzen ist enorm: Wenn du merkst, dass dein erster Platz nicht gezündet hat, kannst du am zweiten fangen. Achte nur darauf, dass die Plätze nicht zu dicht zusammenliegen.

Schwarm. Und während die Fische am Futter fressen, stoßen sie auf deinen Köder.« Ingo kniff die Augen zusammen: »Ich hätte einen Teil der Maiskörner aus meiner Dose einfach um die Posen herum einwerfen sollen? Und schon hätten Fischschwärme meinen Angelplatz überrannt?« – »Mais allein ist nicht optimal«, sagte ich. »Sondern?«, fragte Ingo. »Wenn du Fische schnell anlocken willst, ist Pulverfutter am effektivsten. Im Handel bekommst du Fertigmischungen. Oder du nimmst einfaches Paniermehl und gibst Duftstoffe dazu, zum Beispiel Vanillepulver, Anis oder eine Backzutat wie Bittermandel.«

»Aber ich kann das Pulver doch nicht lose ins Wasser streuen – oder?«, fragte Ingo. »Nein, du gibst es in eine Schüssel und feuchtest es langsam mit Wasser an. Immer wieder rührst du das Futter durch. Dann formst du Futterbälle. Sie müssen feucht genug sein, um nicht zu bröseln, und trocken genug, um nicht zu kleben. Sie sollen große Futterwolken bilden. Das lockt die Fische.«

Ingo legte seine Stirn in Falten: »Aber ist das nicht widersinnig? Warum sollten die Fische meinen Köder nehmen, wenn ich ihnen so viel Nahrung ohne Angelhaken anbiete?« – »Erstens hebt sich dein Köder vom sonstigen Futter ab – sogar eine Made ist unter den kleinen Futterkrümeln eine Kalorienbombe. Und zweitens sind Fische im Schwarm immer unvorsichtiger als Einzelgänger: Sie konkurrieren um Nahrung und nehmen den Köder eher.«

»Also kommt der Köder im Futter gar nicht vor?«, wollte Ingo wissen. »Doch«, sagte ich, »aber in kleinen Mengen. Du solltest immer Maden oder Mais ins Trockenfutter geben, als Zugabe. Dann gewöhnen sich die Fische an den Hakenköder und sammeln beim Fressen gute Erfahrungen – bis sie auf deinen Hakenköder stoßen …«

»Und welche Mengen füttere ich an?« – »Umso weniger, je kälter das Wasser ist. Im Winter kannst du mit 500 Gramm einen ganzen Angeltag bestreiten. Im Sommer können es schon mal mehrere Kilo sein.« – »Und wann werfe ich dieses Futter ins Wasser?« – »Die Grundmenge wirfst du vor dem Angeln ein. Und dann fütterst du beim Fangen nach, damit die Fische am Platz bleiben.«

Nun wollte Ingo noch wissen, wie sich das langfristige Anfüttern auf Karpfen unterscheidet, und ich sagte: »Du fütterst mehrere Tage an, mit Boilies oder

Hartmais. Die Karpfen gewöhnen sich an den Platz und an das Futter. Sie kommen dann regelmäßig vorbei.«

»Aber wer garantiert mir, dass nicht andere Fische den Karpfen das Futter wegfressen?« – »Du fütterst mit harten oder großen Ködern. Jahrelang war die gekochte Kartoffel ein beliebter Karpfenköder. In den letzten Jahren haben sich Hartmais und Boilies durchgesetzt – das sind harte Proteinkugeln, die von anderen Fischen kaum geknackt werden können. Du bietest sie am Haarvorfach an.«

»Klingt gut«, sagte Ingo, »vor meinem nächsten Angeltag werde ich auf jeden Fall anfüttern. Mal schauen, ob ich dann nicht doch einen Großen fange!« Ein Lächeln huschte über sein Gesicht – offenbar sah er sich schon einen großen Karpfen keschern.

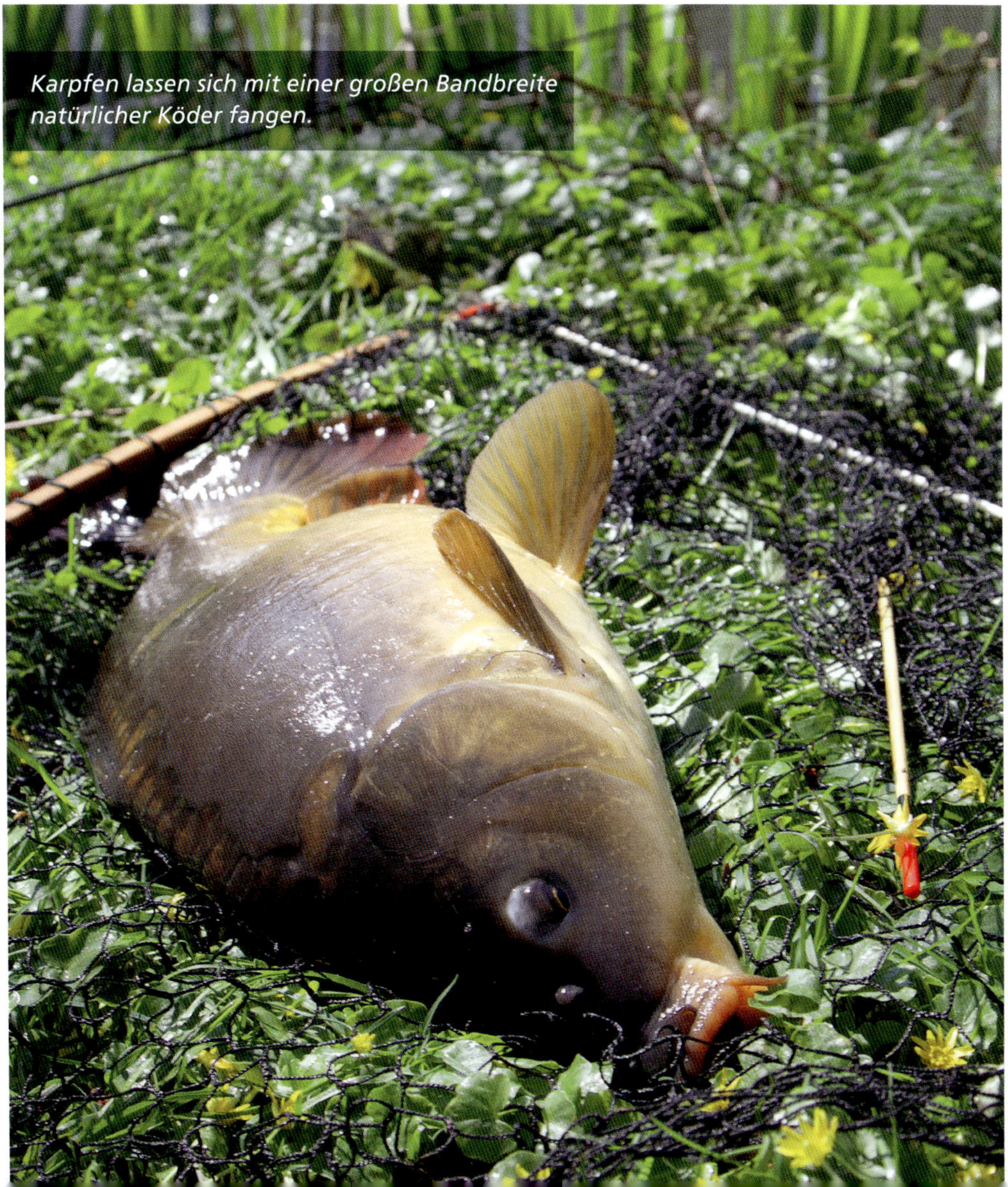

Karpfen lassen sich mit einer großen Bandbreite natürlicher Köder fangen.

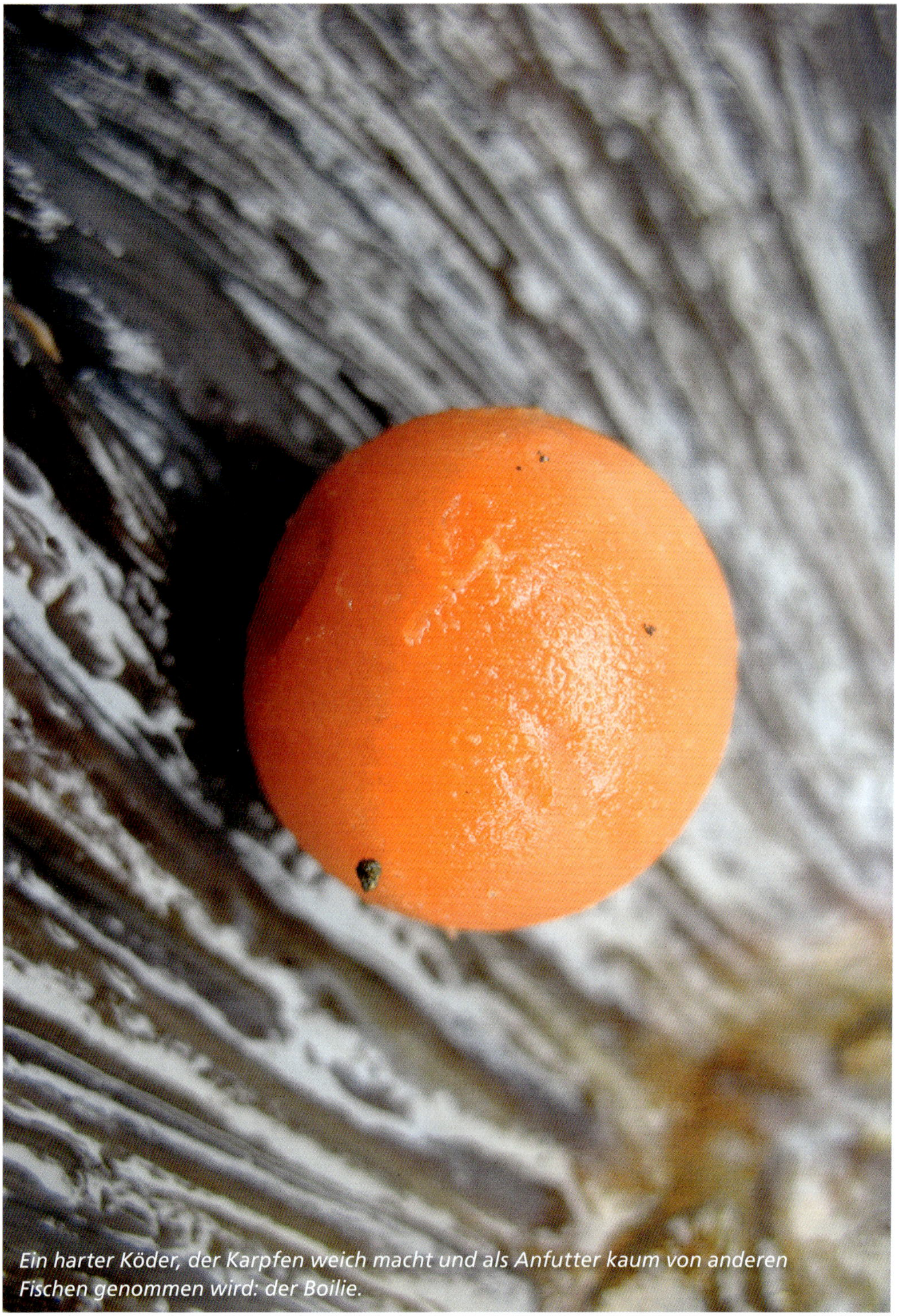

Ein harter Köder, der Karpfen weich macht und als Anfutter kaum von anderen Fischen genommen wird: der Boilie.

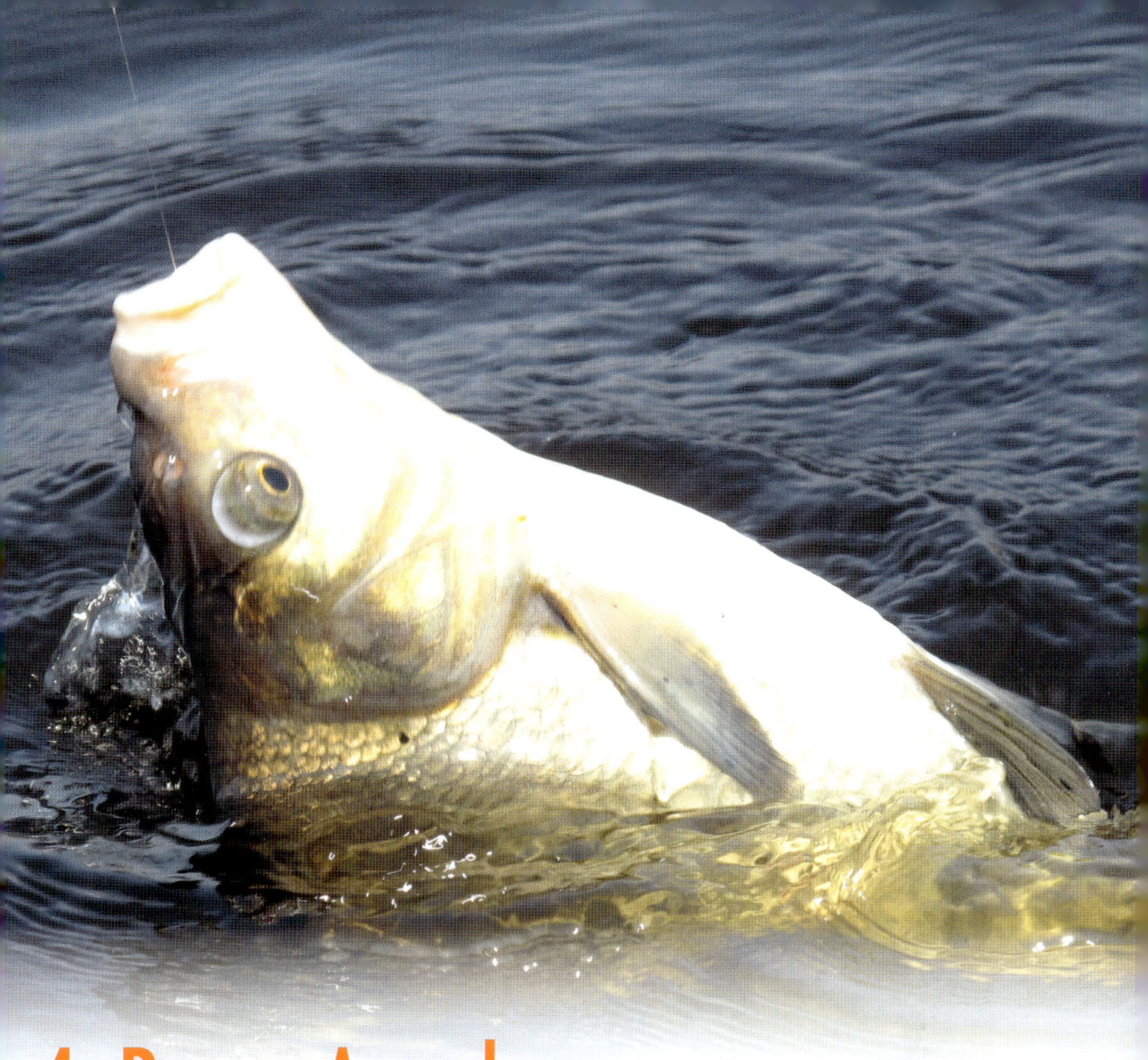

4. Posen-Angeln: Der Weg zur Sieger-Pose

Der Tanz der Pose

Stell dir vor, die Wasseroberfläche liegt wie ein Spiegel im dampfenden Morgennebel. Du schaust auf ein Seerosenfeld. Am Rand lugt ein rotes Stäbchen aus dem Wasser, die Spitze deiner Pose. Du bietest einen Tauwurm an. Dein Blick fixiert die Antenne, sie ist der Mittelpunkt deiner Welt. Und alles, was du dir wünscht: Geh unter, Pose!

Aber sie steht da wie ins Wasser gemauert, regt sich nicht. Seit einer halben Stunde: kein Zupfer. Schon überlegst du, die Montage einzukurbeln und den Köder zu prüfen. Aber vorher passiert es! Deine Pose dreht sich um die eigene Achse, wie von einer unsichtbaren Hand gegriffen, fährt ein Stück zur Seite und verschwindet dann unter Wasser. Du holst Schwung für den Anhieb. Dein Puls rast wie verrückt. Was wird der Anhieb bringen?

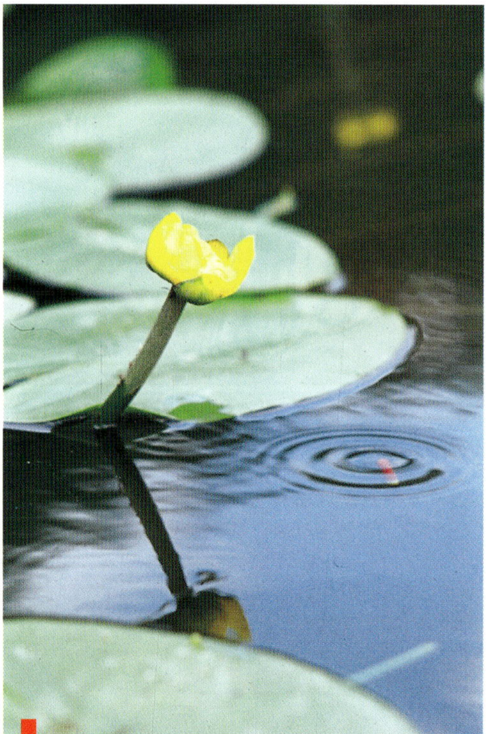

Biss an der Pose! Es gibt nichts Spannenderes.

Die Spannung beim Posenangeln ist so groß, weil sich die unsichtbare Welt unter Wasser in der sichtbaren Welt über Wasser spiegelt: Jeder Zupfer am Haken überträgt sich auf die Pose. Hebt der Fisch den Köder an, hebt sich auch deine Pose. Schwimmt er zur Seite, wandert deine Pose seitwärts. Und zieht er nach unten, taucht deine Pose ab. Das ist großes Kino auf der Wasser-Leinwand, dramatisch und spannungsgeladen.

Sofort wollte Ingo von mir wissen, wie es technisch funktioniert: »Die Pose hat also die Aufgabe, mir einen Biss anzuzeigen. Verstehe ich das richtig?« – »Nicht nur«, antwortete ich. »Zugleich kannst du mit ihr bestimmen, in welcher Tiefe dein Köder angelt.« – »Und wie geht das?«, wollte er wissen. »Das kommt auf den Posentyp an. Es gibt Laufposen und Feststell-Posen. Die Laufpose wird durch ein oder zwei Ösen auf die Schnur gefädelt und kann sich dort frei bewegen. Unter der Pose montierst du ein Vorfach an einen Karabinerwirbel und drückst Bleischrote auf die Schnur, oberhalb der Pose läuft eine kleine Perle auf der Hauptschnur.« – »Und was passiert dann nach dem Wurf?«, fragte Ingo. »Dann läuft deine Pose ab. Die Bleischrote sinken in Richtung Grund, und die Schnur läuft durch die Posen-Ösen – so lang, bis sie mit der Perle auf den Stopper stößt.«

»Halt!«, rief Ingo, »was ist ein Stopper?« – »Der Stopper ist ein Stück Schnur, das du oberhalb der Pose einknotest: fünf Mal um die Hauptschnur winden, den Knoten befeuchten, zuziehen und die Schnurenden abschneiden. Der Stopper muss stabil genug sitzen, dass er sich nicht von alleine verschiebt – und locker genug, dass du ihn auf der Schnur bewegen kannst.« – »Und dann?« – »Sobald die Pose auf den Stopper trifft, wird die ablaufende Schnur gebremst, das Gewicht wirksam, und die Pose richtet sich auf.«

»Aber hast du nicht gesagt, dass man die Tiefe mit der Pose bestimmt?«, hakte Ingo nach. »Je dichter der Stopper an der Pose sitzt, desto flacher angelst du. Und je weiter er von der Pose weg ist, desto tiefer. Das ist übrigens der große Vorteil der Laufpose mit Stopper: Du kannst damit auch in großen Tiefen angeln, sagen wir in acht Metern – der Stopper muss so klein sein, dass er durch deine Rutenringe läuft.«

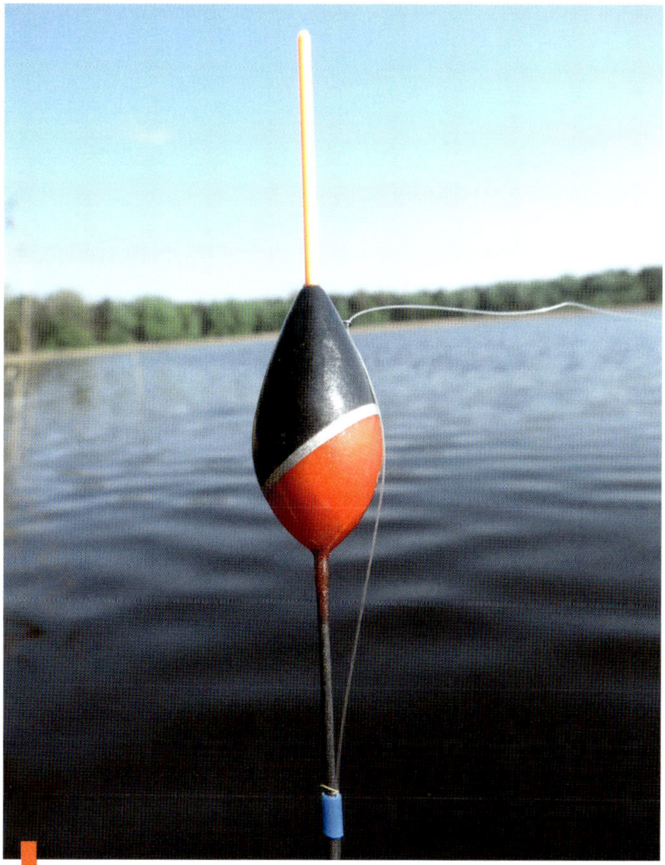

Feststell-Pose: Der Gummiring ersetzt den Stopper. Je größer die Wassertiefe, desto länger muss die Rute fürs Werfen sein.

»Und das geht bei einer Feststell-Pose nicht?«, fragte Ingo. »Keinesfalls«, sagte ich, »denn diese Pose wird durch ein oder zwei kleine Gummiringe auf der Schnur fixiert. Das bedeutet: Wenn du sie drei Meter oberhalb des Hakens fixierst, angelst du in drei Metern Tiefe. Allerdings musst du auch eine drei Meter lange Montage auswerfen – während die Laufpose immer etwa einen Meter oberhalb des Hakens sitzen kann, egal wie tief du angelst.«

Ingo kratzte sich hinterm Ohr. »Dann braucht man für Feststell-Posen längere Angelruten?« – »Ja, wenn man tief angeln möchte! Bei normalen Rutenlängen von bis zu 4 Metern erreichst du etwa eine Tiefe von 3,5 Meter.« – »Klingt so, als wäre die Laufpose viel praktischer. Oder hat die Feststell-Pose doch Vorteile?« – »Die Montage ist einfacher – du sparst dir den Stopper. Und du angelst mit einer Feststell-Montage schneller; die Schnur muss nicht erst ablaufen, sondern der Köder taucht ohne Reibung in die gewünschte Angeltiefe.«

»Welchen Posentyp empfiehlst du mir?«, fragte Ingo. »Erst mal die Laufpose. Sie ist leichter zu werfen und vielseitiger einsetzbar, auch bei Tiefen von über vier Metern. Außerdem kannst du eine Laufpose blitzschnell in eine Feststell-Pose verwandeln.« Ingo glotzte mich an, als hätte ich mich gerade als Zauberer ausgegeben, also erklärte ich: »Dazu musst du nur die Laufpose bis zum Stopper ziehen und ein kleines Bleischrot direkt unter sie setzen. Schon ist sie fixiert und kann wie eine Feststell-Pose arbeiten.« – »Guter Tipp«, sagte Ingo – und begann, seine Laufpose zu montieren.

Der Schneller-Fänger-Tipp

Damit der Anhieb sitzt
Die meisten Fehlbisse beim Posenangeln gehen auf einen zu frühen Anhieb zurück. Wenn die Pose zittert, ein Stück abtaucht und wieder nach oben kommt, nippt der Fisch nur am Köder – etwa am Zipfel eines Wurms. Jetzt geht ein Anhieb garantiert daneben! Besser wartest du, bis die Pose sich in einem regelmäßigen Zug bewegt. Beim Angeln mit Kleinködern wie einer Made reicht eine regelmäßige Bewegung von einer Sekunde, um den Anhieb mit Erfolg zu setzen. Bei größeren Ködern wie Rotwurm darf die Wartezeit zwischen drei und fünf Sekunden liegen. Wer ungeduldig ist, sollte in Gedanken auf drei zählen, ehe er anschlägt.

Sag mir, was du trägst!

Wenn ein Fisch deinen Köder nimmt und weiterschwimmen will, entscheidet sich, ob du ihn haken kannst – oder ob er blitzschnell Verdacht schöpft und loslässt. Das passiert gar nicht so selten: Erst geht die Pose unter, dann ploppt sie wieder hoch und rührt sich nicht mehr.

Ein häufiger Fehler: Der Angler bleit die Pose so aus, dass sie weit aus dem Wasser ragt und gut sichtbar ist. Bequem für dich – aber eine Zumutung für den abziehenden Fisch. Du musst deine Pose gut ausbleien. Damit ist gemeint, dass du Bleischrote unter der Pose auf die Schnur drückst, passend zur Tragkraft der Pose. Auf jeder Pose ist die Tragkraft aufgedruckt. Eine Friedfischpose trägt im Schnitt 2 bis 3 Gramm; für Barsch und Karpfen dürfen es um die 5 Gramm sein; und eine Hechtpose liegt in der Regel zwischen 8 und 20 Gramm Tragkraft. Posen mit kleiner und mittlerer Tragkraft kannst du allein mit Bleischroten ausbleien. Für Hechtposen verwendest du zusätzlich gelochte Bleikugeln oder -oliven.

Ideal zum Friedfischangeln sind Posen mit einer langen, dünnen Antenne. Warum? Weil diese Antenne für dich gut zu sehen ist; und weil der Fisch fast ohne Widerstand abziehen kann.

Aber wie schaffst du es nun, deine Pose richtig auszubleien? Leider sind die Bleischrot-Gewichte auf den meisten Dosen nicht angegeben. Es gilt die Faustregel: Ein dickes Bleischrot wiegt etwa ein Gramm, kleinere sind entsprechend leichter. Für eine 3-Gramm-Pose kommst du etwa mit zwei dicken Bleischroten und mehreren kleinen hin. Eine Pose tarierst du immer am Wasser aus: Du klemmst eine kleine Menge von Bleischroten auf, lässt die Pose ins Wasser und schaust, wie viel Blei sie noch benötigt. Diesen Vorgang wiederholst du so oft, bis ein weiteres kleines Schrot reichen würde, um die Friedfischpose zu versenken. Jetzt kann der Fisch abziehen, ohne dass ihn ein Widerstand warnt.

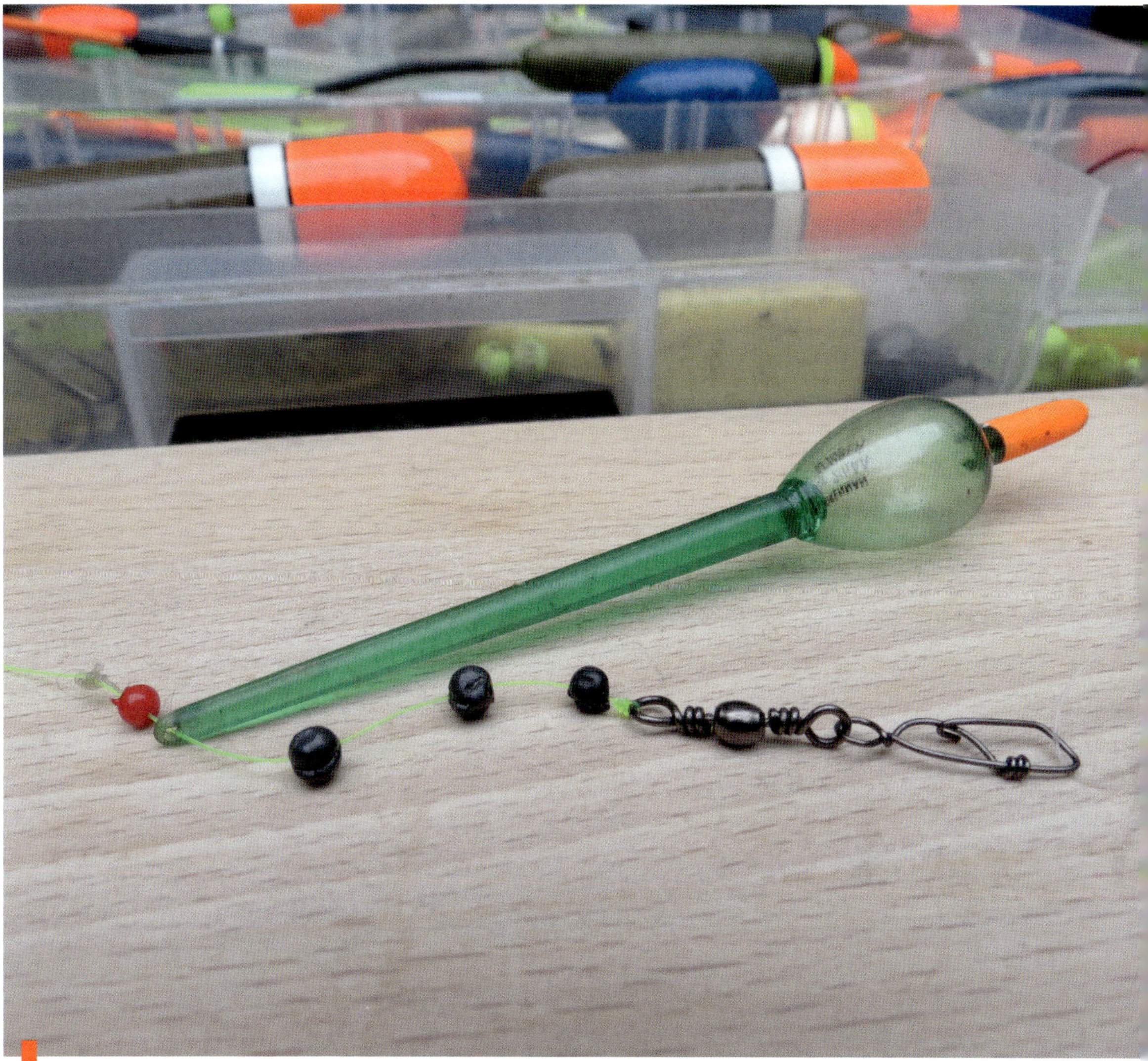

So montierst du deine Laufpose: Den Stopper auf die Hauptschnur knoten und gegen eine Perle laufen lassen. Es folgen die Laufpose (hier ein Waggler), die Bleischrote, ein Karabinerwirbel und das Vorfach.

Und welche Rolle spielt die Form der Pose? Bullige Posenkörper sind fürs Fließwasser gedacht, schlanke für stehende Gewässer. Als Einsteiger fährst du gut mit einer Wackelpose, Waggler-Pose genannt. Du ziehst sie durch die untere Öse auf die Schnur. Diese Posen haben den Vorteil, dass sie sich beim Werfen kaum verwickeln.

»Und was ist das hier?« Ingo griff aus meiner Gerätekiste eine Pose mit aufgesetztem Segel. »Das ist eine Segelpose«, erklärte ich ihm. »Damit bietest du

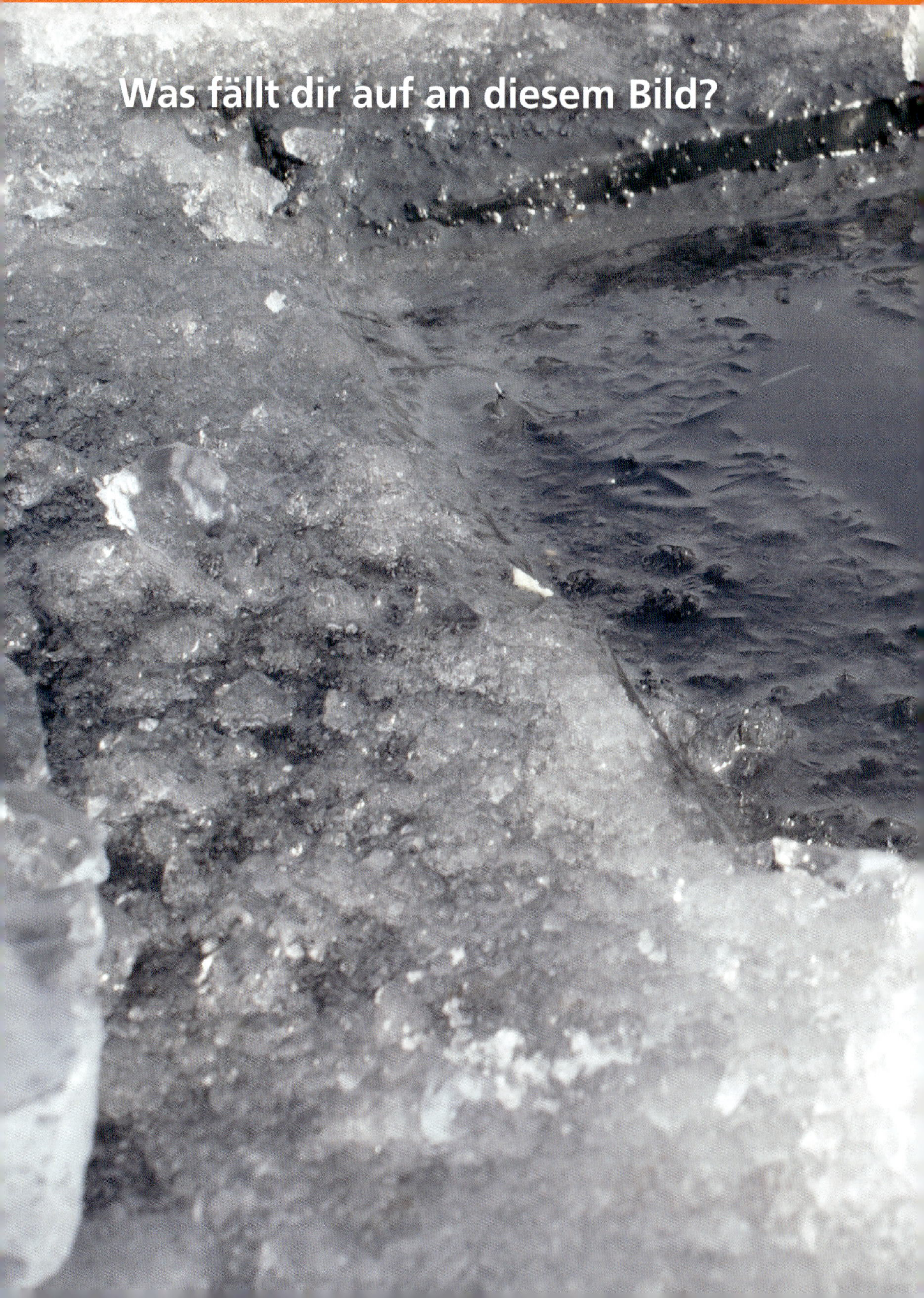
Was fällt dir auf an diesem Bild?

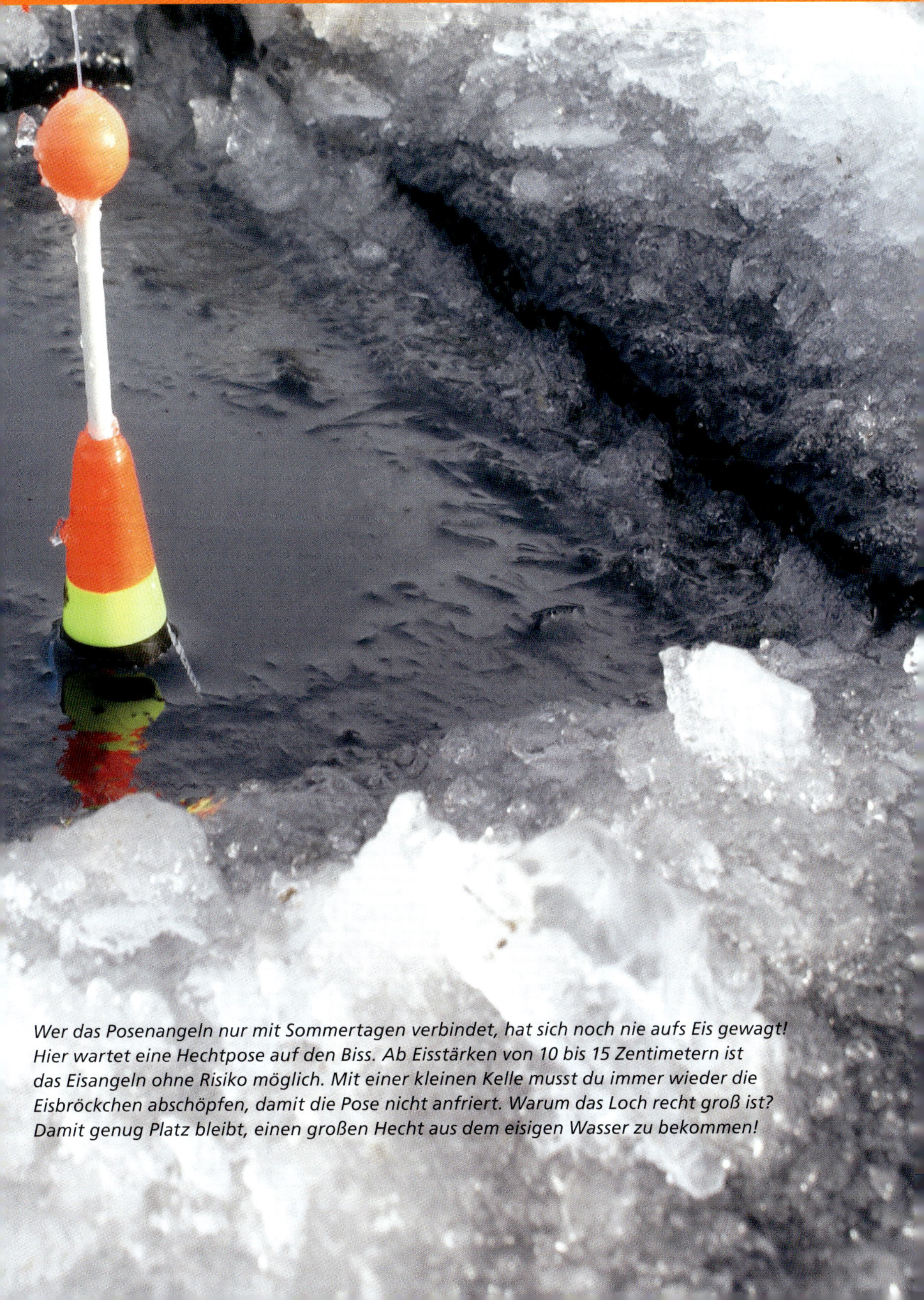

Wer das Posenangeln nur mit Sommertagen verbindet, hat sich noch nie aufs Eis gewagt! Hier wartet eine Hechtpose auf den Biss. Ab Eisstärken von 10 bis 15 Zentimetern ist das Eisangeln ohne Risiko möglich. Mit einer kleinen Kelle musst du immer wieder die Eisbröckchen abschöpfen, damit die Pose nicht anfriert. Warum das Loch recht groß ist? Damit genug Platz bleibt, einen großen Hecht aus dem eisigen Wasser zu bekommen!

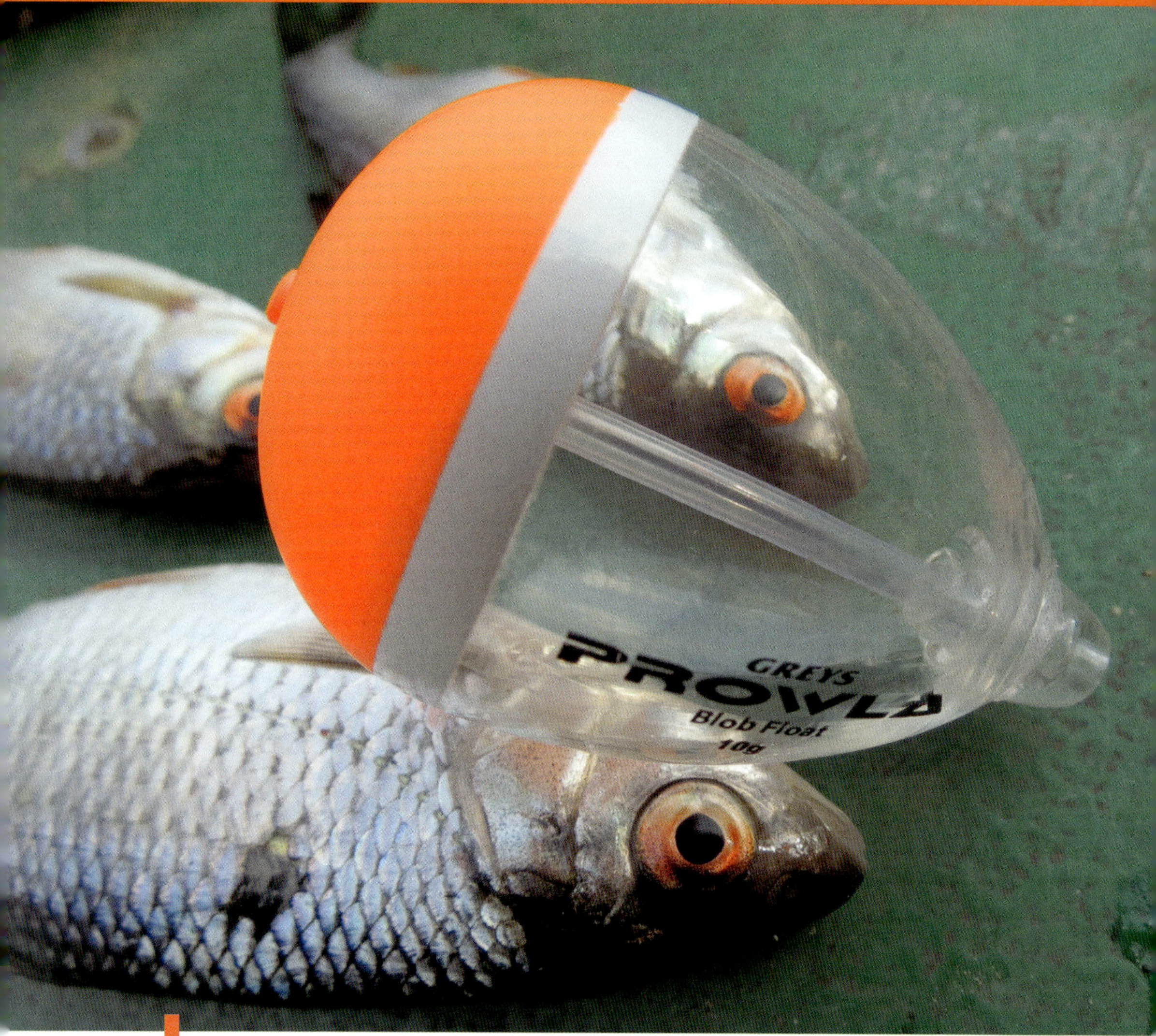

Konsequent transparent: Auch beim Raubfischangeln sind unauffällige Posen im Vorteil, gerade in klarem Flachwasser.

einen Köderfisch an. Der Wind trägt ihn in den See hinaus. So kannst du Stellen befischen, die außerhalb deiner Wurfweite liegen. Und außerdem reizt die Bewegung den Hecht.«

Nun schnappte sich Ingo eine Pose mit hohler, aufschraubbarer Spitze. »Und das hier?« – »Eine Knicklichtpose fürs Nachtangeln«, sagte ich. »Du knickst das kleine Leuchtstäbchen, schüttelst es und steckst es in die Pose. Schon siehst du sie in der finstersten Nacht. »Was es alles gibt!«, murmelte Ingo. »Wir sollten bald mal zum Nachtangeln fahren!«

Die richtige Tiefe

Die Preisfrage beim Posenangeln lautet: Wie tief den Köder anbieten? Angenommen, dein Gewässer ist acht Meter tief.

Dann gibt es, wenn wir in Halb-Meter-Schritten denken, 16 mögliche Tiefeneinstellungen – und vielleicht ist nur eine davon die richtige. Wie findest du diese Idealtiefe heraus?

Der Schneller-Fänger-Tipp

Geister-Pose

Was passiert, wenn der Fisch im klaren, flachen Wasser deine Pose sieht? Vielleicht lässt er deinen Köder links liegen, weil ihn die Pose alarmiert. Das passiert nicht, wenn du auf Posen mit transparentem Körper setzt. Sie sind nur von unten durchsichtig – dagegen ist die Spitze gefärbt und sichtbar. Genau solche Feinheiten entscheiden an schwierigen Tagen darüber, ob du zum Fänger wirst.

Diese Frage klingt nach höherer Mathematik, aber in acht von zehn Fällen bist du beim Posenangeln dicht am Grund erfolgreich. Am Gewässerboden finden die Fische viel Nahrung: Insekten, Muscheln, Algen. Gleichzeitig bietet ihnen der Grund zahlreiche Verstecke.

Ebenso interessant können die ersten beiden Meter unter der Wasseroberfläche sein. Je höher die Wassertemperatur, desto flacher können die Fische stehen. Es lohnt sich, das Gewässer in Ruhe zu beobachten: Kannst du steigende Fische entdecken, Ringe an der Oberfläche, die sich immer wieder bilden? Oder kleine Wirbel, mit denen Insekten von der Oberfläche geschlürft werden? Oder Bugwellen flach schwimmender Fisch? Solche Signale können dich dazu einladen, den Köder ganz flach anzubieten.

Beim tiefen Posenangeln präsentierst du deinen Köder ganz knapp über Grund. Knapp heißt: fünf bis zehn Zentimeter. Als Ingo das hörte, schlug er seine Hände über dem Kopf zusammen: »Aber woher, um Gottes Willen, soll ich auf den

Mit Schroten ist gut loten! Ein Bleischrot, auf den Haken geklemmt, funktioniert prima als Lotblei.

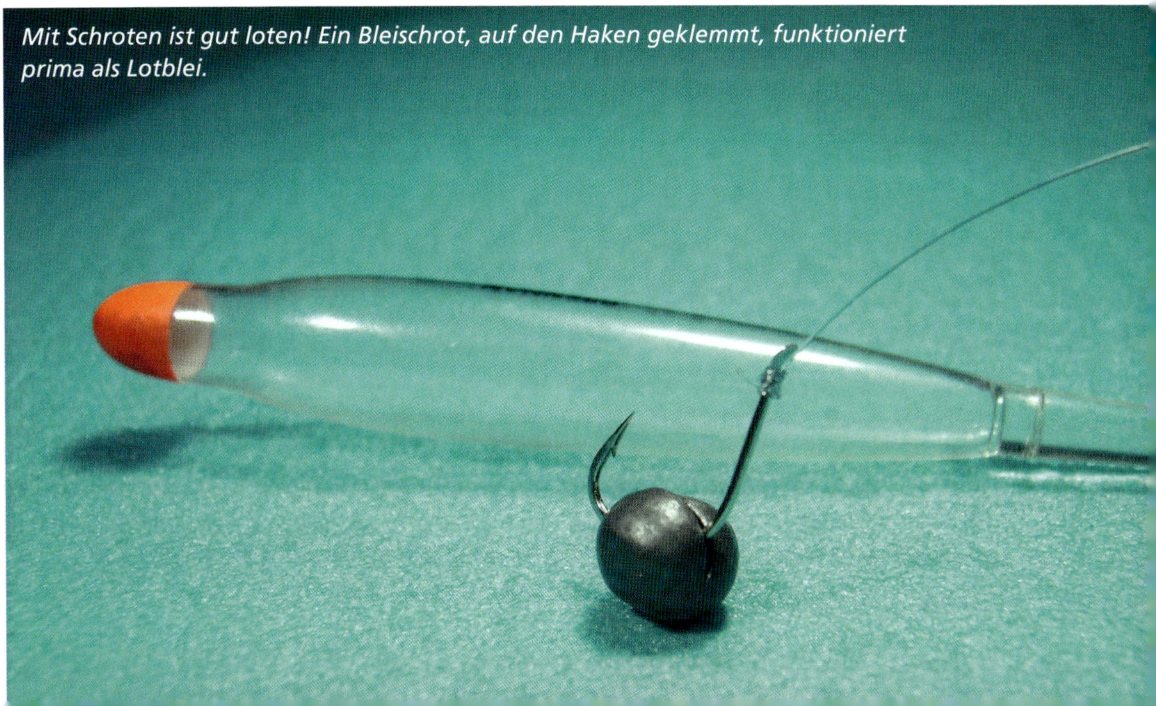

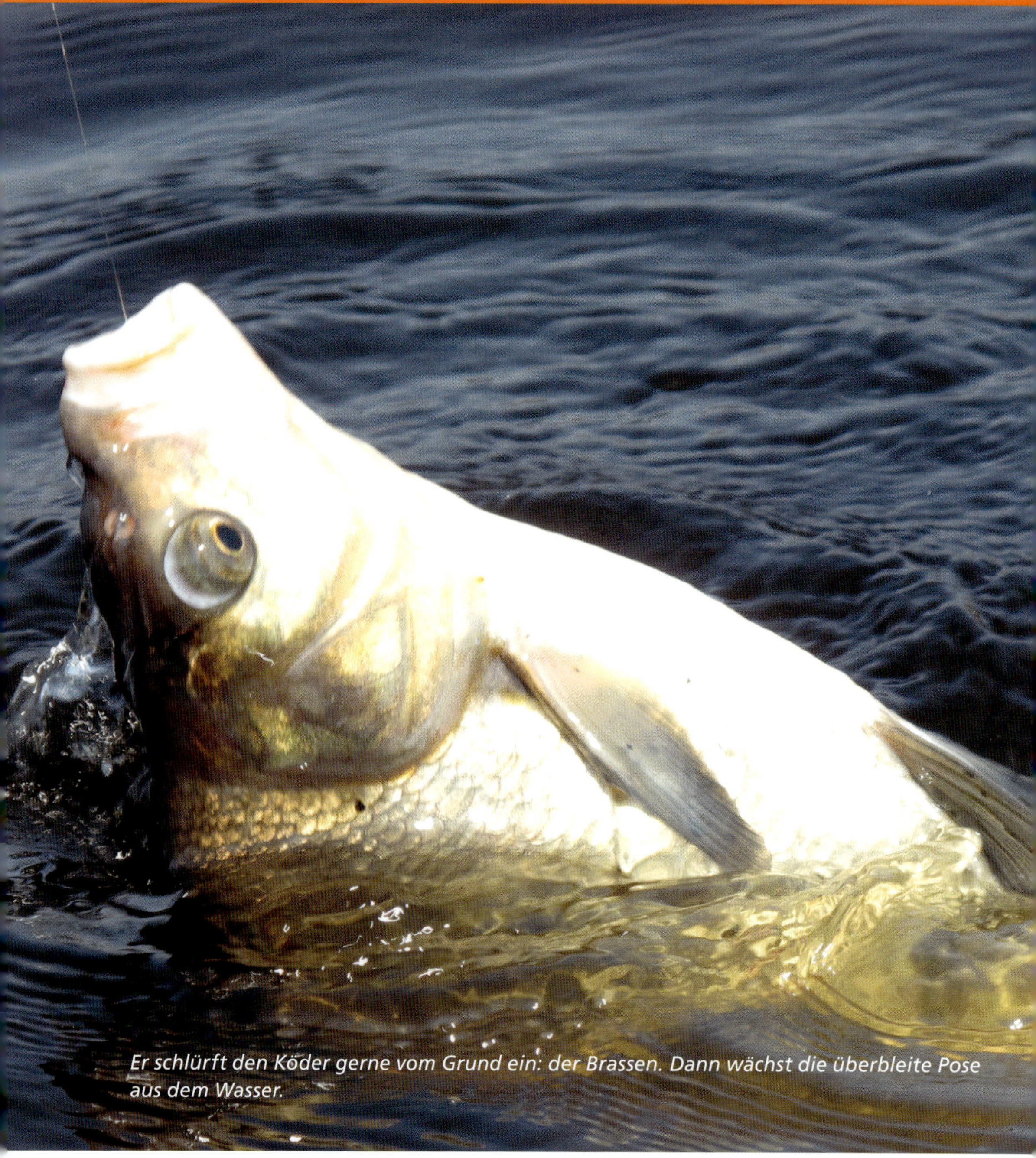

Er schlürft den Köder gerne vom Grund ein: der Brassen. Dann wächst die überbleite Pose aus dem Wasser.

Zentimeter wissen, wie tief mein See an einer bestimmten Stelle ist?« – »Du lotest einfach aus, indem du deine Pose ausbleist und zusätzlich ein dickes Bleischrot auf den Haken drückst.« – »Aber dann geht meine Pose doch unter!«, protestierte Ingo. »Soll sie auch – du stellst so lange tiefer, bis deine Pose wieder ein kleines Stück aus dem Wasser schaut. Dann liegt das Blei am Grund und du hast herausgefunden, wie tief es an einem Platz ist.« – »Und das ist meine Angeltiefe?«, wollte

Ingo wissen. »Nein, du musst noch etwas flacher stellen – also den Stopper nach unten ziehen, in Richtung Pose. Ein Köder, der knapp über dem Grund hängt, fällt den Fischen sofort ins Augen, etwa wenn sie über einem Futterteppich kreisen.«

»Und worauf kommt es beim Posenangeln dicht unter der Oberfläche an?«, fragte Ingo. »Zum Beispiel, dass du ein langes, unbeschwertes Vorfach verwendest – dann sinkt der Köder langsamer ab. Und wenn sich deine Pose nach dem Wurf nicht wie geplant aufrichtet, musst du immer anschlagen – dann hat ein Fisch deinen Köder mitsamt Blei aufgefangen. Solche Bisse gibt es auch beim tieferen Angeln: Sie sind immer ein Zeichen, dass man flacher stellen sollte.«

Der Schneller-Fänger-Tipp

Tiefschürfend mit Pose
Einige Grundfische, zum Beispiel Karpfen und Brassen, nehmen ihre Nahrung direkt vom Gewässergrund auf. Deshalb kann es klug sein, den Köder mit Pose am Boden anzubieten. Dazu stellst du die Pose auf leichte Übertiefe: Dein Köder muss am Grund liegen. Nun drückst du zehn Zentimeter vor dem Haken ein zusätzliches Bleischrot auf die Schnur. Es soll deinen Köder an der Stelle halten (denn Karpfen und Brassen mögen keine bewegten Köder). Und sobald ein Fisch deinen Köder aufnimmt, hebt er das Bleischrot an – und deine Pose wächst aus dem Wasser. Anschlagen!

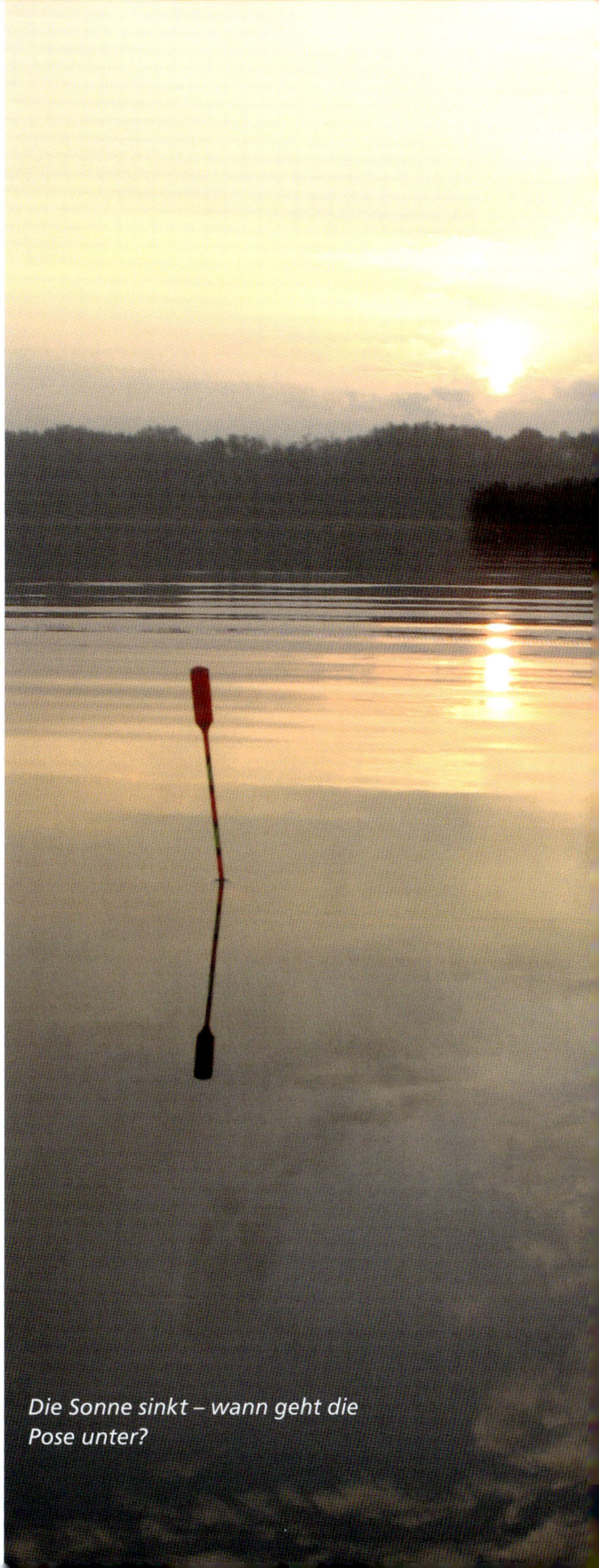

Die Sonne sinkt – wann geht die Pose unter?

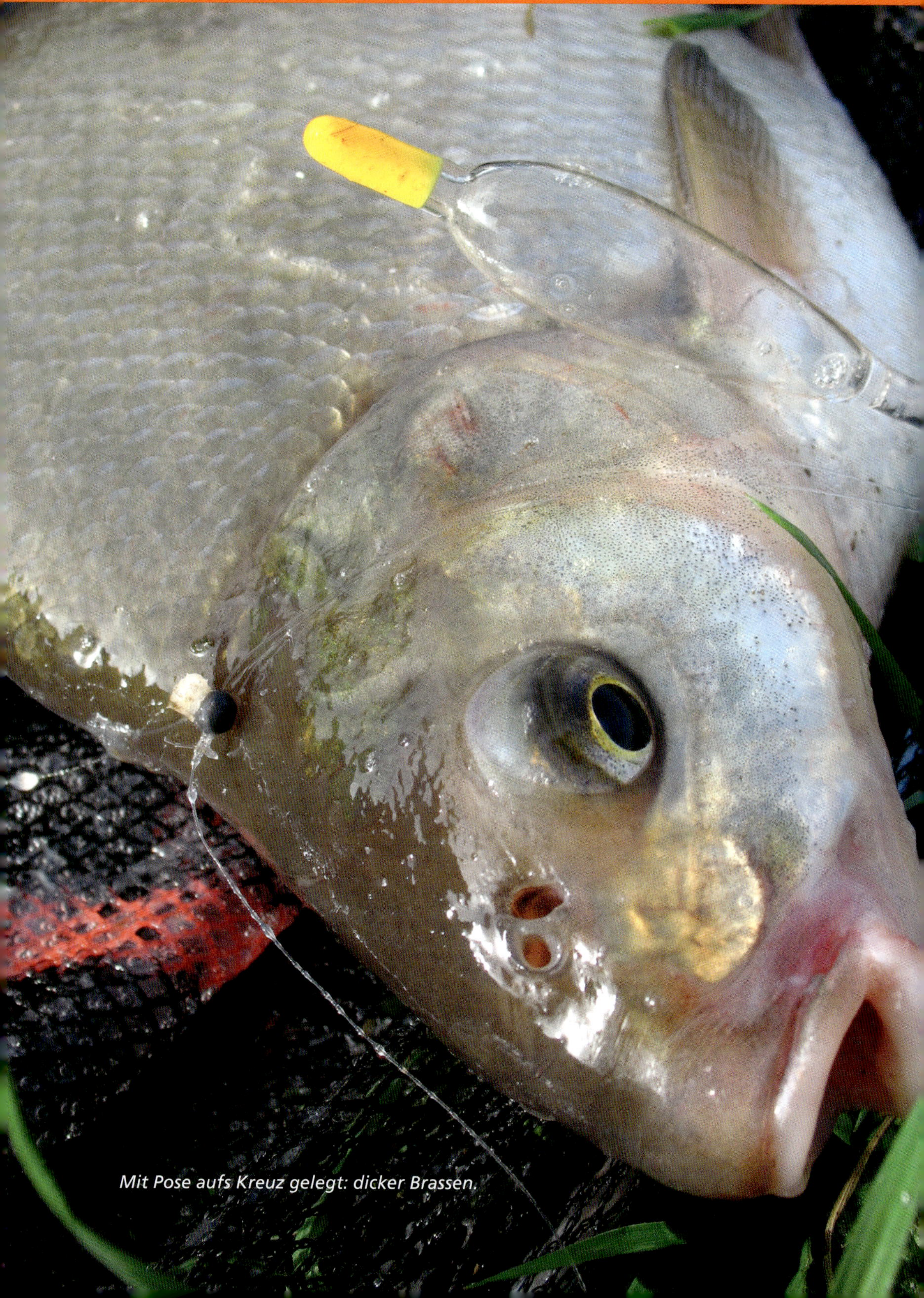

Mit Pose aufs Kreuz gelegt: dicker Brassen.

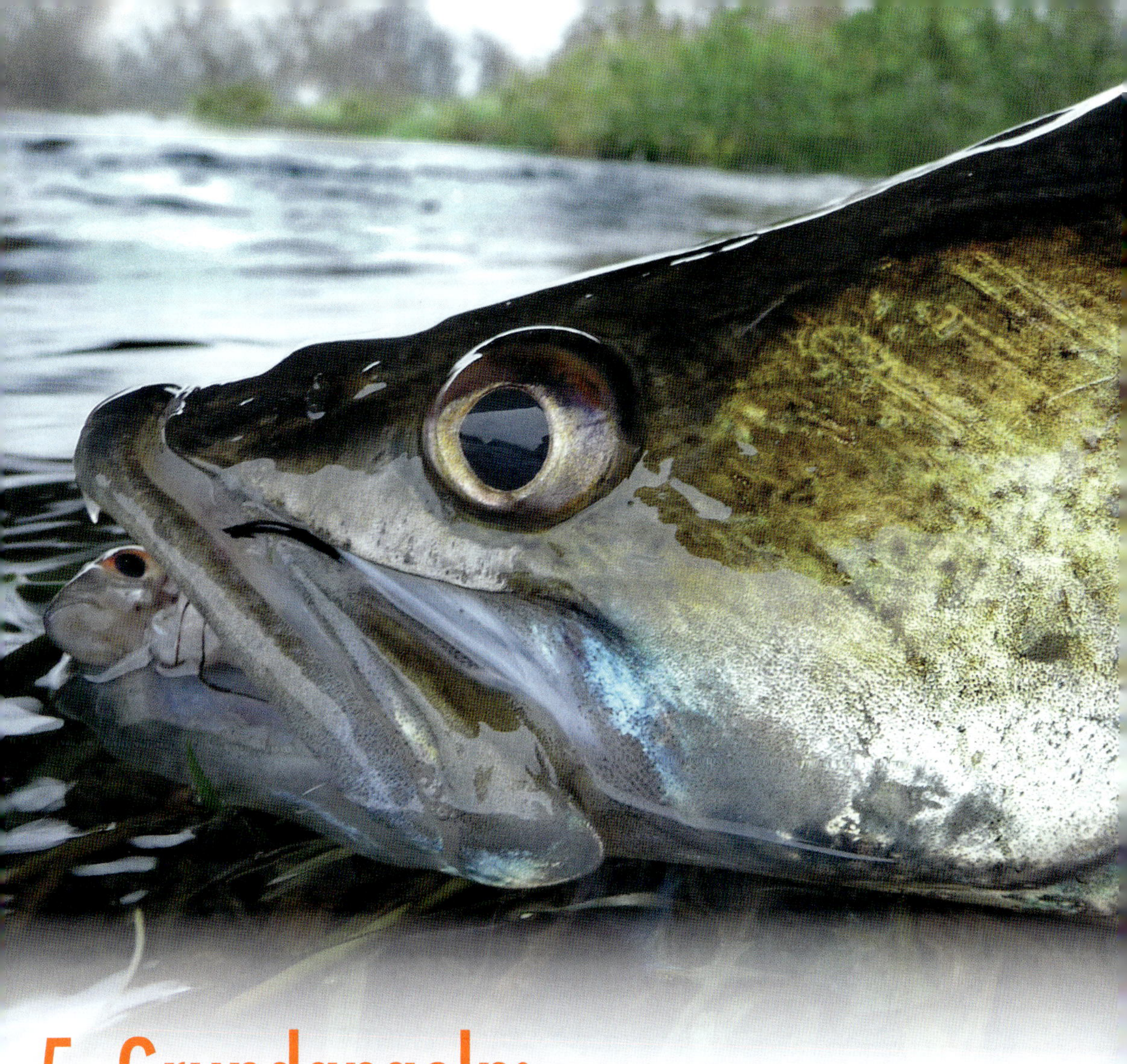

5. Grundangeln: Bodenhaftung bringt Erfolg

Auf zum Bodenkampf!

Keine andere Tiefenschicht des Gewässers bietet so viel Nahrung wie der Grund, ob Insekten oder Muscheln, Schnecken oder Pflanzen. Der Boden ist ein gedeckter Tisch. Manche Fische, zum Beispiel Brassen und Karpfen, nutzen ihre Mäuler wie Staubsauger: Sie ziehen sich den Schlamm vom Grund ins Maul, filtern Fressbares

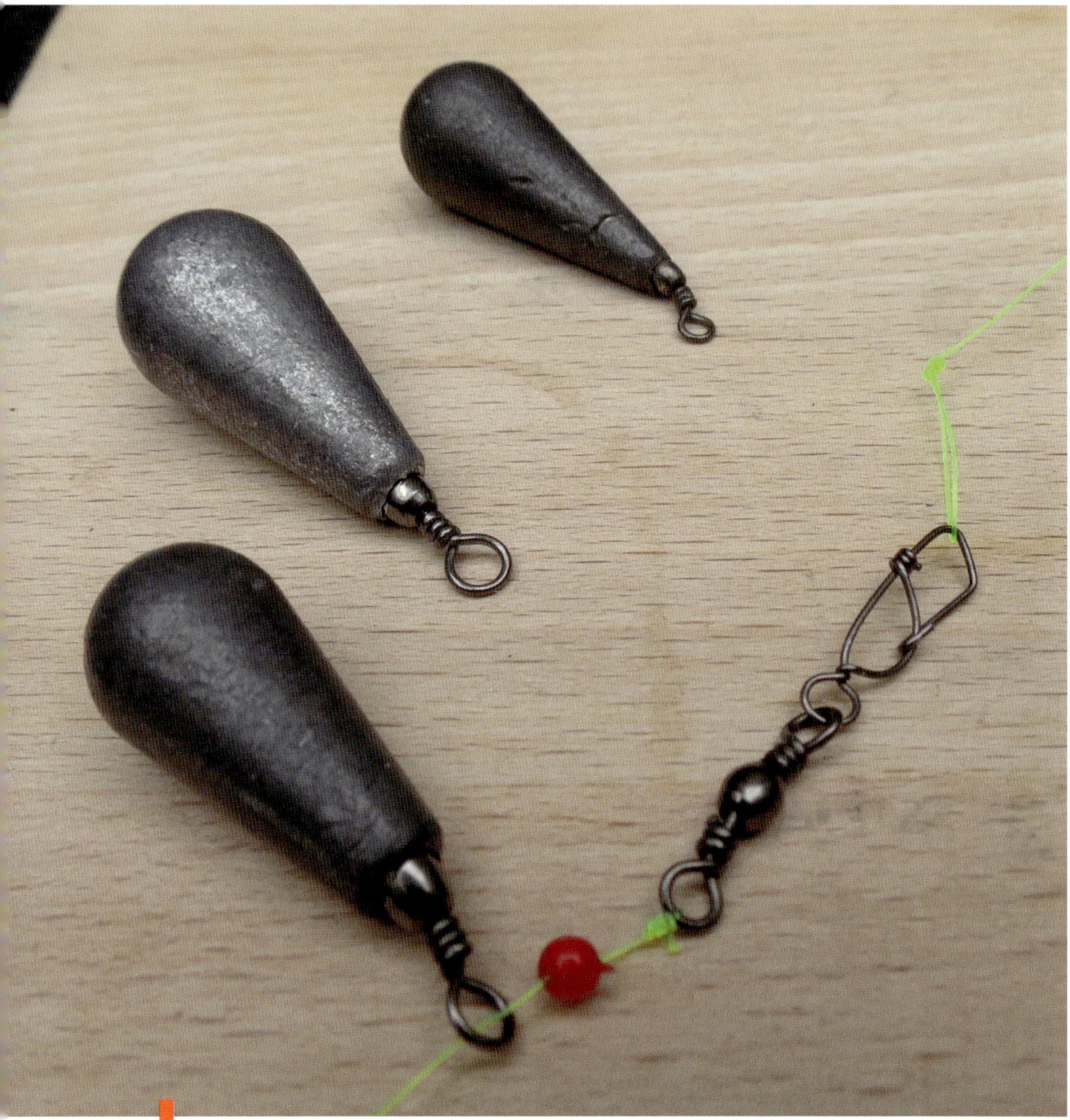

Der Bodenkampf kann beginnen: So sieht eine Grundmontage aus (hier mit Birnenblei). Der Haken sitzt am Ende des Vorfachs.

heraus und spucken den Rest wieder aus. Klar, dass dein Köder schnell bemerkt wird, wenn er am Gewässerboden liegt.

Das Angeln mit Grundblei bietet drei große Vorzüge: Erstens musst du nicht über die Angeltiefe nachdenken, am Grund liegst du (fast) immer richtig.

Zweitens wirft sich nichts leichter als ein Grundblei. Es ist schwer, kompakt und windschnittig. Und drittens bietet dir das Grundangeln fängige Varianten, zum Beispiel kannst du die Selbsthak-Methode fürs Karpfenangeln verwenden oder Zitterspitze und Futterkorb (Seite 80).

Wie sieht eine Bodenblei-Montage aus? Du brauchst ein Grundblei, am besten ein Birnenblei. Dieses Blei fädelst du durch seine Öse auf die Hauptschnur. Nun ziehst du zusätzlich eine Perle auf (als Puffer), ehe du einen Karabinerwirbel anknotest und ein Vorfach einklinkst – und fertig ist die Montage. Falls du keine Perle zur Hand hast, kannst du vor den Karabiner auch ein winziges Bleischrot klemmen. Einfacher geht's wirklich nicht!

Der Fisch kann den Köder aufnehmen und abziehen, ohne das Blei zu spüren – denn die Schnur läuft ja durch die Öse. Du solltest fürs Grundangeln unbedingt eine monofile Schnur verwenden, denn eine geflochtene erzeugt zu viel Reibung, also Widerstand für den Fisch.

Deine Rute liegt auf zwei Rutenhaltern, die Spitze sollte leicht zum Wasser geneigt sein; dadurch minimierst du die Reibung der Schnur beim Abziehen. Aber wie erkennst du den Biss, so ganz ohne Pose? Der einfachste und spannendste Weg: Du nimmst die Schnur zwischen Daumen und Zeigefinger und wartest, bis es zupft. Gerade beim Nachtangeln, wenn die Aale »laufen« (also richtig gut beißen), kann das sehr effektiv sein. Oder du hängst einen Zylinder aus Alupapier vor der Rolle in die Schnur. Der Bügel bleibt offen. Sobald ein Fisch beißt, beginnt es zu rascheln. Ebenso kannst du einen eiförmigen Einhänge-Bissanzeiger aus dem Handel in die Schnur hängen.

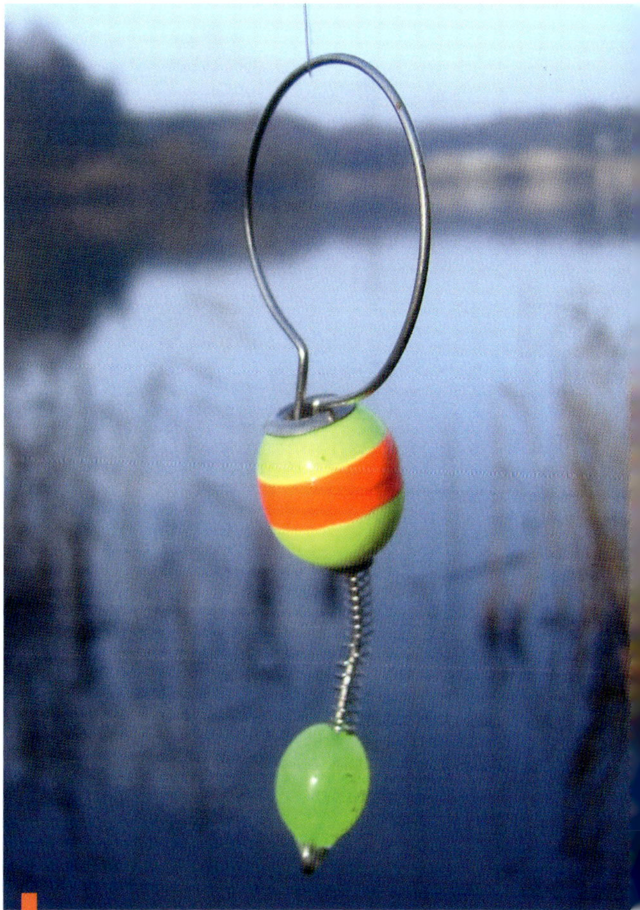

Wann geht's aufwärts? Noch hängt der (gekaufte) Einhänger-Bissanzeiger still.

Und was ist mit den elektronischen Bissanzeigern, die am Wasser ihre Piep-Shows aufführen? Ich rate dir, darauf zu verzichten. Erstens schult es deine Sinne und dein Gefühl für den Biss, wenn du die Bisse mit deinen Fingerspitzen oder deinen Augen erkennst. Und zweitens sind elektronische Bissanzeiger oft unsensibel, gerade in Kombination mit Freilauf-Rollen. Sie funktionieren gut, wenn ein bereits gehakter Fisch davon stürmt, wie beim Karpfenangeln mit der Selbsthak-Methode (siehe Seite 82). Aber wenn ein empfindlicher Zander gerade beißt, wenn er darüber entscheidet, ob er deinen Köderfisch nimmt oder loslässt, dann kann ein solcher Widerstand den Fang vermasseln.

Ich habe mir angewöhnt, den Fischen sogar bei offenem Rollenbügeln beim Abziehen behilflich zu sein: Klang für Klang ziehe ich die Schnur von der Rolle. Auf diese Weise fange ich viele große Fische – während ich an den Nachbar-Plätze die Bissanzeiger oft nur kurz aufheulen und danach die Kollegen fluchen höre: »Losgelassen!«

Trickreich am Grund

Als ich Ingo erklärt hatte, wie einfach das Grundangeln funktioniert, fragte er: »Was machen die erfolgreichsten Grundangler anders?« – »Zum Beispiel sorgen sie dafür, dass ihr Blei am Platz bleibt.« Ingo sah mich staunend an. »Wie bitte? Das Blei spaziert doch nicht alleine am Grund!« – »Doch«, sagte ich. »Zum Beispiel bei starker Strömung oder bei Wellen durch Schiffsverkehr. Da kullern Birnenbleie leicht davon.« – »Gibt es andere Bleie, die sich für Strömung besser eignen?« – »Ein Sargblei«, antwortete ich. »Der Name sagt alles über die Form. Es schmiegt sich an den Grund und bietet der Strömung weniger Widerstand. Bei schnell fließendem Wasser kann es schon mal 80 oder 100 Gramm schwer sein. So habe ich große Barben direkt unterhalb des Rheinfalls gefangen, in reißender Strömung.«

Der Schneller-Fänger-Tipp

Gewichts-Klasse

Wie schwer sollte ein Grundblei sein? Je stärker die Strömung ist und je weiter du werfen willst, desto schwerer. In starker Strömung braucht es schon mal Sargbleie von 80 Gramm. In der Regel jedoch kommst du mit Birnenbleien von 15 bis 25 Gramm aus. Und manchmal geht es bleifrei: mit der freien Leine. Du hakst lediglich den Köder, zum Beispiel einen Tauwurm, und wirfst ihn ohne Beschwerung aus. Der Wurm gleitet unauffällig ins Wasser, und der Fisch kann ohne Widerstand eines Bleis abziehen. Ideal für scheue Kapitale!

Ingo nickte und bohrte weiter: »Und worauf kommt es noch beim Grundangeln an?« – »Dass der Fisch ohne Widerstand Schnur nehmen kann. Viele Angler werfen ihr Grundblei aus, kurbeln die Schnur für die Bissanzeige straff – und ziehen das Blei dabei noch ein Stück über den Boden.« – »Und was ist daran so schlimm?«, fragte Ingo. Ich erklärte ihm: »Bei schlammigem Grund wird das Blei *in* den Boden gezogen. Dann blockiert die Schnur. Vorsicht beim Straffen – nur bis du das Blei ganz leicht spürst.«

Ingo war in Fahrt gekommen und fragte weiter: »Und was, wenn ein Gewässerboden sehr schlammig ist? Versinkt das Blei dann nicht schon beim Einwerfen?« – »Richtig – dann brauchst du ein Spezialblei.« – »Und zwar?« – »Ein Tiroler Hölzl. Das ist ein Schlauch mit einem Bleigewicht am Ende. Dieses Blei sinkt langsam

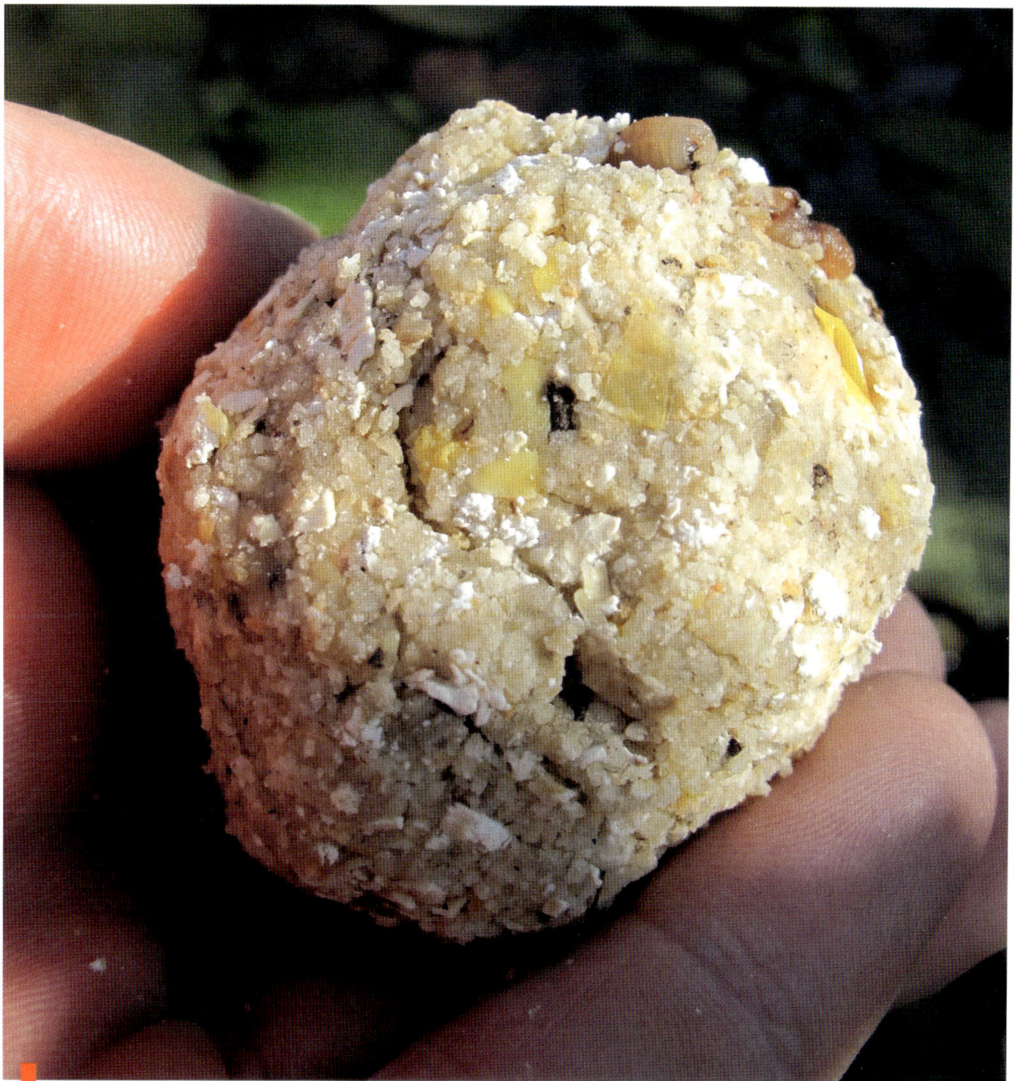

Bleifreies Grundangeln mit freier Leine: Der Köder, hier eine dicke Teigkugel, dient zugleich als Wurfgewicht.

ab, denn die Luft im Schlauch bremst es. Und wenn das Blei dann in den Schlamm eintaucht, ragt der Schlauch mit seiner Schnuröse immer noch heraus. Der Fisch kann ungehindert abziehen.«

»Spannend«, sagte Ingo, »hast du noch ein paar Profi-Tipps auf Lager?« Ich senkte meine Stimme: »Bestimmt interessiert dich das: Eine Unterart des Grundangelns ist so erfolgreich, dass man sie bei fast allen internationalen Wettfischen verboten hat.« Ingo neigte sein Ohr zu mir. »Ich spreche vom Feederfischen«, fuhr ich fort – »Angeln mit einer Feder?«, fiel er mir ins Wort. »Nein, Feeder – mit langem

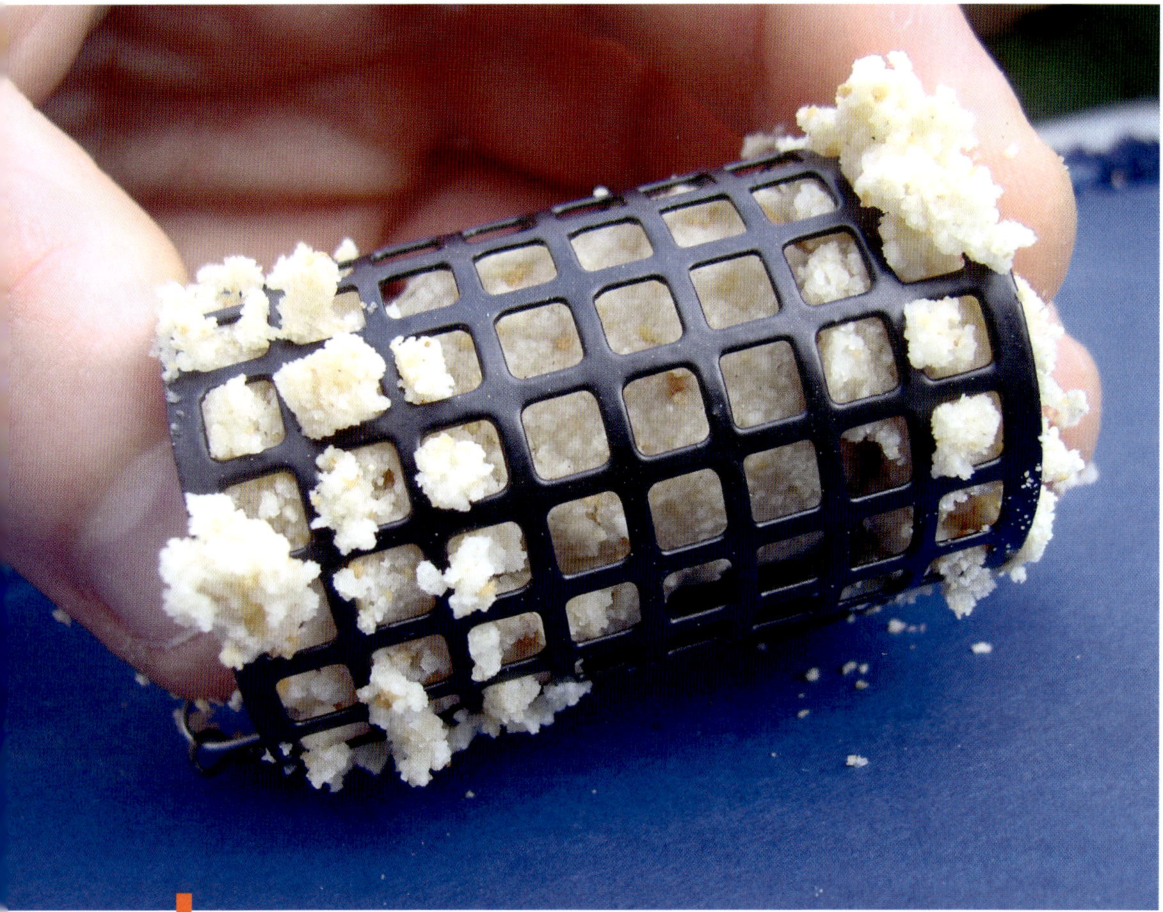

Husch, husch, ins Körbchen! Der Futterkorb sorgt dafür, dass du direkt beim Köder anfütterst.

»i« gesprochen – ist das englische Wort für Futterkorb. Der Trick dieser Angelei besteht darin, dass du anstelle des Grundbleis ein Körbchen verwendest, das du mit angefeuchtetem Grundfutter füllst. Diese Füllung löst sich beim Einwerfen und am Grund aus dem Korb.« – »Genial«, sagte Ingo, »dann liegen Futter und Köder immer direkt nebeneinander.« – »Exakt«, antwortete ich. »Und im Idealfall wirfst du deinen Korb immer wieder auf denselben Quadratmeter. Dann sammelt sich dort das Futter – und mit ihm die Fische.«

Ingo drehte seine Handflächen nach oben: »So treffsicher kann ich als Anfänger doch gar nicht sein!« – »Doch«, sagte ich, »an der Spule deiner Rolle befindet sich ein Schnurclip. Nach dem ersten Wurf klinkst du deine Schnur dort ein. Dann wird die Schnur gebremst und du wirfst automatisch gleich weit.« – »Aber wie treffe ich die Richtung?«. – »Indem du einen Punkt am Ufer gegenüber anvisierst: einen Baum, einen Felsen oder ein Boot am Ufer.«

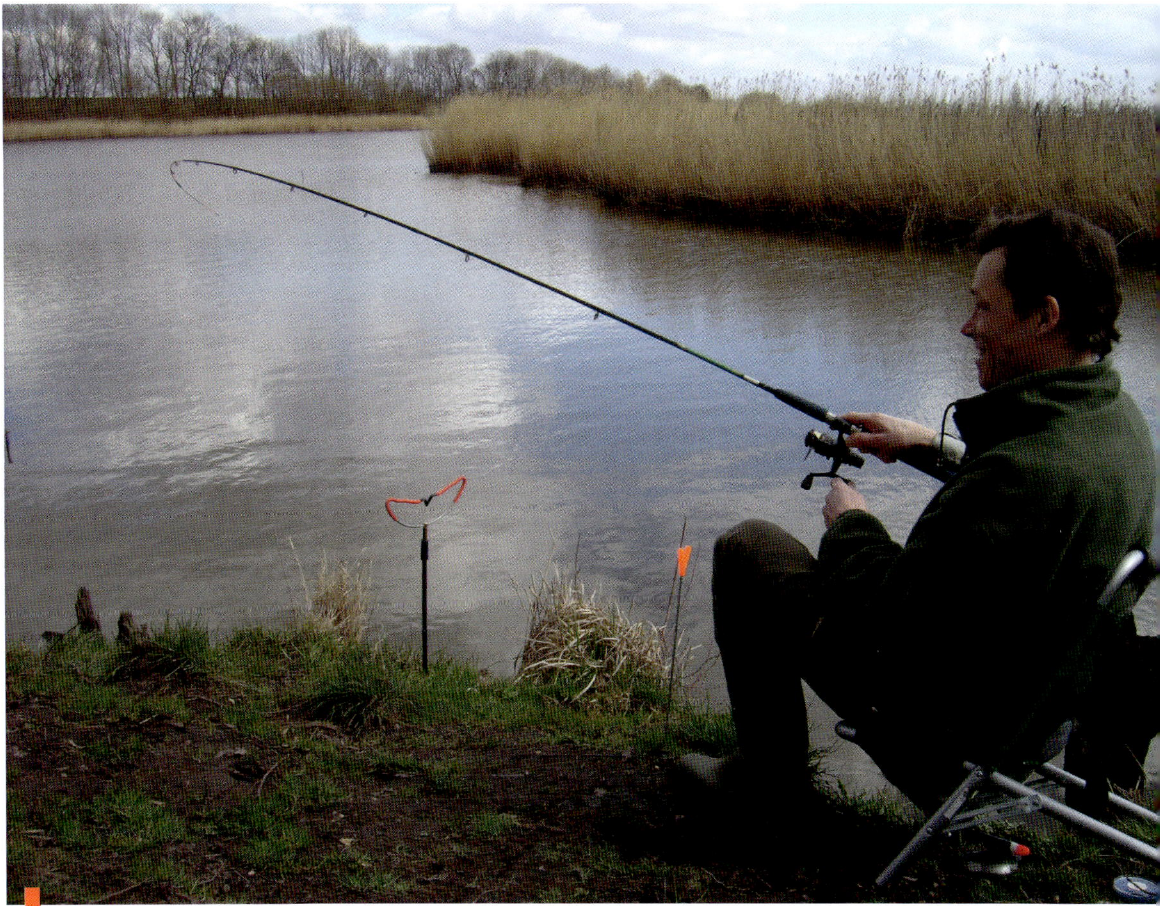

Drill mit Feederrute. Beim Angeln wird die Rute parallel zum Ufer abgelegt, die Bisse erkennst du an der ausschlagenden Rutenspitze.

Ingo dachte eine Weile nach, ehe er sagte: »Wenn ich die Schnur in den Clip stecke, ist die Rolle doch blockiert – dann könnte ein großer Fisch keine Schnur nehmen!« – »Das ist leider der Nachteil«, gab ich zu. »Wenn du nach dem Anhieb merkst, dass ein großer Fisch gebissen hat, musst du die Schnur blitzschnell aus dem Clip lösen.« – »Und wie finde ich danach die Entfernung wieder!« Ich zog die Augenbraue nach oben. »Falls du schlau warst, hattest du die Schnur direkt oberhalb der Rolle mit einem wasserunlöslichen Stift markiert. Dann klinkst du die Schnur wieder ein – und fängst einfach weiter.«

»Schön und gut«, sagte Ingo. »Aber ich habe mir doch gar keine Feederrute gekauft. Wie soll ich diese Angelart dann ausüben?« – »Du ersetzt den Spitzenring deiner Grundrute durch einen Ring mit Gewinde – und schon kannst du eine Zitterspitze aufschrauben.« – »Und wie gehe ich beim Angeln vor?« – »Du legst die Rute parallel zum Ufer ab und straffst die Schnur vorsichtig, bis sich die Spitze ein winziges Stückchen biegt. Sobald ein Fisch deinen Köder berührt, zittert die Spitze. Schnell anschlagen, bevor der Fisch Widerstand spürt! Deine Hand sollte über der Rute schweben.«

Ingo grinste zufrieden in sich hinein. Keine Frage, schon bald würde er die Fische zum Körbchen bitten.

Der Schneller-Fänger-Tipp

Teppich für Fische
Zwei kleine Kniffe helfen dir, beim Feederangeln besser zu fangen: Erstens solltest du viele Maden in dein angefeuchtetes Trockenfutter mischen. Die Maden locken die Fische an, und ihr Gewusel bewirkt, dass sich dein Futter schneller aus dem Korb löst. Zweitens solltest du nicht gleich mit dem Angeln beginnen: Wirf zu Beginn deines Angeltages den gefüllten Korb vier bis fünf Mal auf den geplanten Angelplatz und setz' das Futter mit einem scharfen Ruck frei. Dieser Futterteppich sorgt dafür, dass die Fische sich schneller an deinem Angelplatz einstellen.

Hak dich selbst, Fisch!

Wer, glaubst du, hat die wichtigste Angelmethode der letzten Jahrzehnte entdeckt? Es war ein blutiger Anfänger, der Engländer Lennie Middleton. Mit Knödeln wollte er auf Karpfen angeln, aber beim Kochen passierte ihm ein Missgeschick: Die Kugeln wurden steinhart. Eigentlich hätte er seinen Haken in der Kugel verbergen müssen. Aber wie wollte er dann die Fische haken? Kein Anhieb wäre stark genug gewesen, seinen Haken wieder aus der zähen Ködermasse zu befreien.

Und so kam Lennie auf eine stümperhafte Idee, die jeden erfahrenen Angler zum Kopfschütteln veranlasst hätte: Er ließ seinen Haken weit aus dem harten Knödel ragen – alles andere als eine unauffällige Montage! Middleton war klar: Die Fische würden ganz schnell Verdacht schöpfen. Wie konnte es ihm gelingen, sie schon *zuvor* zu haken? Ein kühner Gedanke schwamm durch seinen Kopf: Was wäre, wenn die Fische sich selber hakten, ganz ohne Anhieb? Wenn er also ein schweres Grundblei verwenden und den Schnurdurchlauf blockieren würde? Der Fisch sollte den Köder einsaugen, den Haken spüren, ihn panisch wieder auspucken und davonschwimmen wollen. Doch schon zu Beginn seiner Flucht würde das Blei ihn bremsen – und den Haken in die Lippe treiben.

Einen solchen Plan kann sich nur ein Einsteiger ausdenken! Niemand hätte gedacht, dass er funktioniert. Doch das Wunder geschah: Middleton, der Anfänger, fing prächtige Karpfen. Das Karpfenangeln wurde gleich zweifach revolutioniert: durch die harten Köder, die von anderen Fischen kaum genommen werden (bis dahin waren weiche Karpfenköder wie Teig und Kartoffeln angesagt); und durch die Selbsthak-Methode (bis dahin wurden nur Montagen zum freien Abziehen verwendet). Plötzlich wurden Karpfen von über 20 Pfund, die vorher nur selten an den Haken gingen, in großen Stückzahlen gefangen.

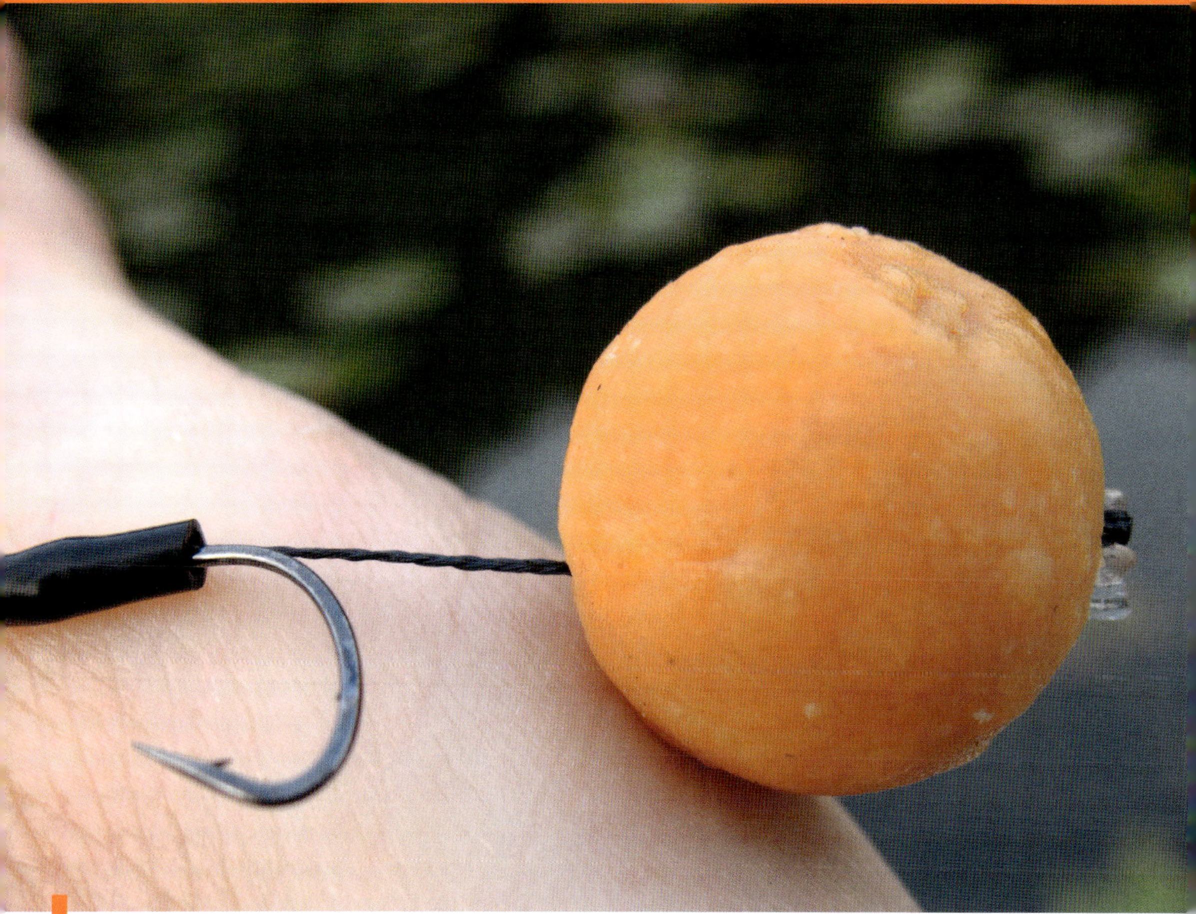

Steinharte Kugel am Haar: Der Boilie wurde per Zufall entdeckt – und gehört längst zu den besten Großkarpfen-Ködern.

Mittlerweile ist die Selbsthak-Methode verfeinert worden: Du bietest den Köder nicht mehr mit offener Hakenspitze, sondern an einem Haarvorfach an. Dieses Haar ist ein Schnurstück von einigen Zentimetern, das am Schenkel oder im Öhr deines Hakens angebracht ist und mit einer Schlaufe endet (du kannst fertige Haarvorfächer kaufen). Auf dieses Schnurstück ziehst du mit einer Ködernadel einen Boilie oder einige Körner Hartmais. Dann kommt ein Stück Plastik als Stopper in die Schnurschlaufe (als »Boiliestopper« zu kaufen).

Was passiert nun unter Wasser? Der Karpfen prüft den Köder. Kein Haken ist zu sehen und zu spüren! Also saugt er den Köder arglos ein – und mit ihm, leicht verspätet, den Haken hinter dem Haar. Der Fisch will weiterschwimmen, stößt jedoch auf den Widerstand des Festbleis. Nun spürt er den Haken in seinem Maul und schießt panisch davon – und bei dieser Flucht, gegen den Widerstand des Bleis, treibt er sich den Haken in sein Maul. Was du jetzt am Ufer erlebst, scheint ein stürmischer »Biss« zu sein – in Wirklichkeit ist es die Flucht eines schon gehakten Fisches. Du musst die Rute nur noch schwungvoll anheben.

Was fällt dir auf an diesem Bild?

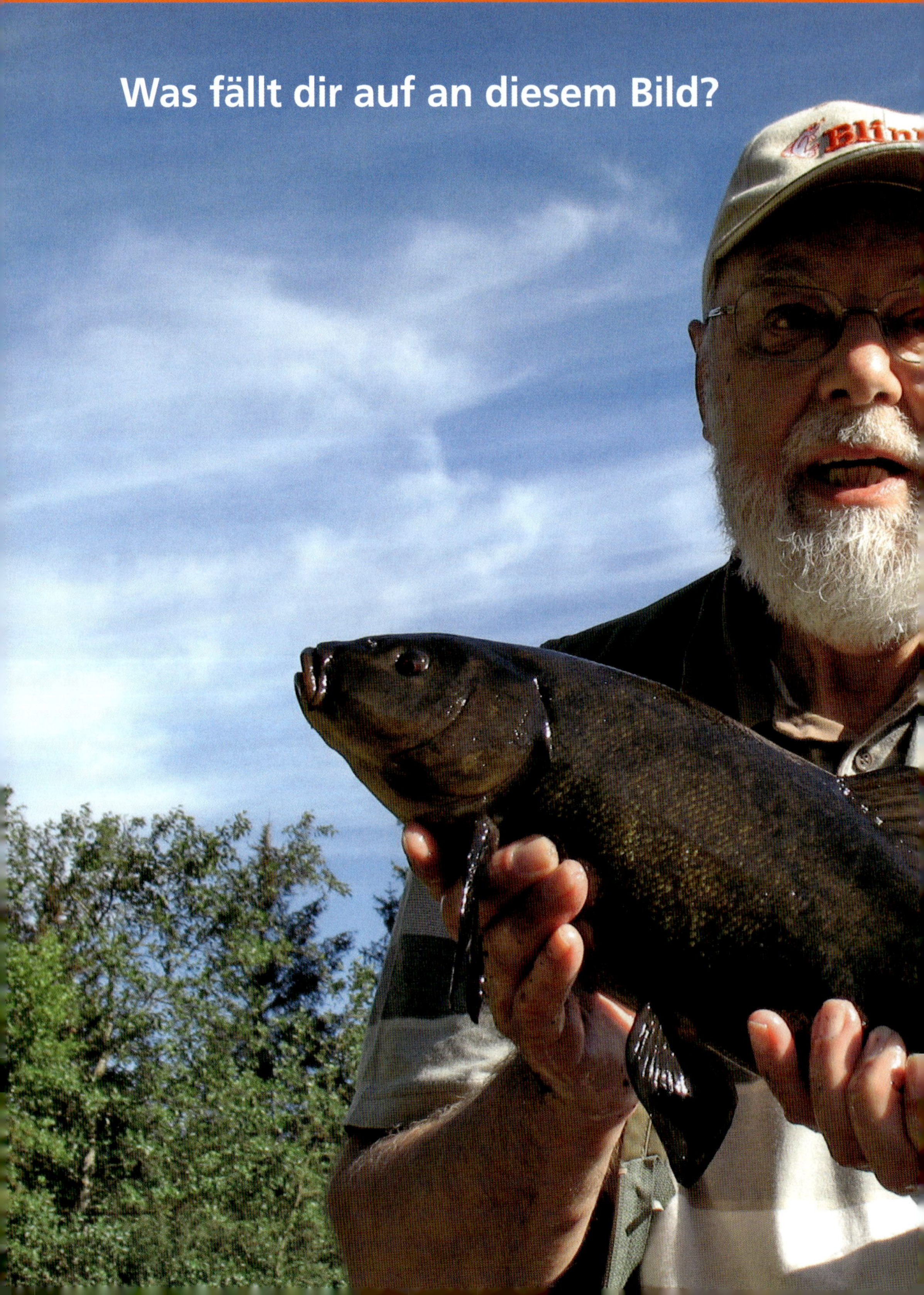

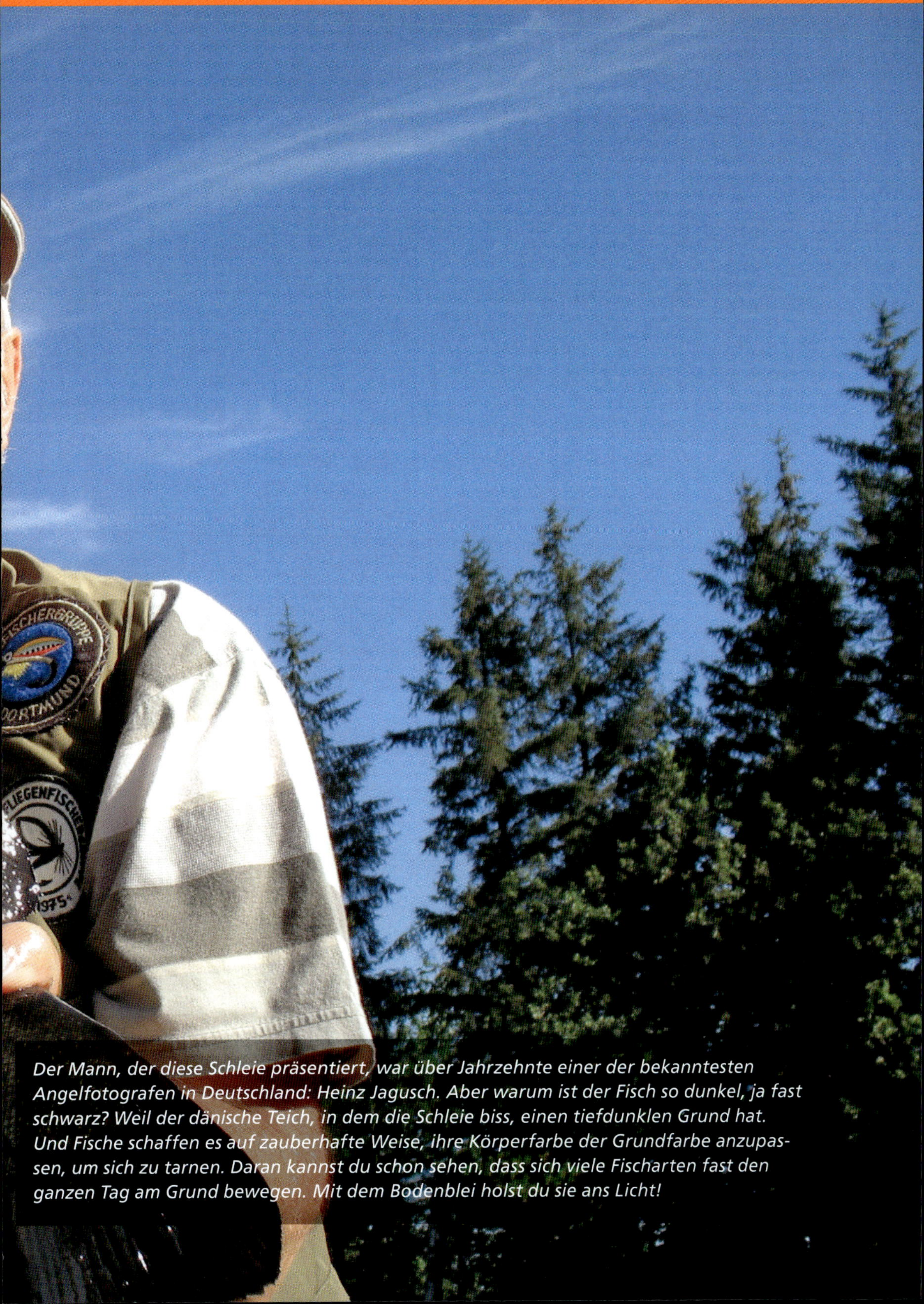

Der Mann, der diese Schleie präsentiert, war über Jahrzehnte einer der bekanntesten Angelfotografen in Deutschland: Heinz Jagusch. Aber warum ist der Fisch so dunkel, ja fast schwarz? Weil der dänische Teich, in dem die Schleie biss, einen tiefdunklen Grund hat. Und Fische schaffen es auf zauberhafte Weise, ihre Körperfarbe der Grundfarbe anzupassen, um sich zu tarnen. Daran kannst du schon sehen, dass sich viele Fischarten fast den ganzen Tag am Grund bewegen. Mit dem Bodenblei holst du sie ans Licht!

Die Selbsthak-Methode funktioniert nur, wenn dein Blei genug Widerstand bietet. Meist ist es 80 bis 120 Gramm schwer. Es wird auf der Schnur oberhalb des Vorfachs fixiert und ist manchmal mit einem Schlauch ausgestattet, um Verwicklungen bei den weiten Würfen zu verhindern.

Funktioniert diese Methode nur auf Karpfen? Nein, immer wieder gehen große Brassen und Schleien als Beifang an den Haken. Und sogar scheue Raubfische lassen sich mit der Haarmethode überlisten. Der holländische Hechtexperte Jan Eggers hat erfolgreich mit Köderfisch am Haarvorfach experimentiert. In Deutschland ist das Haar auf Raubfisch allerdings so gut wie unbekannt – ein weiteres Feld für Experimente, die dich vom Anfänger zum Fänger erheben können.

Der Schneller-Fänger-Tipp

Schneemann für Karpfen

Angenommen, du hast einen Futterplatz mit Hartmais angelegt – und dazwischen liegen nun deine Maiskörner am Haarvorfach. Warum sollte der Karpfen ausgerechnet deinen Köder nehmen, ehe er den Platz abgeräumt hat? Ein gutes Argument: Du kannst den Mais mit Auftrieb anbieten. Dazu ziehst du zwischen zwei Maiskörner einen gelben, maisähnlich zugeschnittenen Auftriebskörper aus Schaumstoff (im Fachhandel zu bekommen). Ein ähnlicher Trick funktioniert auch beim Angeln mit Boilies, nur dass du hier einen kugelförmigen Auftriebskörper verwendest. Dieser Köder aus mehreren Bällen heißt unter Karpfenanglern so, wie er auch aussieht: Schneemann.

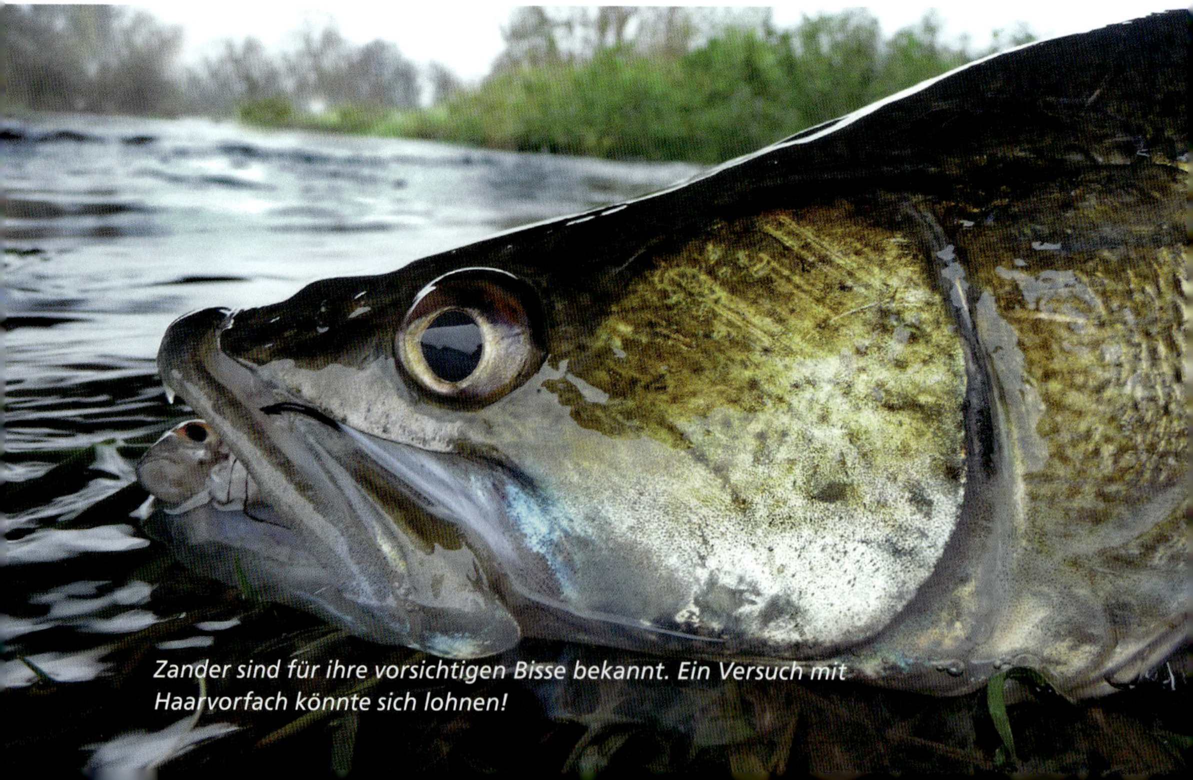

Zander sind für ihre vorsichtigen Bisse bekannt. Ein Versuch mit Haarvorfach könnte sich lohnen!

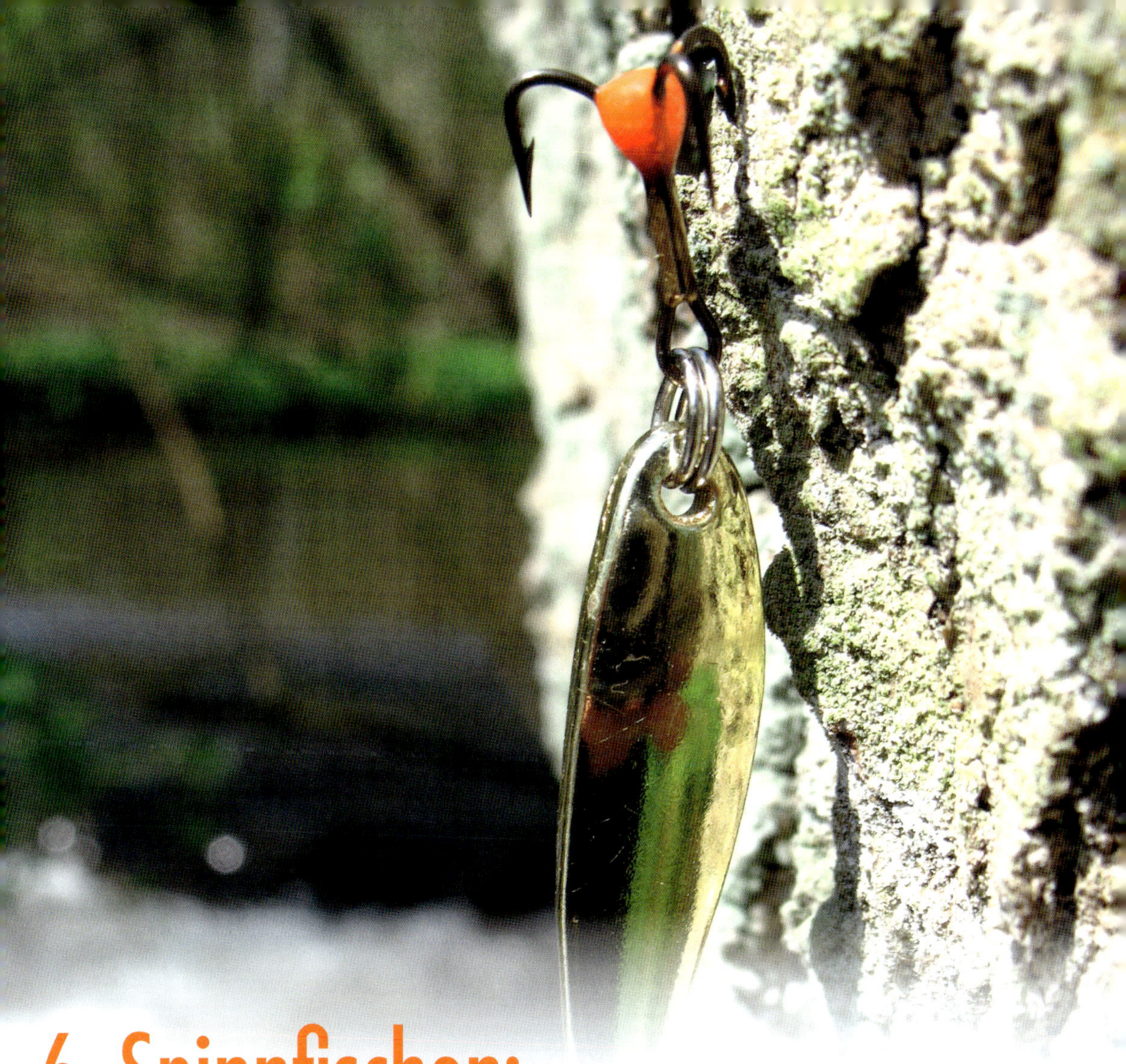

6. Spinnfischen: Von der Kunst verführt

Das Raubtier im Fisch

Wie bringst du einen Raubfisch dazu, dass er sich auf ein Stück Holz stürzt? Oder auf Kunststoff? Oder auf Gummi? So, wie du auch eine Katze reizt: Du musst den leblosen Gegenstand bewegen. Ob Fisch oder Katze, das weckt den Jagdinstinkt. Erst wird das Raubtier zupacken – und dann prüfen, was es erbeutet hat. Die

Katze merkt, dass sie sich auf eine Zigarettenpackung an der Schnur gestürzt hat – und lässt sie los. Und der Hecht merkt, dass er einen Wobbler geschnappt hat – und nicht mehr loslassen kann, weil er an den Drillingen hängt.

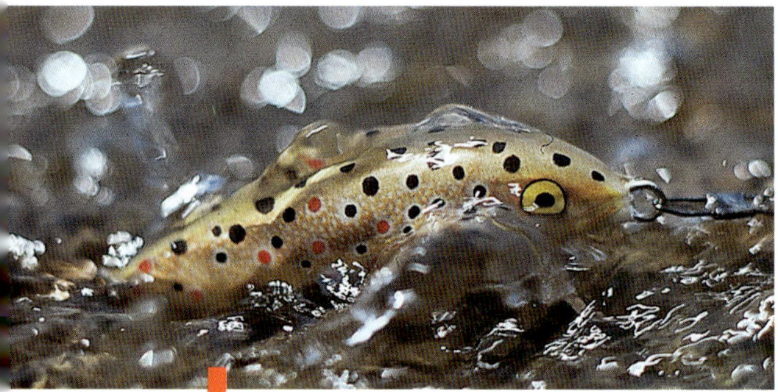

Nicht nur Kunststoff, sondern Kunst: Ein Wobbler in Aktion ist ein schöner Anblick – vor allem für Raubfische!

Das Spinnfischen mit Kunstködern gehört zum Aufregendsten, was die Angelei zu bieten hat. Aufregend, weil du dem Fisch eine natürliche Beute vorgaukelst, obwohl du etwas Künstliches anbietest – große Herausforderung! Aufregend, weil zwischen dem Biss und dem Anhieb keine Zeit vergeht (wie beim Posen- oder Grundangeln), sondern es fährt ein Schlag in deine Rute, und in dieser Sekunde musst du auch anschlagen und den Drill beginnen – großes Herzrasen. Und aufregend, weil diese Bisse so spektakulär sein können, als hätte sie ein Hollywood-Regisseur inszeniert: Mal stürzt sich ein Hecht mit einem Klatschen auf deinen Wobbler, mal springt eine Forelle nach dem schon aus dem Wasser gehobenen Spinner, mal nimmt ein Barsch mit gewaltiger Bugwelle die Verfolgung auf – großes Abenteuer!

Der Schneller-Fänger-Tipp

Magen-Spionage

Ob ein Kunstköder fängt, hängt vor allem davon ab, ob er ins Beutemuster der Raubfische passt. Frag' dich immer, was die Räuber gerade fressen. Im Sommer stehen vor allem Brutfische auf dem Speisezettel – dann fangen winzige Köder wie Mini-Wobbler oder -Gummifischchen. Dagegen sind zur kälteren Jahreszeit größere Köder gefragt – für den Hecht darf es schon mal ein Wobbler von 15 oder 20 Zentimetern sein.

Jedes Mal, wenn du einen Raubfisch entnimmst, solltest du beim Ausnehmen den Inhalt seines Magens begutachten. Zum Beispiel findest du in einer Forelle zwei oder drei (angedaute) Koppen; das ist ein dunkler Kleinfisch, der am Gewässergrund lebt. Schon weißt du: Mit dunklen Kunstködern, ganz dicht am Grund geführt, hast du an diesem Gewässer die besten Chancen!

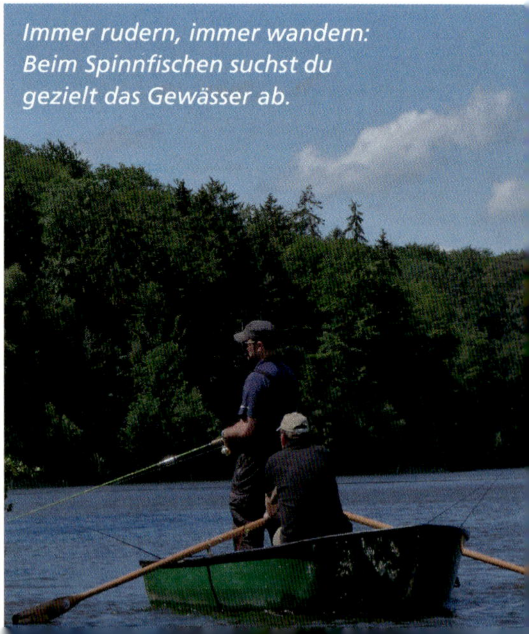

Immer rudern, immer wandern: Beim Spinnfischen suchst du gezielt das Gewässer ab.

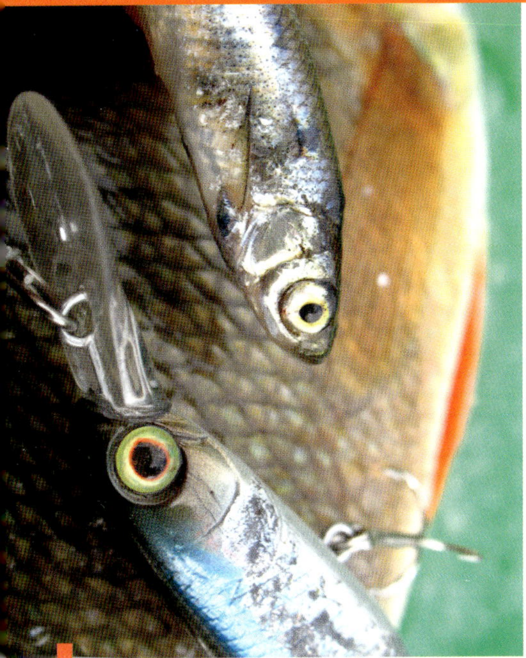

Je perfekter der Wobbler zur natürlichen Nahrung passt – hier einer Laube –, desto eher darfst du mit dem ersten Biss rechnen.

Das Spinnfischen hat in den letzten Jahrzehnten viele Freunde gewonnen und sich unter den Jüngeren zur beliebtesten Angelart entwickelt. Vielleicht auch, weil man sich ständig bewegen kann: Du läufst am Ufer entlang, suchst die Stellen mit fächerförmigen Würfen ab und gehst dann weiter. Auch mit einem Boot ruderst du von Platz zu Platz. Statt zu warten, dass der Fisch an deinem Platz vorbeikommt (wie beim klassischen Ansitz), stattest du ihm einen Besuch ab. Und jedes Mal, wenn du einen neuen Platz anwirfst, weißt du: Jetzt ist alles möglich! Das bedeutet Abwechslung und Kalorienverbrauch.

Vor allem kommst du als Spinnfischer mit einem Minimum an Gerät aus: Du brauchst nur eine Rute (mit Rolle und Schnur), einen Unterfangkescher und eine Umhängetasche mit ein paar Kunstködern, Karabinerwirbeln und Stahlvorfächern (falls es auf Hecht geht). Schon kann's losgehen! Diese Angelei ist höchst attraktiv, wenn du dich durch wilde Natur arbeitest, etwa an einem Bach entlang. Sie wird aber auch zunehmend in Großstädten wie Hamburg oder Berlin betrieben, in Kanälen und Flüssen, die mitten durch die Stadt verlaufen; das nennt sich »Streetfishing« und ist besonders praktisch für Jung-Angler, die kein Fahrzeug haben, um Gewässer im Grünen zu erreichen.

Lass dich von Katalogen voller Kunstköder nicht blenden: Gerade die erfolgreichsten Angler kommen oft mit erstaunlich wenigen Spinnködern aus. Hektisches Wechseln des Köders ist meist ein Zeichen für mangelnde Fisch- und Gewässerkenntnis.

Die vier beliebtesten Kunstköder, wohl in dieser Reihenfolge, sind: der Gummifisch, auch »Jig« oder »Twister« genannt;

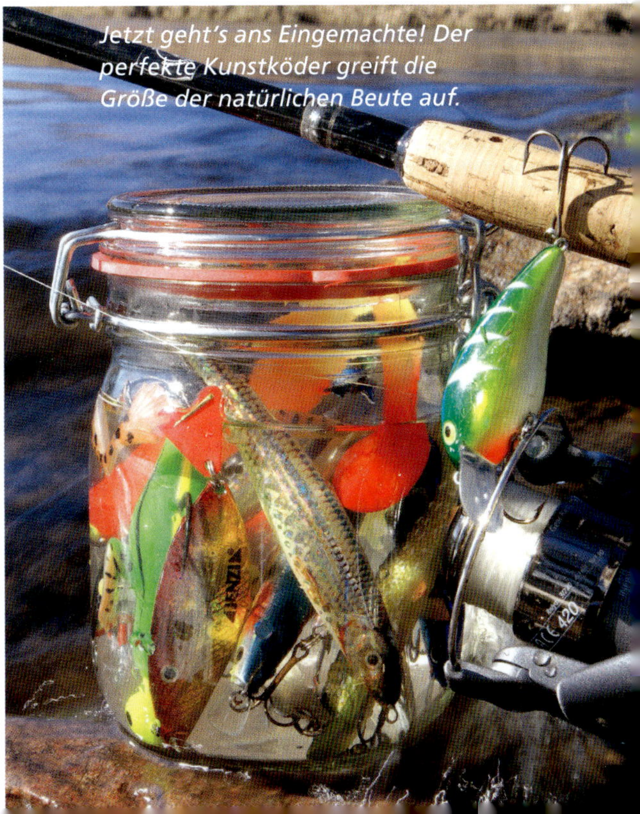

Jetzt geht's ans Eingemachte! Der perfekte Kunstköder greift die Größe der natürlichen Beute auf.

der Wobbler, ein Fischimitat aus Holz oder Plastik; der Spinner, ein Metallköder, dessen Blatt um die eigene Achse kreist; und der Blinker, ein meist löffelförmiges Stück Metall.

Welche Vorteile hat das Spinnfischen gegenüber anderen Angelarten? Erstens suchst du das Gewässer systematisch ab – und mit jedem Wurf steigt die Chance, dass du auf einen fresswilligen Fisch stößt. Zweitens ist der Bewegungsreiz deines Köders so groß, dass auch Fische zupakken, die eigentlich keinen Hunger haben. Und drittens hebt sich dein Kunstköder einen Tick von der natürlichen Nahrung ab. Das ist ein Vorteil, wenn du zum Beispiel einen kleinen Wobbler durch einen Schwarm von 100.000 Kleinfischen ziehst. Dein Köder fällt auf, bietet ein fixierbares Angriffsziel und wird genommen.

Reize für Bisse

»Oh Gott, sind das viele Kunstköder!«, stöhnte Ingo. Wieder einmal waren wir ins Angelgeschäft gefahren und schlenderten an Wänden entlang, die überquollen vor Wobblern, Spinnern, Blinkern und Gummifischen. »Und wie wähle ich jetzt den richtigen Spinnköder?« Ich sagte: »Indem du dir zwei Fragen stellst. Was will ich fangen? Und wo will ich es fangen?« – »Dann gibt es spezielle Kunstköder für die einzelnen Fischarten?« – »Die Größe des Köders bestimmt, welche Fische du ansprichst. Die meisten Wobbler und Gummifische von über 15 Zentimetern sind für den Raubfisch mit dem größten Maul gedacht: den Hecht. Bei Zanderködern liegst du zwischen 10 und 15 Zentimetern richtig. Und bei Barschen und Forellen ist Kleinkunst gefragt: zwischen 3 und 10 Zentimetern.«

Ingo nickte. »Dann kann man sagen: Je größer der Zielfisch, desto größer auch der Kunstköder.« – »In der Regel ist das so. Aber manchmal jagen große Hechte im Sommer auch sehr kleine Fische. Und ein großer Barsch kann sich im Herbst auch mal auf 15-Zentimeter-Fische einschießen. Darauf musst du dann flexibel reagieren.«

Ingo griff einen Wobbler mit Rotaugen-Dekor und sah ihn sich näher an: »Der sieht ja genau wie ein natürlicher Fisch aus. Da ist jede Schuppe nachgebildet. Sicher fangen solche natürlichen Nachbildungen besser als diese grell gefärbten Köder«. Er zeigte auf ein

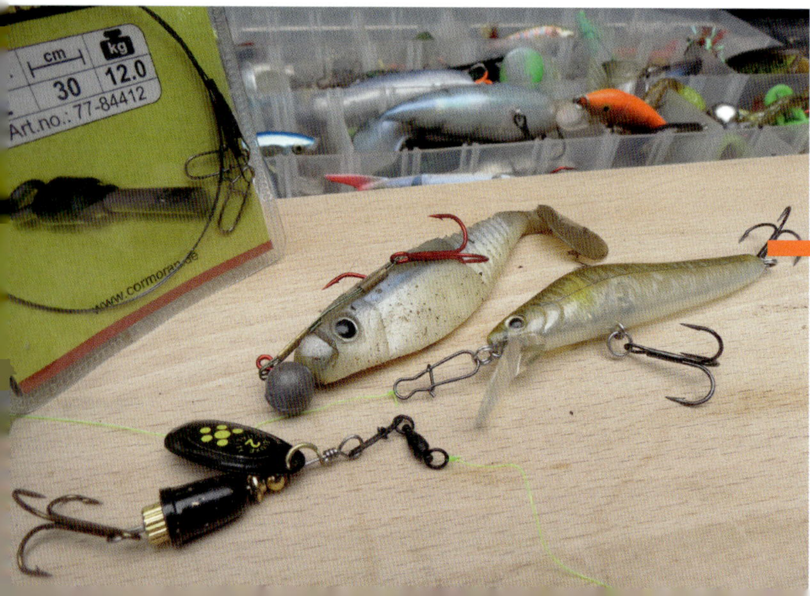

Fängiges Trio: Spinner, Gummifisch, Wobbler (von links). Der Spinner wird am Karabinerwirbel, der Wobbler am einfachen Karabiner angeboten. Wo Hechte zu erwarten sind, brauchst du ein Stahl- oder Titan-Vorfach.

paar gelbe und rote Wobbler. »Nicht unbedingt«, sagte ich. »Je weniger ein Gewässer befischt wird, desto erfolgreicher wirst du mit Schockfarben sein – solche Köder fallen den Räubern am schnellsten auf. Auch im Frühjahr, nach der Schonzeit, lohnt es sich, Farbe zu bekennen. Aber wenn der Angeldruck zunimmt, wächst auch die Vorsicht der Fische. Darum sind Naturfarben in schwierigen Gewässern und im späteren Verlauf der Saison am erfolgreichsten.«

Ingo deutete auf Striche, die Rückenflossen andeuten sollten: »Nehmen die Raubfische solche Details überhaupt wahr?« – »Ehrlich gesagt: Die Raubfische greifen meist von unten an – sie sehen vor allem den Bauch des Wobblers. Was oben auf den Wobbler gemalt ist, soll eher Angler zum Kauf ködern.«

Nun hielt Ingo den Wobbler am Maul fest: »Und was soll diese aufgesetzte Lippe?« – »Das ist die Tauchschaufel«, erklärte ich ihm. »Diese Schaufel bringt deinen Wobbbler auf Tiefe, sobald du Zug ausübst.« – »Und je größer die Schaufel, desto tiefer läuft mein Wobbler?«, fragte Ingo. »Es kommt mehr auf die Stellung der Tauchschaufel an«, sagte ich. »Steht die Tauchschaufel im 90-Grad-Winkel nach unten, ist es ein Flachläufer. Je kleiner der Winkel, desto größer die Lauftiefe. Und tatsächlich haben Tieftauch-Wobbler eine besonders große Tauchschaufel.«

»Schau mal«, sagte Ingo, »hier ist die Lauftiefe aufgedruckt: zwei bis drei Meter.« Er überlegte kurz und fügte dann hinzu: »Warum zwei *bis* drei Meter? Der Hersteller sollte doch auf den Zentimeter wissen, wie tief sein eigener Köder läuft!« – »Unmöglich! Er weiß ja nicht, mit welcher Schnur du angelst. Je dünner die Schnur, desto tiefer läuft der Wobbler.« – »Schwimmen Wobbler eigentlich oder sinken sie?« – »Es gibt Schwimm- und Sinkwobbler. Schau mal auf der Packung: Ein 'F' steht für Floating, also schwimmend; ein 'S' für Sinking, also sinkend. Und dann gibt es noch schwebende Wobbler und 'Suspender', kurz SP.«

Ingo hing den Wobbler wieder an die Wand und griff jetzt nach einem verpackten Gummifisch: »Der hat ja gar keinen Haken!« – »Du montierst den Gummifisch an einem Jigkopf. Das ist ein großer Einzelhaken mit eingelassenem Bleigewicht.« – »Und welches Gewicht empfiehlst du mir?« – »Je stärker die Strömung und je tiefer das Wasser, desto schwerer. In

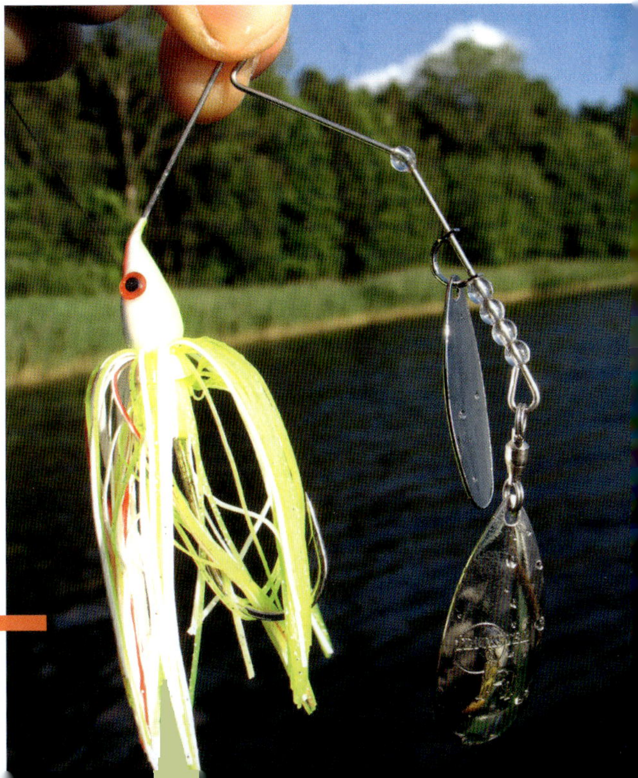

»Merkwürdiges Gestänge«: Der Spinnerbait ist ein Spezialist für krautige Gewässer.

einem Fluss mit starker Strömung kannst du einen Kopf von 30 oder 40 Gramm brauchen, damit der Köder dicht am Grund bleibt; denn Jigs werden meist am Gewässerboden geführt. In einem See können 10 bis 15 Gramm reichen.«

Ich streckte Ingo einen montierten Gummifisch von 20 Zentimeter rüber, er sah ihn an und griff über den Schwanz hinter dem Jighaken: »Und was ist, wenn der Hecht hier in den Gummifisch beißt? Dann kommt er doch ab!« – »Genau deshalb solltest du einen zusätzlichen Drilling einsetzen: den Angst-Drilling. Er sitzt hinter dem Einzelhaken des Jigs und wird mit der Öse verbunden. Dann bleiben spitz beißende Räuber hängen.«

Ingo gab den Gummifisch an mich zurück und griff sich einen großen Spinner mit roten Punkten. »Größe 4 steht hier«, sagte er. »Wie groß muss dann erst ein 1er Spinner sein!« – »Moment«, sagte ich, »bei den Spinnern ist die Größe anders als bei den Angelhaken geregelt: Je kleiner die Nummer, desto kleiner der Spinner. Es geht los bei 0er Spinnern. Ein 4er ist schon ganz schön groß.« – »Was für ein Chaos!«, sagte Ingo. »Und warum hat der Spinner an seinem Drilling so viele rote Federn?« – »Das nennt sich Puschel und soll den Räuber zum Beißen reizen – wie Blut, das aus einem attackierten Fisch fließt.«

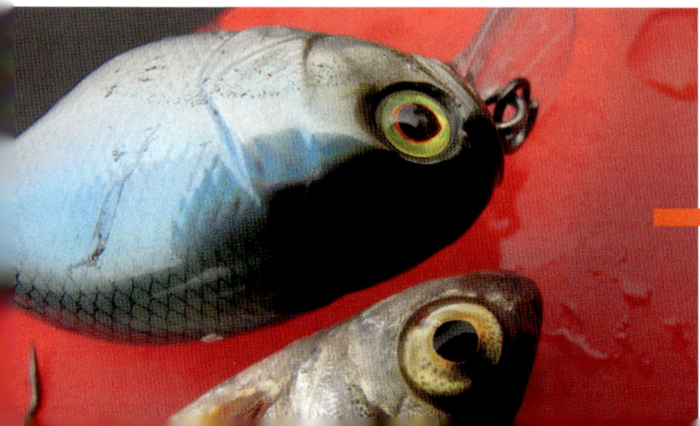

Der Schneller-Fänger-Tipp

Schock oder Natur?
Woher weißt du, ob die Fische gerade auf Schockfarben oder Köder mit natürlichem Fischdekor stehen? Einen wichtigen Anhaltspunkt bietet dir die Trübung des Wassers: Je klarer es ist, desto natürlicher sollte dein Köder aussehen. Dagegen sind Naturfarben im trüben Wasser schwer auszumachen – weshalb du hier mit Schockfarben oft mehr fängst.

Ingo griff sich einen weiteren Kunstköder: »Und was ist das für ein merkwürdiges Gestänge, mit einem Spinnerblatt am Rand und einem Einzelhaken?« – »Das ist ein Spinnerbait«, sagte ich. »Dieser Köder eignet sich vor allem für das Angeln in hindernisreichem Wasser, zum Beispiel über Krautfeldern. Das Spinnblatt bahnt dem Haken den Weg. Und du bekommst nicht so viele Hänger, wie sie dir ein gewöhnlicher Spinner mit Drilling einbrockt.«

Zuletzt griff sich Ingo noch einen Blinker: »Der sieht tatsächlich wie ein Löffel aus. Aber nicht wie ein Fisch! Warum nehmen ihn die Räuber?« – »Weil er im Wasser so schön taumelt. Diese Bewegung kennen die Räuber von verletzten Fischen.« – »Und worauf muss ich bei Blinkern achten?« – »Auf die Dicke des Blechs. Für flaches Wasser brauchst du dünnblechige Köder, die sich ganz langsam führen lassen. In Gewässern von über vier Metern sind dickblechige Blinker gefragt. Du hast

Sogar das Auge stimmt perfekt! In klarem Wasser sind natürliche Nachbildungen gefragt.

dir übrigens das beliebteste Modell von allen gegriffen. Es fängt schon seit Jahrzehnten.« Ingo las laut den Namen, der auf die Innenseite stand: »Effzett«.

Die Kunst der Köderführung

Ein Fischchen huscht durchs klare Wasser. Es schwimmt ein Stück an den Seerosen entlang, bleibt stehen, der Körper vibriert. Dann taucht es hinab zum Gewässergrund, wirbelt eine Staubwolke auf und strebt wieder nach oben. Kurz unter der Oberfläche verharrt es erneut. Plötzlich wackeln die Seerosen. Ein Schatten schießt hervor. Wasser spritzt, die Beute verschwindet in einem Hechtmaul. Und am Ufer biegt sich eine Spinnrute durch: Das kleine Fischchen war eine Nachbildung, ein Wobbler mit natürlichem Dekor.

Diese Szene kann dir viel über erfolgreiches Spinnfischen verraten: Es kommt nicht nur auf den Köder an, sondern vor allem darauf, wie du ihn führst. Die meisten Angler sind bei der Köderführung zu bequem. Sie kurbeln oder zupfen ihren Kunstköder stets nach demselben Muster durchs Wasser. Dabei gibt es Tausende von Varianten – und wer Fänger statt Anfänger sein will, sollte viele davon probieren.

Um herauszufinden, wie dein Kunstköder am besten fängt, kannst du Fische studieren: Beobachte im klaren Wasser, wie sich Futterfische durchs Wasser bewegen.

Wer seinen Kunstköder abwechslungsreich führt, gaukelt dem Hecht einen Futterfisch vor – und weckt sein Interesse so wie dieses Rotauge.

Dir wird auffallen, dass sie *nicht* durchs Wasser rasen (das tun sie nur, wenn sie aufgescheucht werden), *nicht* immer im selben Tempo schwimmen und auch *nicht* stets dieselben Haken schlagen. Vielmehr schwimmen sie abwechslungsreich: mal gemütlich, mal schneller. Mal legen sie Pausen ein, mal tauchen sie zum Grund oder steigen an die Oberfläche, um Nahrung aufzunehmen. Und aus jedem Schwarm, auf den die Sonne scheint, wirst du verführerische Lichtblitze wahrnehmen. Sie entstehen, wenn sich ein Weißfisch leicht zur Seite kippen lässt; Angler nennen das »Flanken«.

Damit hast du die ideale Vorlage für deine Köderführung bekommen! Zum Beispiel kannst du einen schwimmenden Wobbler mit einem lauten Klatscher einwerfen. Lass den Köder einen Moment liegen, denn das Einschlag-Geräusch kann schon Raubfische anlocken. Dann kurbelst du ihn zügig an, bis er die gewünschte Angeltiefe erreicht hat. Dort führst du ihn in kurzen Rucken, ganz langsam. Dann reißt du die Rute zügig nach hinten, sodass der Wobbler noch tiefer taucht und mit seiner Tauchschaufel auf den Grund stößt – das sieht aus, als würde ein Fischchen fressen. Nun lässt du den Wobbler wieder auftauchen, bis er die Oberfläche erreicht hat. Ein Ruck mit deiner Rute lässt ihn zurück unter Wasser ploppen.

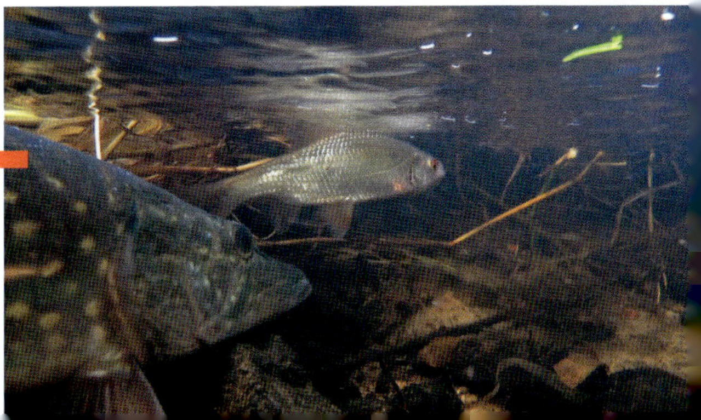

Abwechslung zählt! Dein Köder sollte sich nicht mechanisch, sondern individuell bewegen. Und eines lieben Raubfische ganz besonders: Tempowechsel! Viele Bisse kommen, wenn du einen Kunstköder beschleunigst – dann schlagen Raubfische zu, um die Flucht zu unterbinden. Und viele Bisse erwarten dich, wenn du den Köder absinken (oder einen schwimmenden Wobbler aufsteigen) lässt. Zum Beispiel werden Gummifische fast ausschließlich beim Absinken genommen. Darum ist es wichtig, dass du den Köder an straffer Schnur sinken lässt – dann kannst du den Biss bemerken und mit einem Anhieb erwidern.

Abwechslungsreiche Köderführung, vom Grund bis zur Oberfläche, bietet einen weiteren Vorteil: Du suchst alle Etagen des Gewässers ab – während jemand, der seinen Köder gleichmäßig durchs Wasser kurbelt, womöglich nur ein einziges Stockwerk befischt. Und wenn du merkst, dass die meisten Bisse knapp unter der Oberfläche oder dicht über dem Grund kommen? Dann wirst du dich bei den nächsten Würfen auf diese eine Wasserschicht konzentrieren – was zu noch mehr Bissen führt!

Der Gummifisch ist unter den Kunstködern der Spezialist für Tiefgang: Er wird vor allem in kleinen Sprüngen über den Grund geführt. Deine Rute zeigt dabei nach oben, der Winkel zwischen Schnur und Rutenspitze sollte nicht zu weit sein. Aber auch unter der Oberfläche kann ein Gummifisch fangen – sofern du einfach mal einen Versuch im oberen Stockwerk wagst.

Der Spinner stellt an die Köderführung die geringsten Anforderungen: Die meisten Angler kurbeln ihn gleichmäßig durchs Wasser. Aber Fantasie kann dir auch hier bessere Fänge bescheren: Leg' beim Spinnen gelegentlich Pausen ein, sodass das Spinnblatt aussetzt und der Köder absinkt. In diesem Moment beißen gerade scheue Fische, die den Köder verfolgt haben, »Nachläufer« genannt.

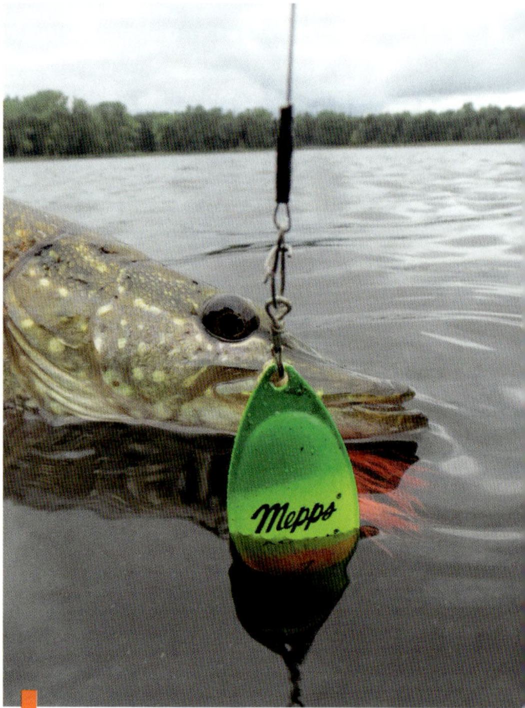

Knallige Farbe, drehendes Blatt: Spinner fangen auch bei monotoner Führung. Doch wer das Tempo wechselt, erhöht die Chance auf einen Biss.

Mit dem Blinker kannst du alle Wasserschichten absuchen. Du lässt ihn an der straffen Schnur immer wieder abtaumeln und durchstarten. Aber du kannst einen Blinker auch wie einen Gummifisch führen, in kleinen Sprüngen über den Grund.

Dann wirbelt er bei jeder Berührung des Grundes kleine Schlammwolken auf. Viele Räuber, zum Beispiel der Zander, empfinden das als verlockend.

Der Schneller-Fänger-Tipp

Fängige Schaum-Schlägerei
Wirf deinen Kunstköder aus und kurble ihn sofort im höchsten Tempo ein, sodass er über die Oberfläche schlittert und Schaum schlägt. Diesen Vorgang wiederholst du fünf bis zehn Mal. Danach lässt du deinen Köder absinken und holst ihn unregelmäßig, aber deutlich langsamer ein. Nicht selten wirst du dabei schöne Räuber fangen. Warum? Weil der Radau zu Beginn die Räuber anlockt: Das klingt in ihren Ohren nach plätschernden Futterfischen, die von Raubfischen gejagt werden. Bei diesem Treiben wollen sie mitmischen!

Dreifache Raffinesse

Die USA sind das Land der unbegrenzten Angelmöglichkeiten. Das liegt an einer Kunstköder-Industrie, die Milliarden umsetzt und jedes Jahr mit neuen Erfindungen aufwartet. Das liegt aber auch an Profi-Anglern, die bei Schwarzbarsch-Turnieren um sechsstellige Prämien konkurrieren und daher ständig an ihren Methoden feilen.

Zum Glück schwappen die Trends aus den USA über den großen Teich – so kannst du von den Erkenntnissen der weltbesten Angler profitieren. In den letzten Jahren haben drei neue Montagen, »Finesse-Methoden« genannt, für Schlagzeilen und große Fänge gesorgt: das Angeln mit Drop-Shot, mit Carolina-Rig und mit Texas-Rig.

Beim Drop-Shot-Angeln wird ein Haken, meist mit nach außen gewinkeltem Öhr, direkt in die Schnur geknotet und mit einem Gummiköder versehen. Am Ende der Hauptschnur, etwa einen halben Meter unter dem Köder, fädelst du ein verschiebbares Drop-Shot-Blei auf die Schnur. Je dichter du das Blei zum Köder ziehst, desto dichter über Grund angelst du. Im Winter jagen die Räuber oft direkt am Boden, im Sommer eher etwas flacher.

Diese Montage – du kannst die Vorfächer fertig kaufen – fängt vor allem dicht an Hindernissen. Du lässt sie direkt unter der Rutenspitze ins Wasser, zum Beispiel

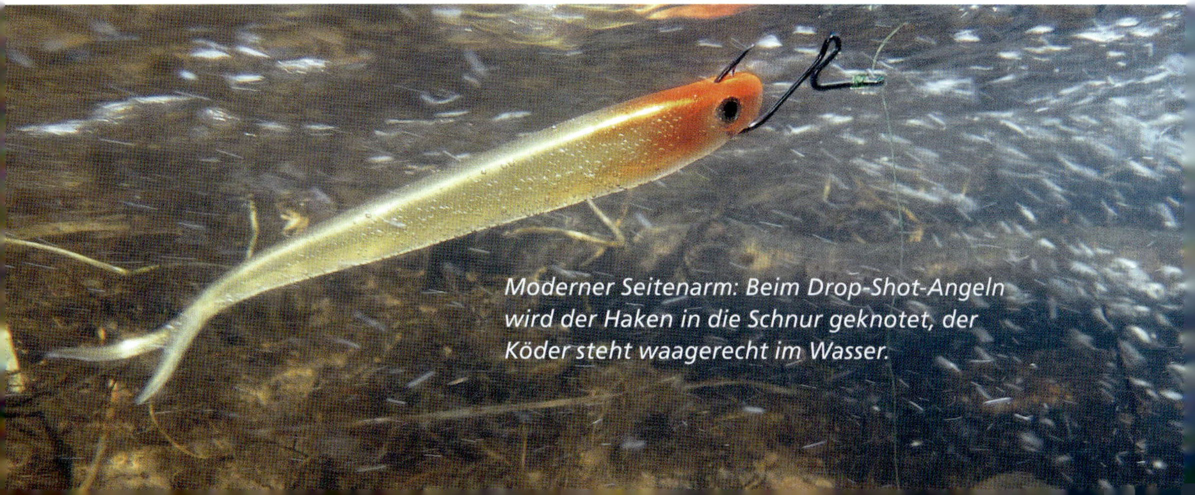

Moderner Seitenarm: Beim Drop-Shot-Angeln wird der Haken in die Schnur geknotet, der Köder steht waagerecht im Wasser.

beim Angeln vom Boot, von einem Steg oder von einer Spundwand. Dann erweckst du deinen Köder zum Leben, indem du aus dem Handgelenk zitterst und ab und zu einen kleinen Sprung andeutest – weniger Bewegung fängt bei diesem Vertikalangeln mehr! Dein Gummiköder wirkt dann wie ein Kleinfisch, der auf der Stelle flösselt. Dein Kunstköder kann eine kleine Wasserfläche intensiv befischen – statt nur kurz durch sie zu huschen, wie es beim herkömmlichen Spinnfischen der Fall wäre. Eine exzellente Methode für Barsche, aber auch Zander fallen darauf herein.

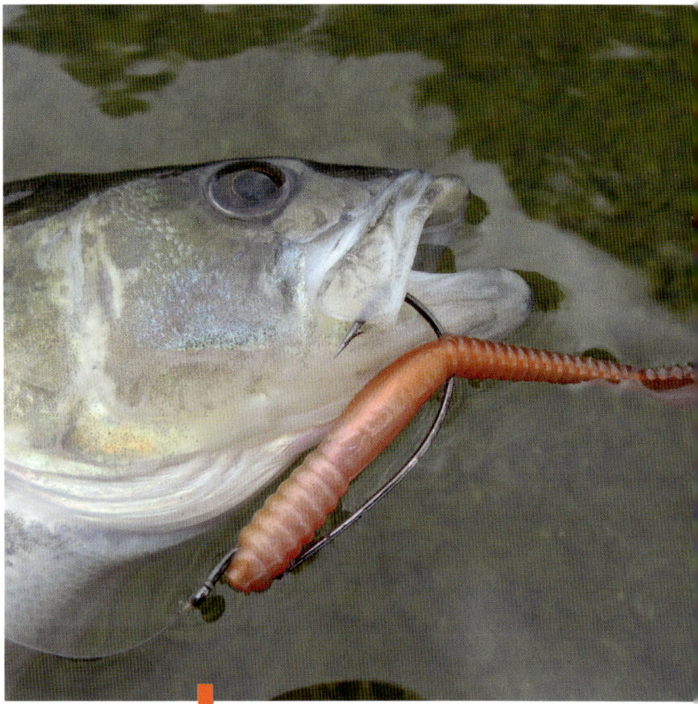

Der Trick beim Carolina-Rig: Nimmt der Räuber den Gummi, bohrt sich die Spitze des speziell geformten Hakens durch den Köder – und ins Maul des Fisches.

Die anderen beiden Finesse-Methoden sind dafür geeignet, große Gewässerflächen abzusuchen. Ans Ende der Schnur wird jeweils ein spezieller Haken geknotet, dessen verschobene Form mit langem Schenkel es zulässt, dass du einen Gummiköder aufziehst und zugleich die Hakenspitze in ihm verbirgst. Mit dieser Montage kannst du dicht an Hindernissen angeln, ohne Hänger zu bekommen. Erst wenn ein Fisch sein kräftiges Maul über dem weichen Gummiköder schließt, dringt er bis zum Haken durch – und du kannst ihn per Anhieb dingfest machen.

Beim Carolina Rig sitzt ein geschossförmiges Blei oberhalb des Vorfachs und läuft auf eine Perle, wobei ein klackendes Geräusch entsteht und Raubfische anlockt. Das Texas Rig ist nach demselben Prinzip aufgebaut, nur kann das Blei bis zum Köder durchlaufen.

Der Vorteil gegenüber herkömmlichen Gummiköder-Montagen: Die Köder sind schwerelos montiert, statt auf Bleiköpfen zu stecken. Sie sinken langsam ab, schweben bleifrei durchs Wasser. Die Fische brauchen den Köder nur anzusaugen (gerade Barsche und Zander saugen ihre Nahrung gern ein) – und schon verschwindet der Haken in ihrem Maul!

Der Schneller-Fänger-Tipp

Würmer in Mode
Für alle drei Raffinesse-Methoden gibt es einen Köder, der unschlagbar ist, obwohl du ihn in keinem Kunstköder-Angebot finden wirst: den Tauwurm. Er schwänzelt ähnlich verführerisch wie ein Gummiköder, riecht aber wie natürliche Nahrung, schmeckt so und fühlt sich auch noch so an. Selbst der vorsichtigste Barsch, der um Kunstköder einen weiten Bogen macht, kommt an einem Tauwurm nicht vorbei. Ich bin sicher, dass du als unerfahrener Angler mit Finesse-Rigs und Tauwurm mehr fangen kannst als ein erfahrener Angler, der sich ausschließlich auf Kunstköder verlässt.

Kunstköder-Typen: Die glorreichen Vier

Bist du neugierig auf die Spinnköder geworden? Brennst du darauf, die ersten Räuber damit zu fangen? Damit das klappt, stelle ich dir die vier gängigen Kunstköder-Typen systematisch vor. Du erfährst alles, was du wissen musst, um beim Spinnfischen schnell vom Anfänger zum Fänger zu werden.

Blinker: Das Löffel-Prinzip

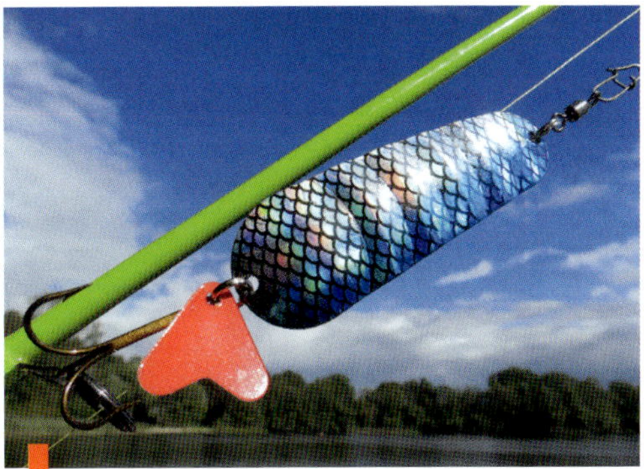

Atomangriff erwünscht! Der »Atom« von ABU ist ein Klassiker unter den Blinkern.

Fischarten

+++ Hecht

++ Forelle, Waller

\+ Barsch, Rapfen, Zander

Beschreibung
Der Blinker imitiert einen kranken Fisch, der durchs Wasser taumelt. Modelle fürs stehende Wasser sind in der Regel breit geschnitten (»Löffel«), Blinker für den Fluss können deutlich schlanker sein.

Montage
Blinker erzeugen Schnurdrall, deshalb schaltest du einen Karabinerwirbel vor. Auf Hecht brauchst du zudem ein Stahlvorfach. Je flacher ein Gewässer, desto leichter und dünnblechiger darf der Blinker sein.

Köderführung
Wirf den Blinker aus, lass ihn an straffer Schnur absinken und führ' die Rute dann zügig ein Stück nach oben. Nun lässt du den Köder an der gestrafften Schnur

wieder absinken, ehe du zur nächsten Flucht nach oben ansetzt. So kannst du alle Tiefenschichten abklappern.

Vorteile
- Blinker lassen sich weit werfen.
- Blinker bringen von allen Kunstködern die wenigsten Fehlbisse.
- Schwere Blinker sind ideal, um große Wasserflächen in kurzer Zeit abzufischen.
- Blinker sind preisgünstig.
- Blinker lassen sich einfach führen.
- Blinker werden nur noch von wenigen Anglern gefischt.

Nachteile
- Blinker lassen sich nicht so variantenreich wie Wobbler führen.
- Blinker sind natürlichen Fischen weniger ähnlich als Gummifische oder Wobbler.
- Blinker mit zwei Drillingen, etwa der »Heintz«, können sich beim Wurf überschlagen.

Schneller-Fänger-Tipps

- Hol deinen Blinker im Fluss mit der Strömung ein, nicht gegen sie. Dann läuft er tiefer. Am Grund lauern Kapitale.
- Nimm einen Blinker mit Krautschutz, mit Bügel über dem Haken, um zwischen Wasserpflanzen zu angeln.
- Blinker lassen sich aus Getränkedosen basteln. Die Form ausschneiden, anmalen, Löcher stanzen, Sprengring und Drilling dazu – fertig!

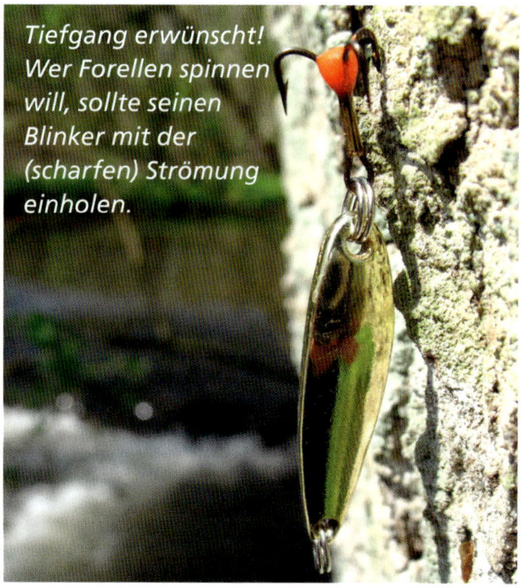

Tiefgang erwünscht! Wer Forellen spinnen will, sollte seinen Blinker mit der (scharfen) Strömung einholen.

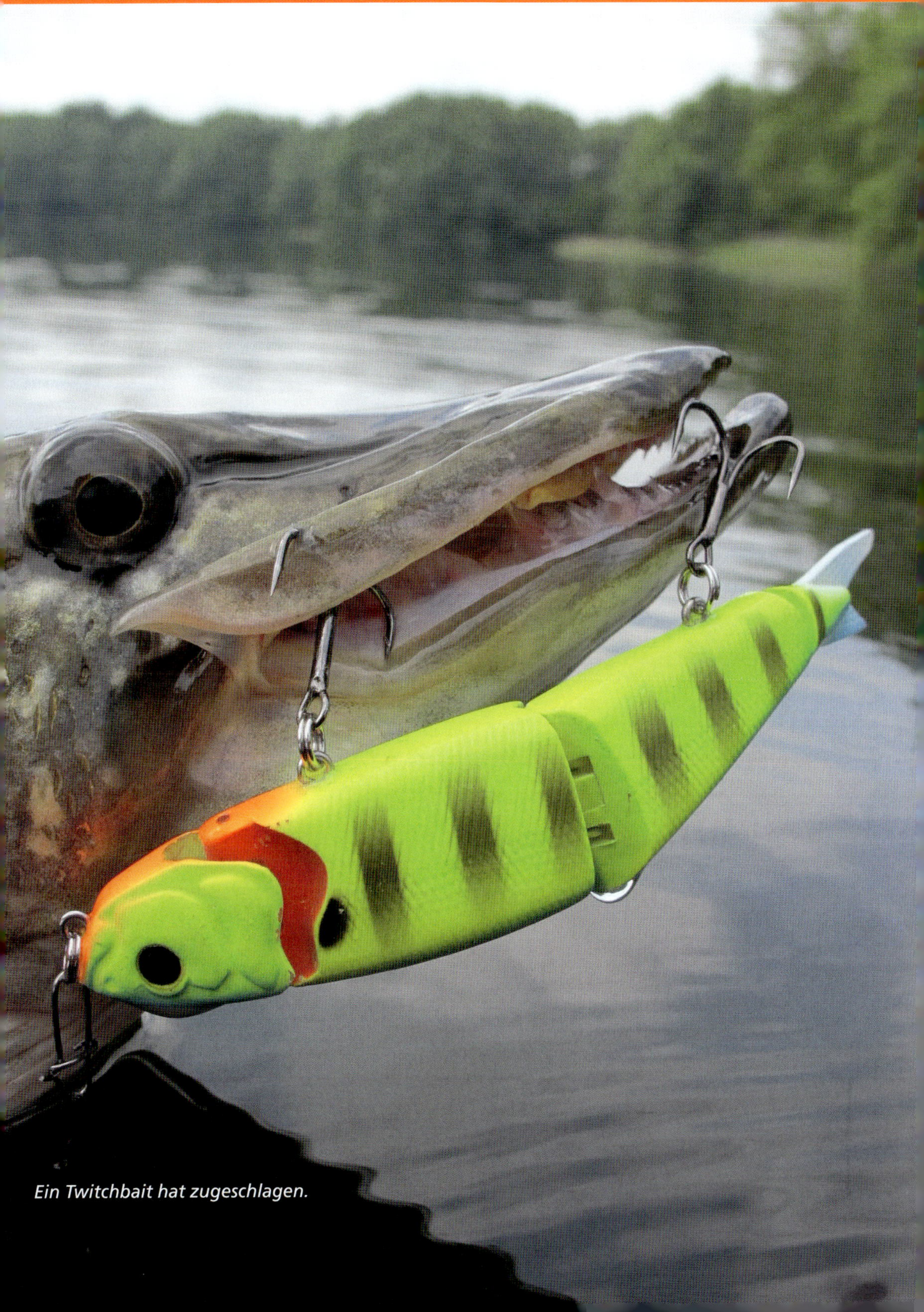

Ein Twitchbait hat zugeschlagen.

Spinner: Durchgedrehte Fänge

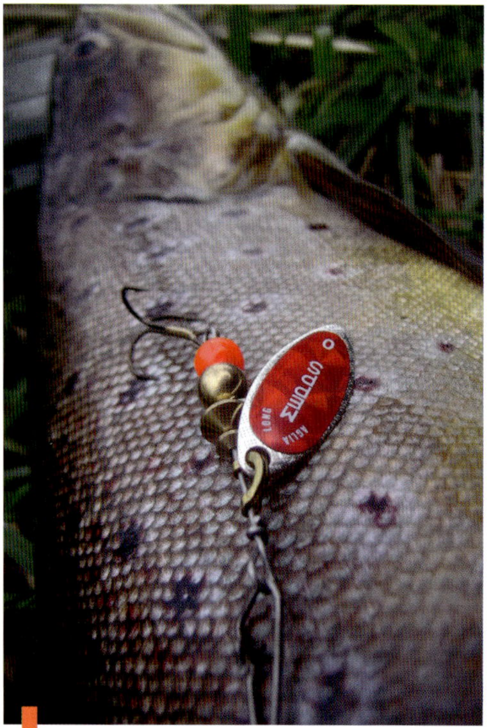

Fängige Nullnummer: Der Spinner dreht sich um die eigene Achse. Hier ein Mini-Modell der Größe 0.

Fischarten

+++	Barsch, Forelle
++	Hecht, Rapfen
+	Waller, Zander

Beschreibung

Das Blatt des Spinners kreist beim Einholen um die eigene Achse. Die Fische nehmen diese Druckwellen über ihre Seitenlinie wahr. Eine Untergattung ist der Bleikopf-Spinner, sein vorgeschalteter Bleikopf prädestiniert ihn für tiefes Wasser.

Montage

Kein Köder erzeugt so viel Drall wie der Spinner: Ohne vorgeschalteten Karabinerwirbel gäbe es Schnursalat. Beim Hechtangeln Stahl- statt Monovorfach.

Köderführung

Lass den Spinner in die gewünschte Tiefe absinken, setz' durch einen Ruck sein Blatt in Bewegung und hole ihn mehr oder minder gleichmäßig ein, gern mit kurzen Pausen zwischendurch. Je schneller deine Kurbel kreist, desto flacher fischt dein Spinner – und je langsamer, desto tiefer.

Vorteile

- Spinner können nahezu alle Raubfische fangen.
- Spinner provozieren Bisse, weil ihre Druckwellen die Fische aggressiv machen.
- Spinner fangen auch bei einfachem Einkurbeln.
- Spinner sind für kleines Geld zu haben.
- Spinner bieten viele Varianten, vom Bleikopf bis zum Spinnerbait.

Nachteile

- Spinner können blockieren, wenn Kraut zwischen Blatt und Achse gerät.
- Die Druckwelle des Köders kann in starkbefischten Gewässern für die Fische ein Warnsignal sein.
- Spinner bringen nur selten Großfische (Riesenspinner ausgenommen).

Schneller-Fänger-Tipps

- Wenn die Fische deines Gewässers die üblichen Farbmuster kennen, helfen wasserfeste Stifte. Male deine eigenen Muster – nicht gängig, aber fängig!
- Kombiniere deinen Spinner mit einem Wurm: Drilling lösen, kurzes Schnurstück mit Einzelhaken anknoten, Wurm montieren – und nach dem Biss kurz mit dem Anhieb warten.
- Wie tief dein Spinner läuft, kannst du durch vorgeschaltete Bleischrote bestimmen. Gerade in strömendem Wasser kann diese Tauchhilfe wertvoll sein. Außerdem erhöhen Bleie deine Wurfweite.

Der Kompass steht auf Fang, wenn du deinen Spinner variantenreich anbietest: mal mit nachgeschaltetem Wurm, mal mit vorgeschalteten Bleischroten.

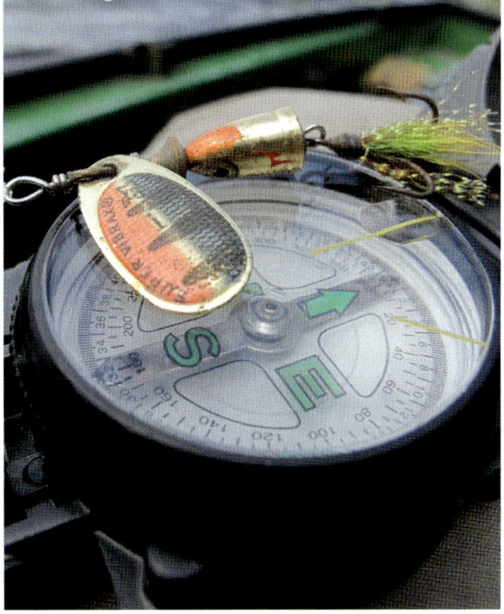

Twister/Gummifisch: Die weiche Welle

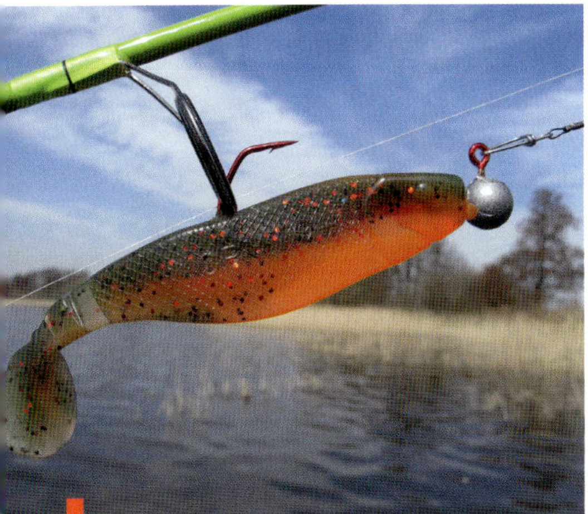

Gespaltene Persönlichkeit: Vorne ein starrer Jig mit Bleikopf, hinten ein flexibler Gummikörper – die typische Gummifisch-Montage.

Fischarten

+++	Zander, Barsch, Hecht
++	Waller, Rapfen
+	Forelle

Beschreibung
Weichplastikköder gibt es in zwei Varianten: fischförmig (»Shad« genannt) und wurmförmig. Der Köder wird auf einen Jighaken mit Bleikopf gezogen.

Montage
Der Köder erzeugt kaum Drall, deshalb kannst du ihn direkt an die Schnur oder das Fluorocarbon-Vorfach knoten oder

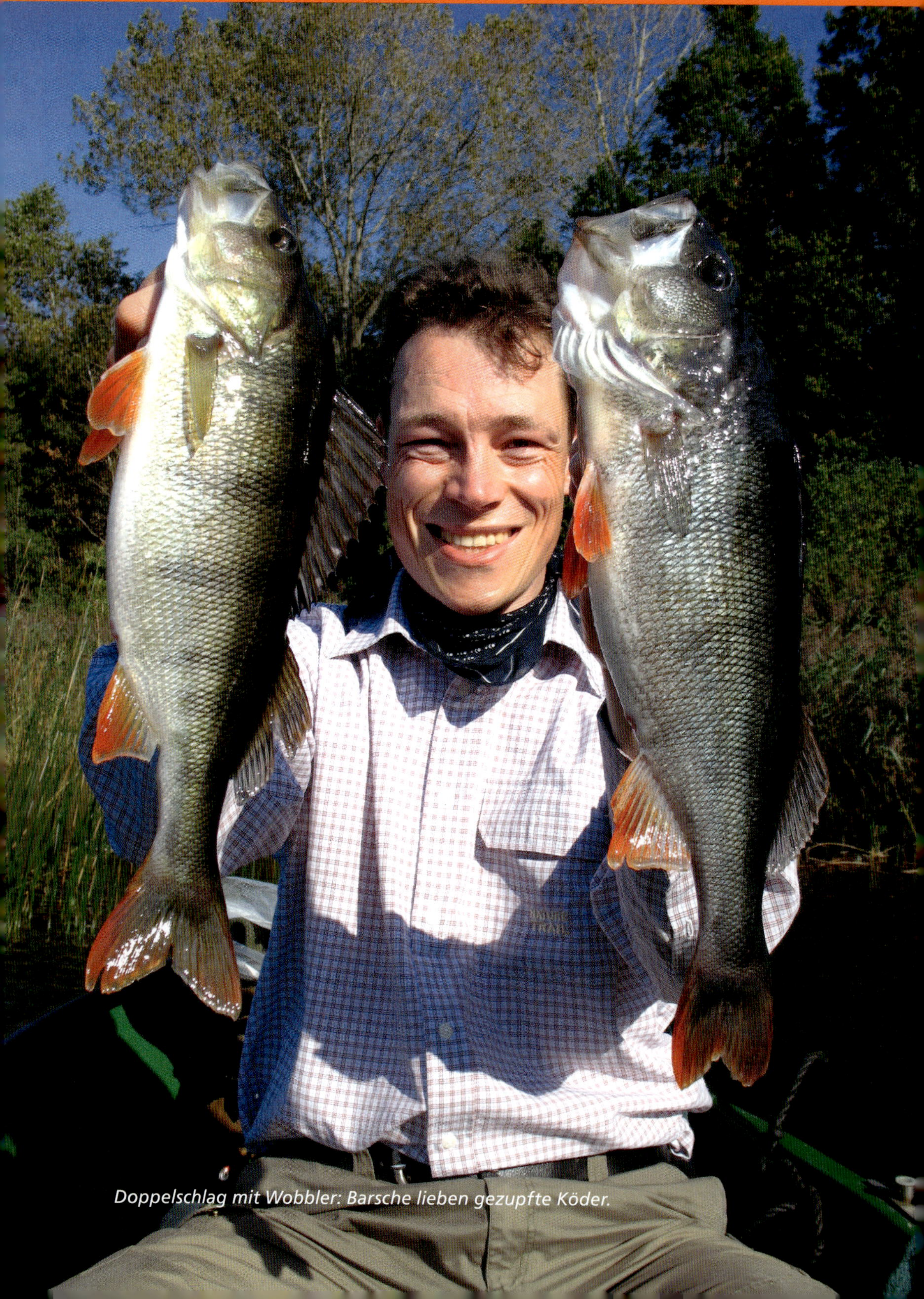

Doppelschlag mit Wobbler: Barsche lieben gezupfte Köder.

mit einem Karabiner einklinken. Wo Hechte zu erwarten sind: Stahlvorfach.

Köderführung
Der Twister sucht den Gewässerboden ab. In kleinen Sprüngen wird er über den Grund geführt, während du die Rute hebst und senkst. Achte darauf, dass du die ganze Zeit Kontakt zum Köder hast, auch in Absinkphasen – viele Bisse kommen gerade dann.

Vorteile
- Der Twister bewegt sich im Wasser wie ein echter Fisch.
- Der Twister ist preisgünstiger als alle anderen Kunstköder.
- Der Twister ist weich und wird nach Fehlbissen oft erneut angegriffen.
- Der Twister vermeidet viele Hänger, weil der Haken beim Einholen nach oben steht.
- Der Twister erlaubt es durch seinen Einzelhaken, Fische – zum Beispiel Untermaßige – schonend zurückzusetzen.

Nachteile
- Wenn Fische den Köder unterhalb des Jighakens packen, sorgt das für Fehlbisse (dagegen hilft ein Angstdrilling, siehe Seite 16).
- Twister werden beim Zanderangeln im Fluss von nahezu allen Angler eingesetzt und können die Zander kaum noch überraschen.

Tipps
- Für das Barschangeln im Sommer kannst du dir einen Mini-Twister basteln. Knote einen 8er Einzelhaken an deine Schnur und klemm' ein mittleres Bleischrot oben auf den Schenkel – schon hast du einen sensiblen Bleikopf der Marke Eigenbau. Unwiderstehlich!
- Der Twister ist auch ein ausgezeichneter Vertikalköder. Vom Boot oder von Brücken und Spundwänden lässt du ihn knapp über Grund stehen, zitterst ein wenig, hebst ihn an und senkst ihn wieder ab. Das bringt gerade im Winter dicke Hechte und Zander.
- Wenn du beim Angeln mit großen Gummifischen Fehlbisse verhindern willst: Montiere den Gummifisch auf ein Spinnsystem für tote Köderfische. Wenn sich zwei oder gar drei Drillinge über den Körper des Gummiköders verteilen, wirst du fast alle Räuber haken.

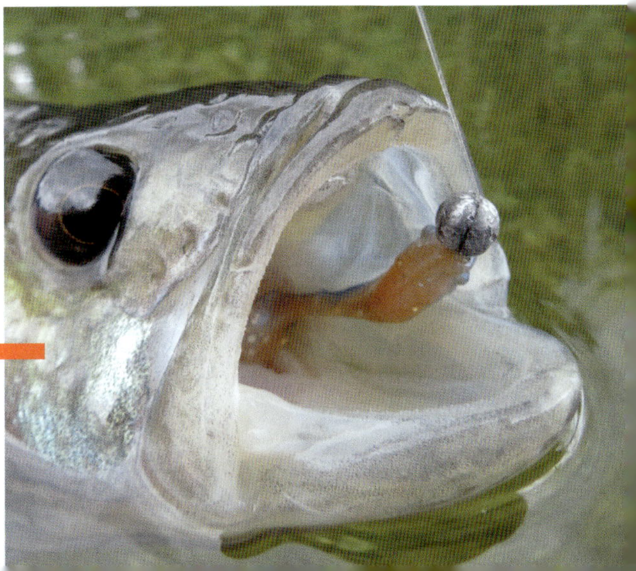

Großes Maul, kleiner Köder: Ein Eigenbau-Jig mit Bleischrot-Kopf hat diesen kapitalen Sommerbarsch verführt.

Was fällt dir auf an diesem Bild?

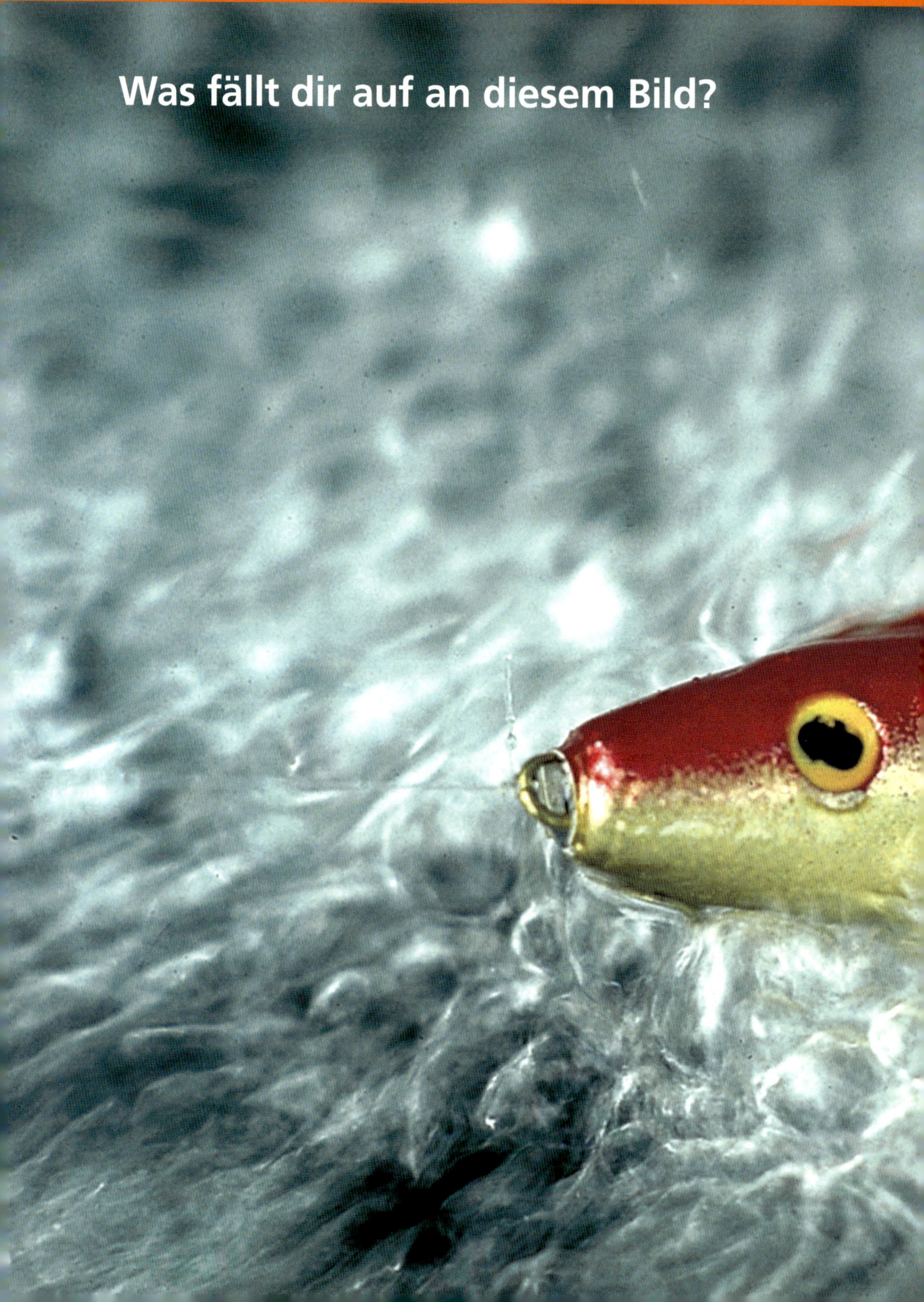

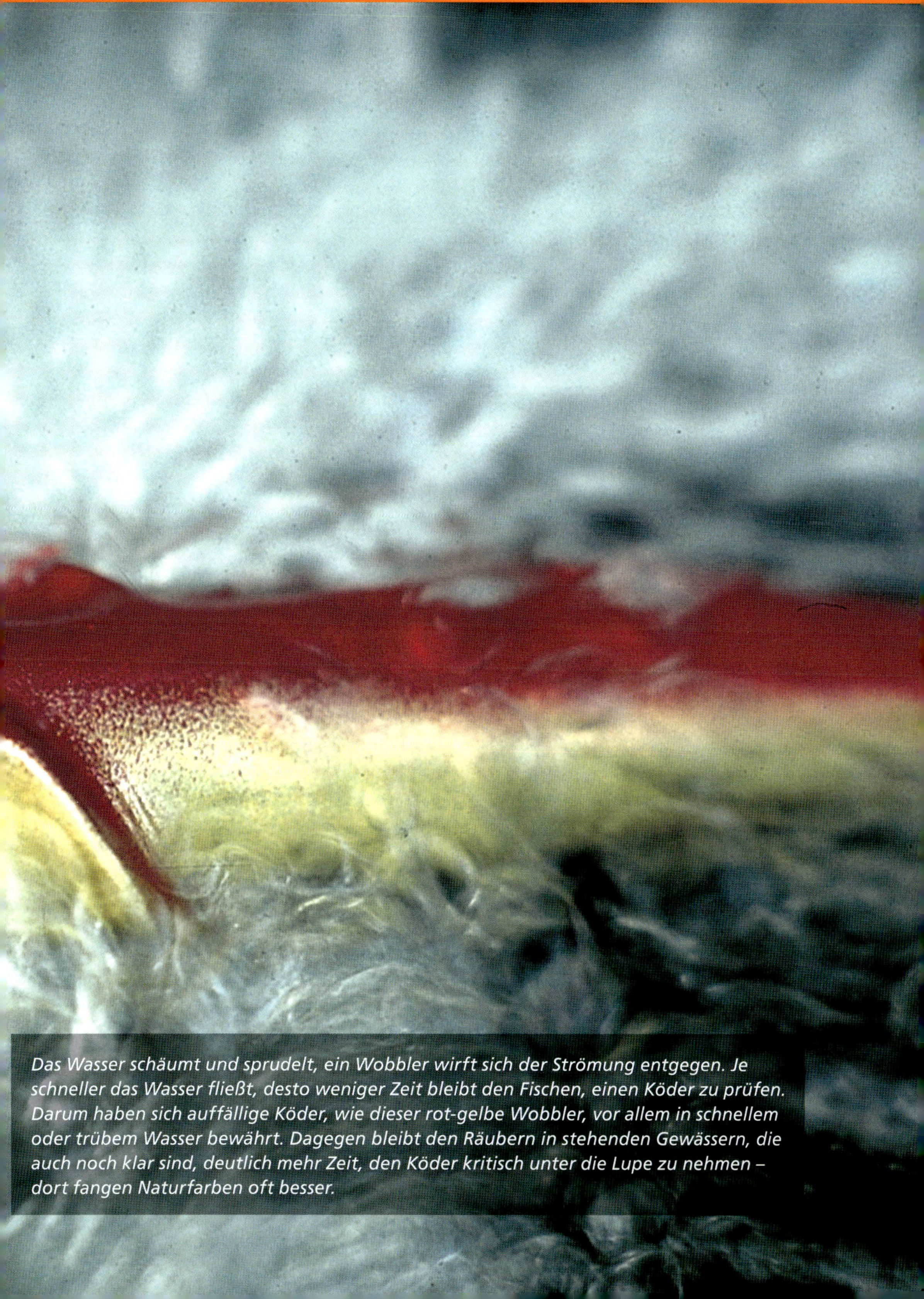

Das Wasser schäumt und sprudelt, ein Wobbler wirft sich der Strömung entgegen. Je schneller das Wasser fließt, desto weniger Zeit bleibt den Fischen, einen Köder zu prüfen. Darum haben sich auffällige Köder, wie dieser rot-gelbe Wobbler, vor allem in schnellem oder trübem Wasser bewährt. Dagegen bleibt den Räubern in stehenden Gewässern, die auch noch klar sind, deutlich mehr Zeit, den Köder kritisch unter die Lupe zu nehmen – dort fangen Naturfarben oft besser.

Wobbler: Der Doppelgänger

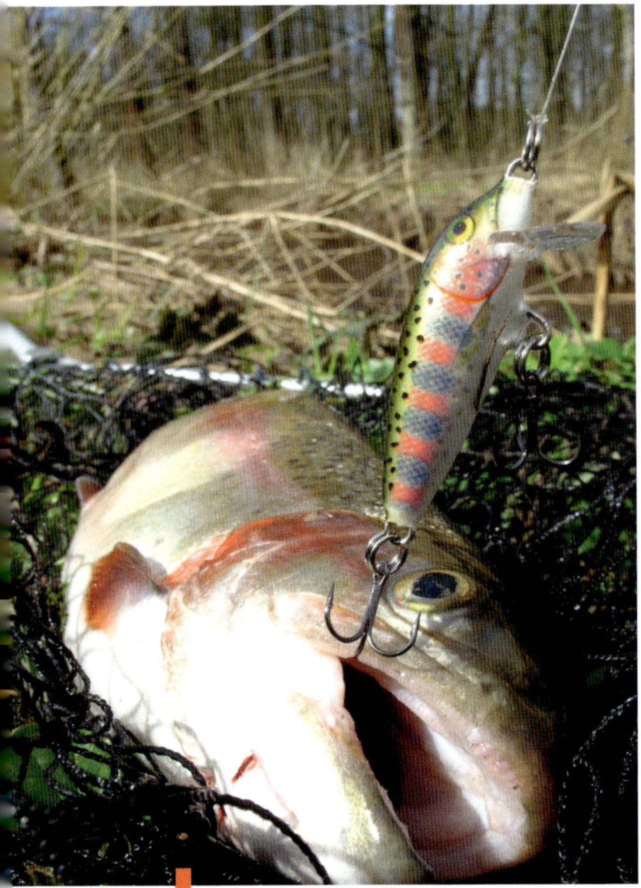

Kannibalismus wird bestraft: Diese Regenbogenforelle fiel auf einen Rapala-Wobbler mit Regenbogenforellen-Muster herein.

Fischarten

+++ Hecht, Barsche, Forelle

++ Zander, Rapfen

+ Waller

Beschreibung

Der Wobbler ist eine Fisch-Nachbildung aus Holz oder Kunststoff, ein- oder mehrteilig, schwimmend oder sinkend. Die meisten Modelle sind mit einer Tauchschaufel, einer abgeschrägten Plastikscheibe, ausgestattet, die ihnen Aktion und Tiefgang verleiht. Dagegen laufen Jerkbaits (vor allem für Hecht) und Popper (besonders auf Barsch) direkt an der Oberfläche.

Montage

Meist werden Wobbler mit einem Karabiner an die Schnur geklinkt. Große Wobbler bietest du am Stahlvorfach an, kleine an einem Fluorocarbon-Vorfach.

Köderführung

Hochrückige Modelle, »Crank Baits« genannt, sind geeignet für eine schnelle und recht monotone Führung, zum Absuchen größerer Flächen. Schlanke Modelle, »Minnows« genannt, werden ruckartig eingeholt, immer wieder mit Pausen und Tempowechseln. Dasselbe gilt für Jerkbaits und Popper.

Vorteile

- Ein Wobbler bewegt sich im Wasser wie ein lebender Fisch, im Sonnenlicht flanken silberne Modelle.
- Wobbler in Naturfarbe sind kaum von natürlichen Beutefischen zu unterscheiden.
- Wobbler erlauben viel Fantasie bei der Köderführung.
- Wobbler sorgen für Abwechslung, da es schwimmende und sinkende, kleine und große, naturfarbene und reizfarbene Modelle gibt.

Nachteile

- Qualitätswobbler können 20 Euro oder mehr kosten – Hänger werden teuer!
- Wobbler sind anspruchsvoll, was die Köderführung angeht.
- Je größer der Wobbler, desto höher die Zahl der Fehlbisse.

Schneller-Fänger-Tipps

- Lass den Schwimmwobbler im Fluss an Stellen treiben, die du sonst nicht anwerfen könntest, so unter Büsche. Dann ankurbeln – und fangen!
- Probiere mal das Schleppfischen mit großen Wobblern: Du wirfst den Köder etwa 30 Meter hinters Boot, schließt den Bügel, stellst die Bremse ein und ruderst langsam los. Die größten Hechte beißen oft im Freiwasser.
- Klemm' etwa 30 Zentimeter vor deinen kleinen Schwimmwobbler ein Bleischrot, dann schrammt er direkt über den Grund – extrem fängig auf Barsch und Forelle.
- Große Drillinge immer wieder nachschleifen mit einem speziellen Hakenschleifer – damit sie spitz und fängig bleiben.

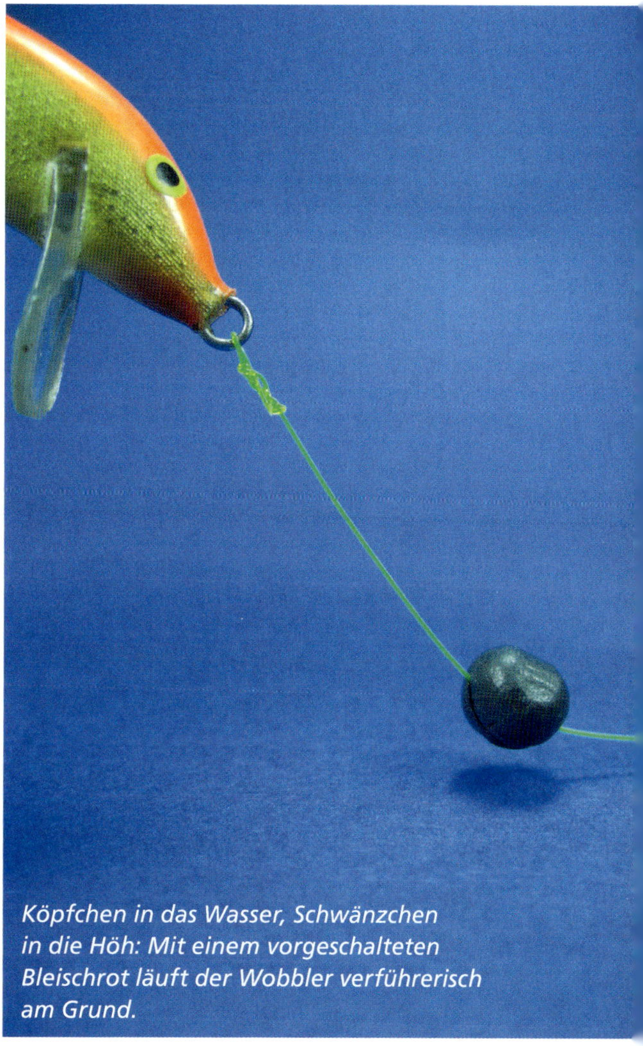

Köpfchen in das Wasser, Schwänzchen in die Höh: Mit einem vorgeschalteten Bleischrot läuft der Wobbler verführerisch am Grund.

Toter Köderfisch am System

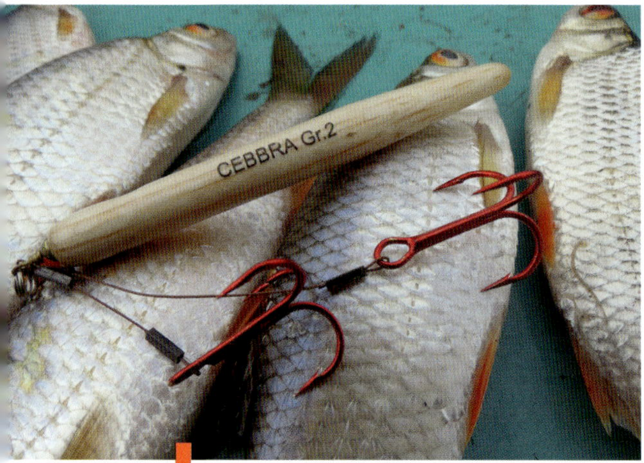

Systematischer Auftrieb: Systeme mit Holz-Stäbchen verleihen dem Köderfisch Auftrieb. Der vermeidet Hänger.

Fischarten

+++ Hecht, Zander

++ Barsch, Forelle, Waller

+ Rapfen

Beschreibung
Alle toten Köderfische lassen sich mit Spinnsystemen anbieten, so dem Drachkovitch-System, bei dem der Köder mit einem Kupferdraht an Kopf und Lippe festgewickelt wird. Weiche Fische wie die Laube zerfleddern schneller als harthäutige wie der Barsch.

Köderführung
Das Drachkovitch-System (mit Bleikopf) wird ähnlich wie ein Twister geführt: in Sprüngen über den Grund. Die meisten Bisse kommen beim Absinken. Kleinere Köderfische kannst du am Einzelhaken hinterm Bleischrot zupfen: abtaumeln lassen, nach oben zupfen, wieder abtaumeln lassen. Abwechslung bringt Bisse.

Schneller-Fänger-Tipps

- Biete den Spinnfisch im flachen Wasser ohne Bleigewicht an – die aufgeklemmte Kugel des Drachkovitch-Systems lässt sich entfernen. Je langsamer du spinnst, desto fängiger!

- Kombiniere ein Tiroler Hölzl mit einem Köderfisch am Vorfach. Das Hölzl wirbelt den Grund auf und lockt die Zander zum Köderfisch.

- Probiere beim Barsch- und Forellenangeln winzige Brutfischchen am Einzelhaken mit vorgeschaltetem Bleischrot – auch ein guter Zupfköder von Brücken und Stegen.

- Ritze deinen Spinnfisch ein. Diese Verletzung signalisiert den Raubfischen, dass es sich um eine leichte Beute handelt – und verströmt anziehenden Geruch.

Vorteile
- Du angelst mit dem Original, nicht mit einer Fälschung. Sogar die größten und die schlausten Räuber fallen darauf herein.

- Auf toten Spinnfisch gibt es kaum Fehlbisse, da du nach dem Biss einen Moment warten kannst.

- Der tote Spinnfisch fängt schon beim Absinken.
- Der tote Spinnfisch lässt sich spontan am Wasser organisieren – du musst nur einen Köderfisch fangen.
- Alle Raubfische – bis auf den Aal, der generell kaum Spinnköder nimmt, sind große Fans des toten Spinnfisches.

Nachteile

- Du musst dich beim Biss beherrschen: erst Schnur geben, dann anschlagen.
- Der Köder liegt nicht griffbereit in der Kiste, sondern will erst gefangen und montiert sein – mehr Aufwand.
- Der Spinnfisch muss öfter mal ersetzt werden, weil er auseinander fällt, erst recht nach Bissen.

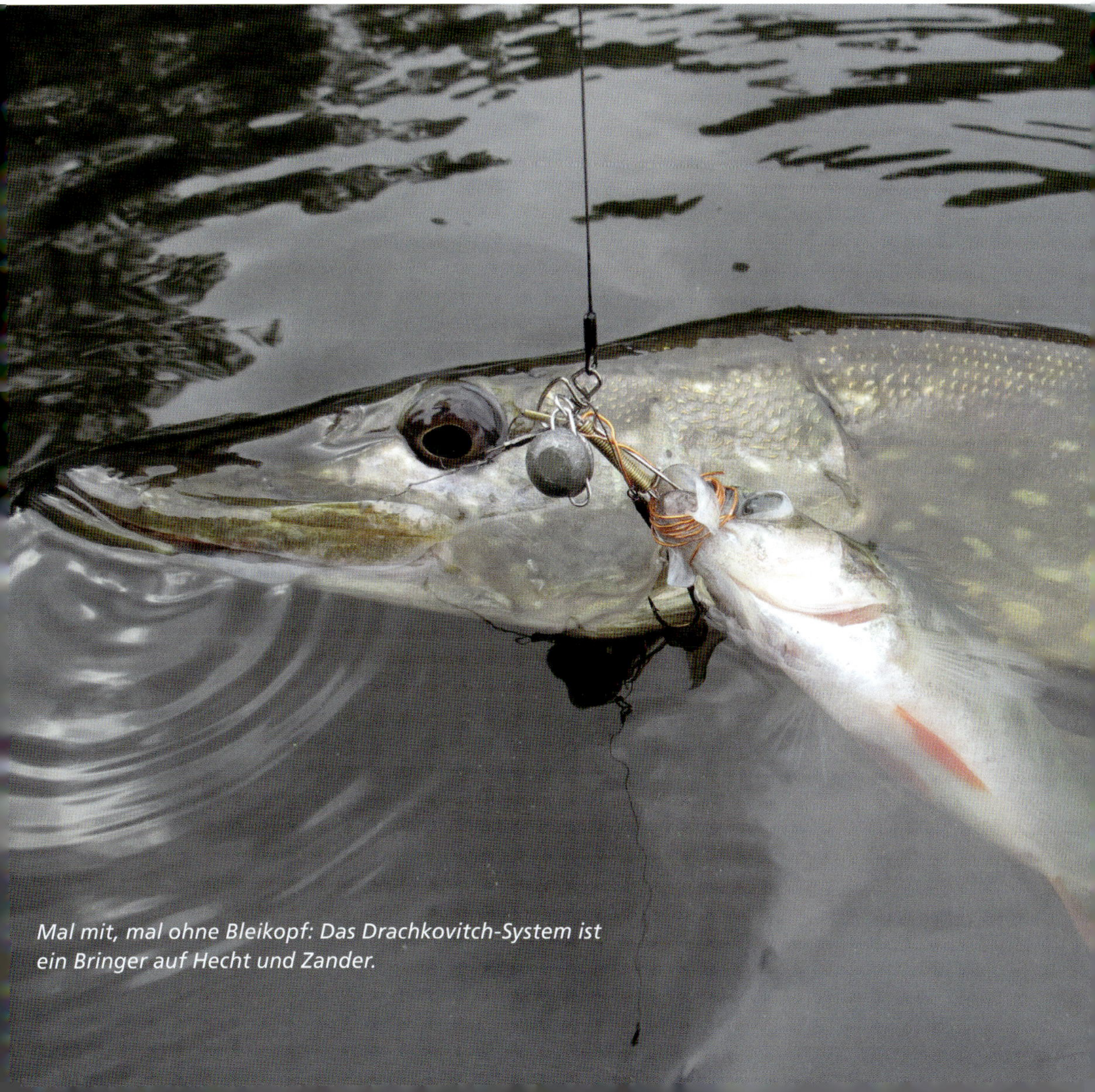

Mal mit, mal ohne Bleikopf: Das Drachkovitch-System ist ein Bringer auf Hecht und Zander.

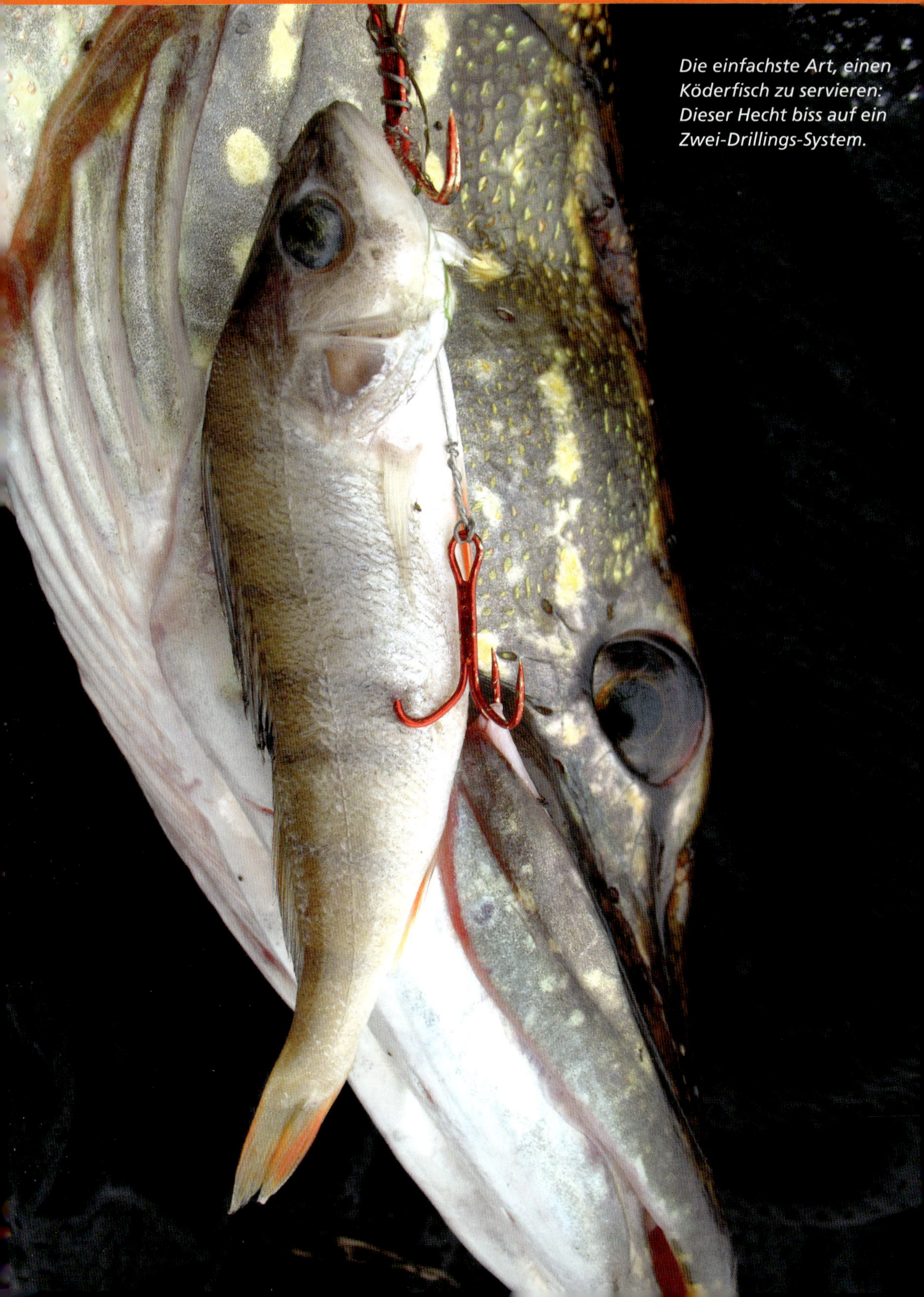

Die einfachste Art, einen Köderfisch zu servieren: Dieser Hecht biss auf ein Zwei-Drillings-System.

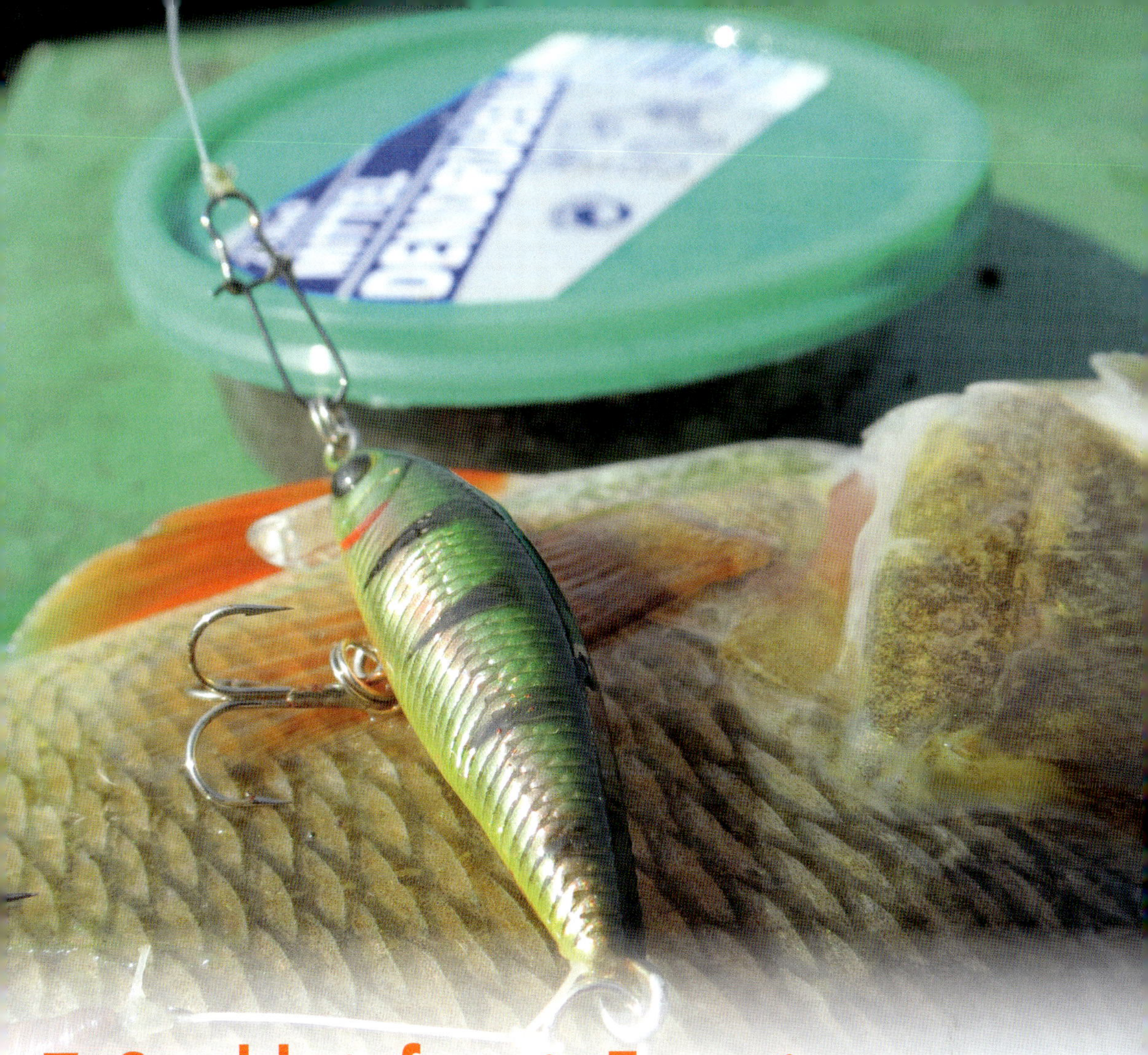

7. Steckbriefe mit Fangtipps: Die wichtigsten Süßwasser-Fische

Fahndung nach dem Zielfisch

Welche Süßwasser-Fische sind am reizvollsten für dich als Einsteiger? Statt dir am Wels die Zähne auszubeißen oder dich mit Weißfisch-Unterarten herumzuschlagen, rat ich dir: Konzentriere dich (vorerst) auf neun Fischarten. Zu ihnen habe ich dir Fang-Steckbriefe geschrieben, auf denen du alles erfahren kannst, von den Rekordgrößen über die besten Angelplätze bis zu den Top-Ködern, dem passenden Gerät und den Besonderheiten bei der Landung. Drei Schneller-Fänger-Tipps zu jeder Fischart helfen dir, zügig die Kurve vom Anfänger zum Fänger zu bekommen.

Raubfische

Aal: Der Schlängler

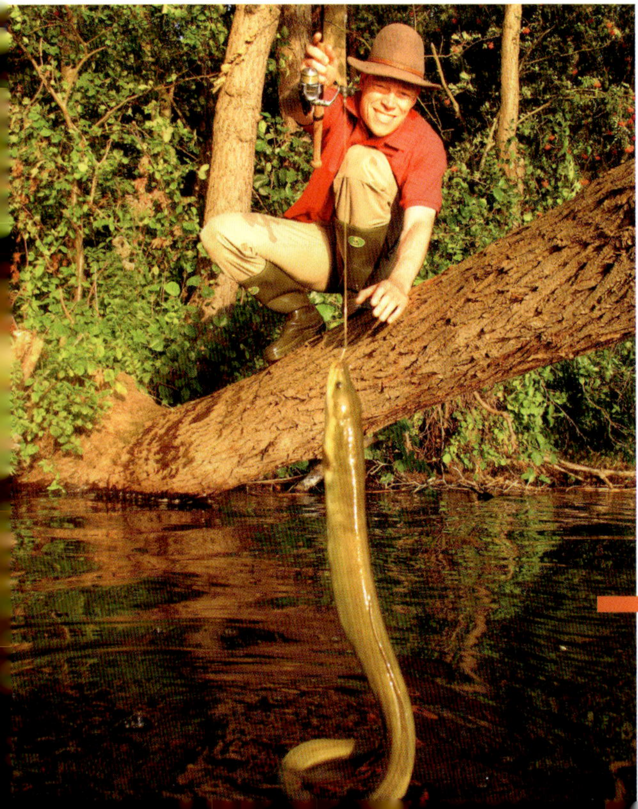

Rekordfisch*
12 Pfund 40 Gramm (1991).
(* Der BLINKER-Hitparade entnommen, mit Fangjahr.)

Durchschnittslänge
40-55 Zentimeter. Männchen sind mit gut 50 Zentimetern ausgewachsen; Weibchen können bis zu 1,50 Meter lang werden.

Beste Methode
Grundangeln mit Bodenblei oder Knicklicht-Pose.

Beste Köder
Tauwurm (für kleine und mittlere Aale), kleine Köderfische, Fischfetzen (für große Aale).

Beste Fangzeit
Frühjahr, wenn die Weißfische laichen; Sommer.

Beste Angelplätze
Hindernisreiche Plätze wie versunkenes Holz, Steinschüttungen oder Pflanzenfelder – im Frühjahr: Laichplätze von Weißfischen.

Verhalten im Drill
Entwickelt große Kraft und kann sich mit seinem Schwanz um Hindernisse wickeln.

Landung
Aale unter 2 Pfund an Land heben oder sie aufs flache Ufer ziehen (»stranden«) – größere mit engmaschigem Kescher landen.

Fast jeder Prachtaal ist ein Nachtaal – aber am nächsten Morgen sieht das Fangfoto einfach besser aus.

Der Schneller-Fänger-Tipp

Verräterisches Maul
Die Mäuler der Aale entwickeln sich unterschiedlich, je nach Nahrung: Stehen vor allem Insekten auf dem Speisezettel, fällt das Maul spitz aus – man spricht von einem Spitzkopf-Aal. Fressen sie vor allem Fische, entwickelt sich das Maul breit – man spricht von einem Breitkopf-Aal. Achte darauf, welche Vorliebe die Maulform in deinem Gewässer verrät. Dann bietest du den passenden Köder an.

Gerät
Kräftige Rute, monofile 0,30er Hauptschnur, langschenkliger 6er Haken.

Besonderheit
Der Aal ist ein Nachtfisch, beißt am besten mit Beginn der Dämmerung. Er liebt warmes Wasser und ist im Winter kaum zu fangen.

Karate für Aal
Eigentlich macht es Spaß, Fische in Ruhe zu drillen. Doch Aale solltest du so schnell wie möglich an Land holen, sonst setzen sie sich fest am Grund. Und wenn es dem

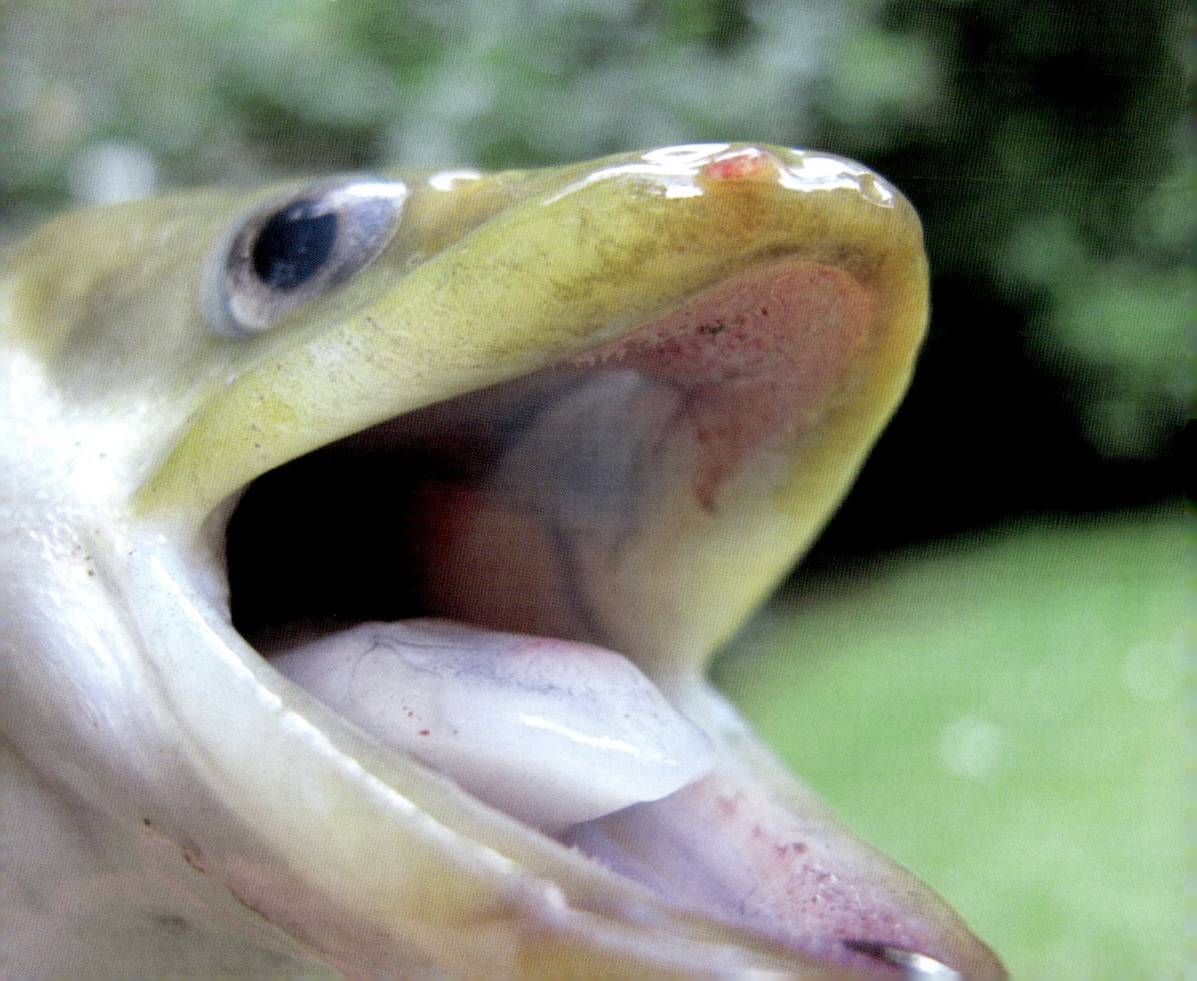

Dieses Maul, breit statt spitz, verrät alles: Der Aal ernährt sich von Fischen – und beißt folglich auf Köderfisch am besten.

Aal doch gelingt, sich um ein Hindernis zu wickeln? Dann kann dir folgender Trick helfen: Straff' die Schnur und klopf' dann, wie ein Karate-Kämpfer, mit deiner Handkante mehrfach auf den Rutengriff. Diese Vibration kann Aale dazu bringen, das Hindernis loszulassen.

Die Biss-Welle
Aale beißen schubweise. Es gilt, diese kurzen Beißphasen zu nutzen. Zwei Tipps: Erstens solltest du darauf verzichten, den Haken bei gefangenen Aalen zu lösen (das würde lange dauern!) – sondern die Fische mitsamt Vorfach in einen Eimer mit Wasser geben (mit Deckel, sonst entwischen sie!). Und zweitens empfiehlt es sich, dass du bereits beköderte Vorfächer parat liegen hast – dann bist du in Nullkommanichts wieder angelbereit.

Barsch: Der Raublustige

Rekordfisch
7 Pfund 100 Gramm (1989).

Durchschnittslänge
20–25 Zentimeter.

Beste Methoden
Spinnfischen und Posenangeln.

Beste Köder
Wobbler (3–10 cm), Spinner (Größe 0–3), Twister (bis 10 cm) fürs Spinnfischen; Rotwurm (kleine Barsche), Tauwurm und Köderfisch (größere Barsche) fürs Posenangeln.

Beste Fangzeit
Spätsommer und Herbst.

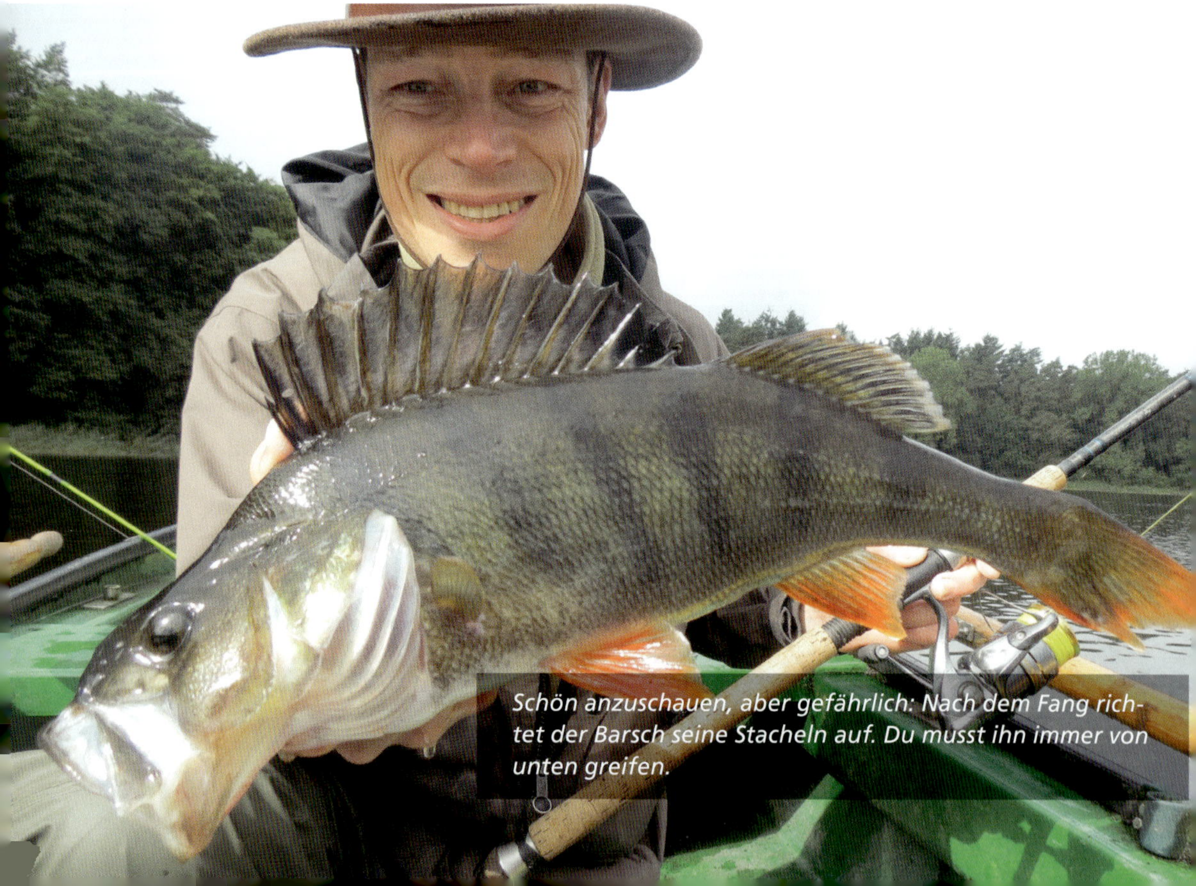

Schön anzuschauen, aber gefährlich: Nach dem Fang richtet der Barsch seine Stacheln auf. Du musst ihn immer von unten greifen.

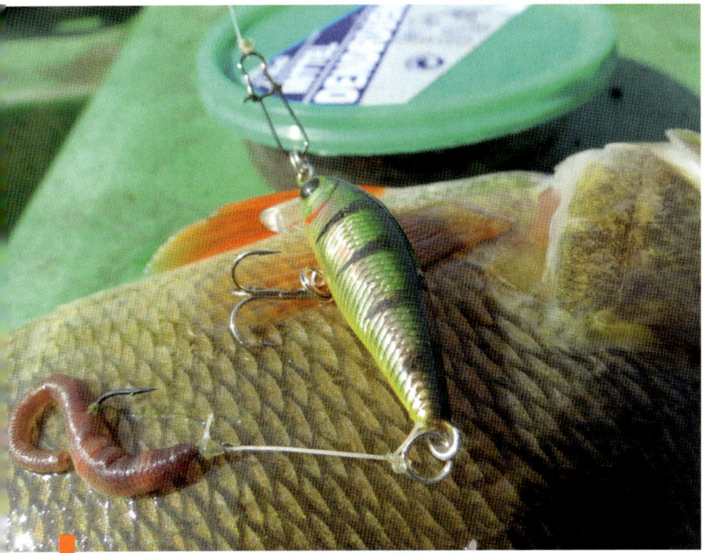

Vorne Wobbler, hinten Wurm: Ein wunderbarer Köder, gerade für heikle Barsche.

Möwen-Spiel
Anblick im Spätsommer: Möwen ballen sich über dem Wasser und stoßen kreischend nach unten. Warum? Weil dort Futterfische direkt unter der Oberfläche stehen, von Barschen nach oben getrieben. Das Möwenspiel führt dich zu den Barschen. Jeder Wurf mit der Spinnrute kann hier ein Treffer sein. Verwende ein Stahlvorfach, denn unter den Barschen lauern Hechte.

Beste Angelplätze
In der Nähe von Holz im Wasser – und überall dort, wo Futterfische sind.

Verhalten im Drill
Guter Kämpfer. Strebt ruckartig zum Grund.

Landung
Kleine und mittlere Barsche kannst du an Land heben – größere mit einem Kescher landen.

Gerät
Mittlere Rute, 25er Schnur, 8er bis 10er Haken.

Besonderheit
Barsche rauben gern im Rudel. Wenn du kleine Brutfischchen aus dem Wasser spritzen siehst, stehen meist Barsche darunter. Spinnköder hinwerfen!

Nachläufer verhatten
Der Barsch ist neugierig, aber auch vorsichtig: Er folgt dem Spinnköder oft bis zum Ufer, ohne ihn zu nehmen. Was tun? Drei Tricks, erstens: Beschleunige deinen Köder – Fluchten bringen Bisse. Zweitens: Lass den Köder durchsacken – oft wird er von einem Barschmaul aufgefangen. Drittens (wenn alles andere nichts nützt): Stell auf Naturköder um – sie sind am unverdächtigsten.

Der Schneller-Fänger-Tipp

Wobbler mit Wurm
Was tun, wenn die Barsche deinem Wobbler nur halbherzig folgen? Spricht neben den Augen auch die Nase an, indem du den Köder mit einem Wurm kombinierst: Einfach den hinteren Drilling abmontieren und durch ein Schnurstück mit Einzelhaken und Wurm ersetzen. Verdammt fängig!

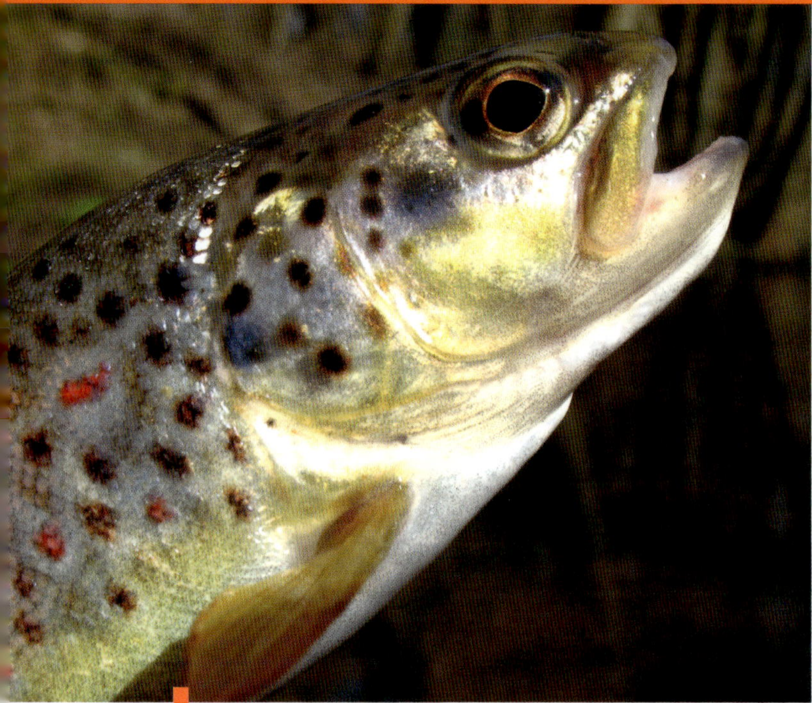

Rote Punkte sind ihr Markenzeichen: Die Bachforelle ist ein hübscher Fisch, der vorzugsweise in naturnahen Flüssen lebt.

Forelle: Die Steigerin

Rekordfisch
Bachforelle: 31 Pfund 400 Gramm (1989). Regenbogenforelle: 26 Pfund 400 Gramm (2011).

Durchschnittslänge
20–30 Zentimeter (Bachforelle).
30–40 Zentimeter (Regenbogenforelle im Forellensee).

Beste Köder
Für Bachforelle: Spinner und Wobbler; Wurm (Driftangeln/Pose).
Für Regenbogenforelle (Angelteich): Forellenteig, Bienenmade.

Beste Methode
Spinnfischen (Bachforelle). Schleppfischen mit Sbirulino-Pose (Regenbogenforelle).

Beste Fangzeit
Frühjahr (Bachforelle). Ganzjährig, außer bei großer Hitze (Regenbogenforelle).

Beste Angelplätze
Im Fluss: Wehre, Wasserfälle, Einmündungen, Holz im Wasser, unterspülte Ufer und Baumwurzeln, Brücken, Kehrwasser hinter großen Steinen.

Im See: Einmündungen, futterfischreiche Buchten, Freiwasser mit Insektenschlupf.

Verhalten im Drill
Forellen sind gute Kämpfer. Sie springen im Drill und drehen sich um die eigene Achse, um den Köder loszuwerden. Regenbogenforellen kämpfen am stärksten.

Landung
Beim Watangeln: ein Watkescher (das ist ein Handkescher mit ganz kurzem Stiel). Sonst ein normaler Kescher oder Handlandung: den Fisch mit nassen Händen hinter dem Kopf umfassen und rausheben.

Gerät
Mittlere Rute, 22er bis 25er Schnur, (Sbirulino-)Pose, 8er Haken.

Besonderheit
Sie steigt gern nach Insekten. Forellen werden oft beim Fliegenfischen gefangen. Diese Angelart solltest du angehen, sobald du mit den Standardmethoden

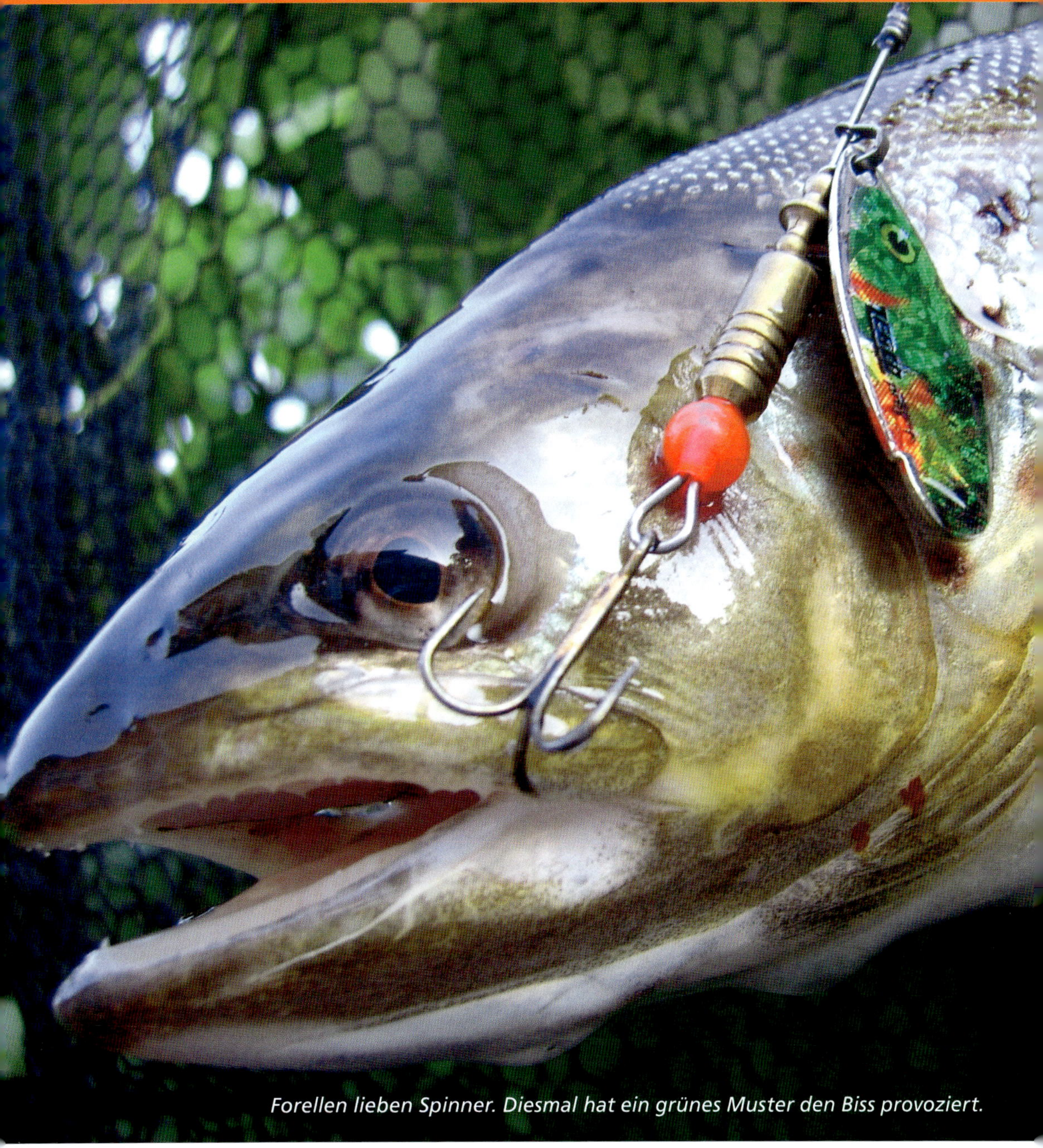

Forellen lieben Spinner. Diesmal hat ein grünes Muster den Biss provoziert.

erfolgreich bist. Die
schwere Schnur dient dabei als Wurfgewicht und wird mit einer speziellen Fliegenrute durch die Luft geschwungen, um eine leichte Fliege bis über 20 Meter weit zu werfen. Es gibt Trockenfliegen (Insekten-Imitat für steigende Fisch), Nassfliegen und Nymphen (Insektenimitate für Mittelwasser und Grund) sowie Streamer (Fisch-Imitate).

Der Schneller-Fänger-Tipp

Spinnen mit Fliege
Probier' doch mal das Spinnfischen mit Streamer! Diese Fischchen-Fliege ist fürs Fliegenfischen gedacht (das an Spinngewässern nur selten betrieben wird), lässt sich jedoch vorzüglich an der Spinnrute anbieten: Du musst nur ein oder zwei Bleischrote zehn Zentimeter vor dem Köder auf die Schnur drücken oder direkt am Kopf des Streamers festklemmen. Schon kannst du den Köder mit der Spinnrute werfen und perfekt über den Grund zupfen.

Forellen-Steiger
Wenn die Forellen Insekten von der Oberfläche schnappen, entstehen Ringe. Ehe du das Angeln beginnst, solltest du einige Zeit ganz am Ufer verharren und Ausschau nach solchen Forellen-Signalen halten. Wenn du weißt, wo die Forellen gerade fressen, kannst du sie am leichtesten fangen – nicht nur mit Trockenfliege, sondern auch mit flach geführten Kunstködern.

Der King am Forellensee
Als beste Methode am Forellensee hat sich das »Schleppen« mit Sbirulino-Wurfgewicht bewährt. Der Sbirulino sieht aus wie ein Posenkörper mit langem Stiel. Er wird auf die Schnur gefädelt, läuft

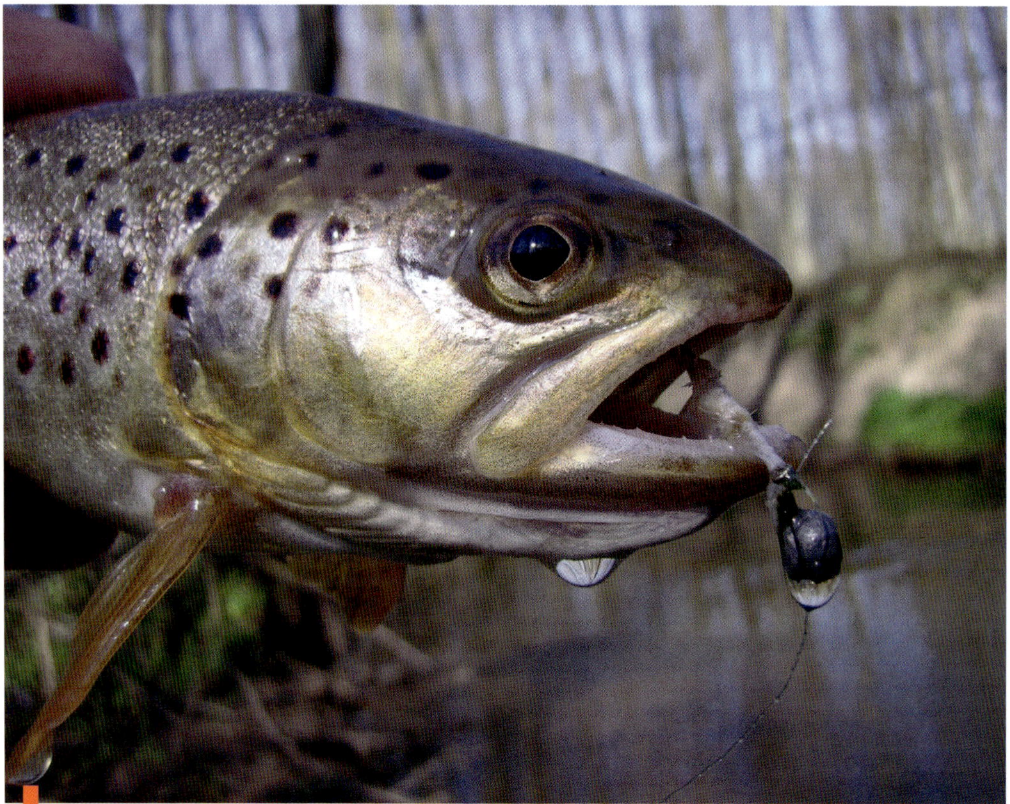

Diese Fliege spinnt! Ein Streamer mt Bleischrot ist ein ausgezeichneter Spinnköder.

auf eine Perle und einen Dreifach-Wirbel (gegen Schnurdrall). Es folgt ein Vorfach, meist zwei Meter oder länger. Als Köder verwendest du Forellenteig, so geformt, dass er rotiert; du kannst dafür auch einen Teig-Former verwenden. Nun wirfst du die Montage aus und kurbelst sie langsam ein. Der Sbirulino gleitet an der Oberfläche (als schwimmendes Modell) oder tiefer (als Sinker). Sobald du Widerstand spürst, gibst du kurz Schnur, damit der Fisch den Köder nehmen kann – und schlägst dann an.

Ein guter Trick: Du kannst für diese Methode auch zwei kleine Twisterschwänze verwenden, die du so auf den Haken ziehst, dass sie einen rechten Winkel bilden: einer auf den Schenkel, einer abstehend im Hakenbogen. Dieser Köder rotiert wunderbar, hebt sich vom restlichen Angebot ab und bringt große Forellen.

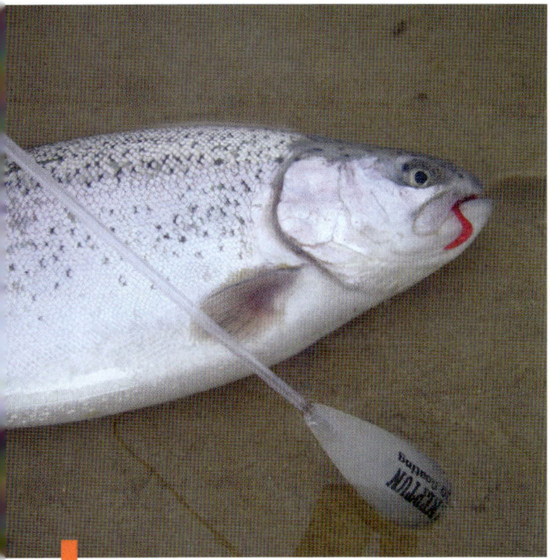

Eine unauffällige Sbirulino-Pose und zwei auffällige Mini-Twister-Schwänze: Mehr brauchst du nicht, um gute Regenbogenforellen zu fangen.

Hecht: Der Ober-Räuber

Rekordfisch
50 Pfund (1986).

Durchschnittslänge
50–75 Zentimeter.

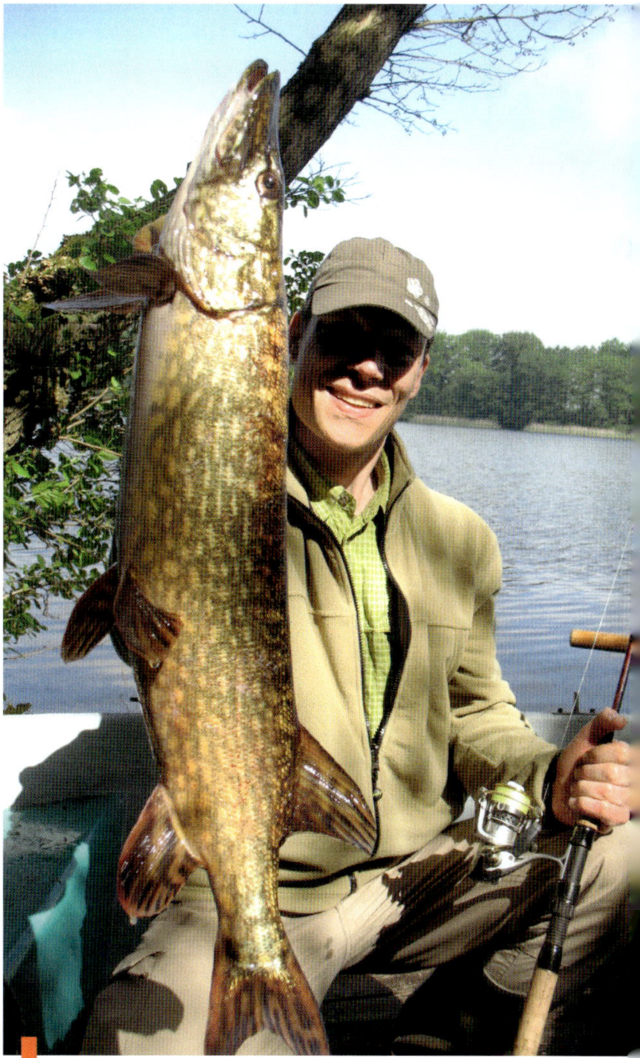

Ende Mai war's vorbei: Dieser Hecht verbrannte sich das Maul an einem großen Gummiköder.

Beste Methode
Spinnfischen, Posenangeln.

Beste Köder
Große Kunstköder (10–25 cm) und Köderfische (10–25 cm).

Beste Fangzeit
Frühjahr (Hunger nach der Laichzeit) und Herbst (Speck anfressen für den Winter).

Beste Angelplätze
Plätze mit guter Deckung: Holz im Wasser, Seerosen, Laichkraut, Stege sowie Barschberge, Scharkanten und überall, wo sich Futterfische in großen Mengen herumtreiben.

Verhalten im Drill
Hechte schrauben sich im Drill oft mehrfach aus dem Wasser. Sie sind gute, explosive, wenn auch nicht sehr ausdauernde Kämpfer.

Landung
Unbedingt einen großen Kescher verwenden, Bügelweite mindestens 80 Zentimeter. Viele Profis landen von Hand per Kiemendeckelgriff, wovon ich dir abrate: Die Zähne sind messerscharf, ebenso die oft am Maul baumelnden Drillinge eines Spinnköders.

Gerät
Starke Rute, 30er Schnur, Stahlvorfach, Drillinge Größe 1 bis 4.

Besonderheit
Kapitale Hechte jagen oft Fischschwärme im Freiwasser. Deshalb ist das Wurf- und Schleppangeln mitten in Seen eine exzellente Methode für große Hechte, auch wenn du dazu viel Ausdauer brauchst.

Schneller-Fänger-Tipps

Weißfisch als Wegweiser
Erkundige dich, wo an deinem Gewässer viele Friedfische gefangen werden. Genau dort treiben sich große Hechte herum, weil die Nahrung lockt. Du kannst mit einer Rute auf Friedfisch angeln, mit der anderen bietest du einen Köderfisch auf Hecht an. So wirst du gut unterhalten durch die Friedfisch-Bisse – und hast umso bessere Hecht-Chancen, je mehr Friedfisch du durch dein Anfutter an den Platz lockst und mit verlockendem Klatschen aus dem Wasser drillst.

Tunken in Rosen
Hechte stehen mit Vorliebe in der Deckung zwischen Seerosen. Dort sind sie nur mit einem Trick zu beangeln: dem Tunk-Fischen. Du senkst den bebleiten Köderfisch mit einer langen Rute in Pflanzenlücken, lässt ihn zum Grund sinken, hebst ihn an und lässt ihn wieder sinken. Beim Biss kann das Wasser spritzen, so gierig stürzen sich die Hechte auf die Beute!

Maßarbeit
Der Hecht nimmt deinen Köder vor allem über den Umriss und damit auch die Größe wahr. Verwende Köder in einer Größe, die zur natürlichen Nahrung passt. Die Faustregel für Wobbler und Gummifische: Im Frühjahr etwa 15 Zentimeter, im Sommer 10 bis 15 Zentimeter, im Herbst 15 bis 20 Zentimeter und im Winter 15 bis 25 Zentimeter. Je größer dein Köder, desto größer in der Regel der Hecht!

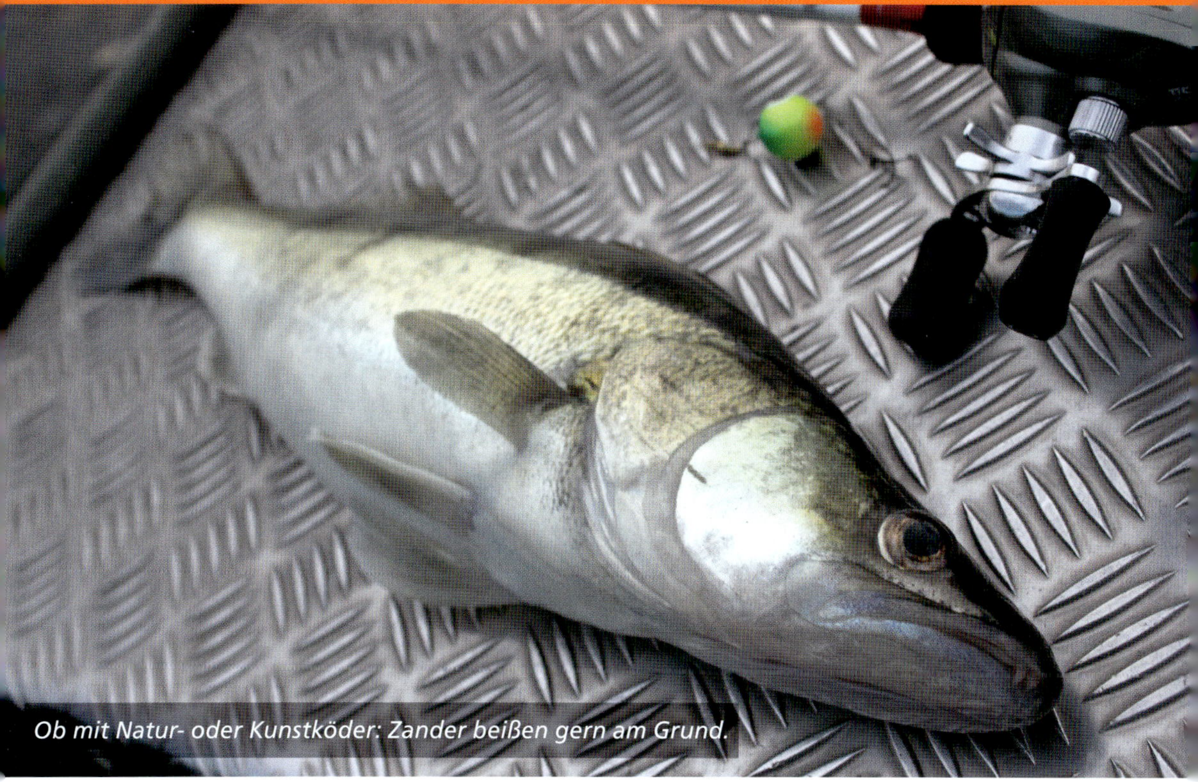

Ob mit Natur- oder Kunstköder: Zander beißen gern am Grund.

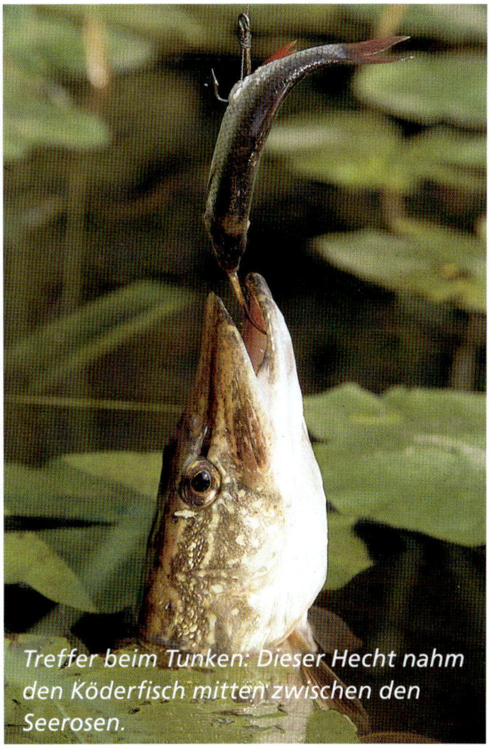

Treffer beim Tunken: Dieser Hecht nahm den Köderfisch mitten zwischen den Seerosen.

Zander: Das Glasauge

Rekordfisch
37 Pfund 200 Gramm (1990).

Durchschnittslänge
45–55 Zentimeter.

Beste Methode
Spinnfischen, Grundangeln.

Beste Köder
Gummiköder, Köderfisch.

Beste Fangzeit
Frühjahr, Herbst.

Beste Angelplätze
Im See: Scharkanten, Inseln, Landzungen, Zuflüsse, viele Stellen mit hartem Grund wie Sandbänke.

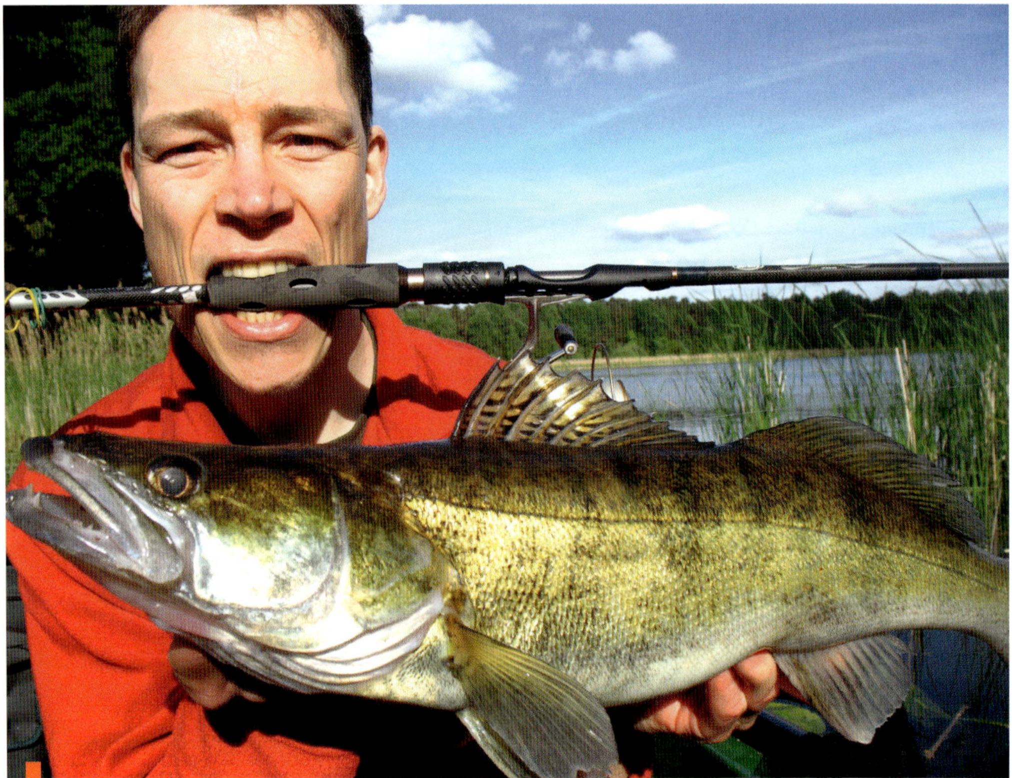

Zanderangler brauchen Biss, um Bisse zu bekommen – gerade im Stillwasser ist Ausdauer gefragt.

Im Fluss: Buhnen(kessel), Steinschüttungen, Häfen, Brücken.

Verhalten im Drill

Zander bohren sich im Drill in den Grund, was du in der Rute als typisches Klopfen spürst. Sie kämpfen gut, aber nicht so kräftig und explosiv wie Hechte.

Landung

In der Regel mit dem Kescher. An sandigen Ufern kannst du mittlere Fische auch stranden.

Gerät

Mittlere Rute, 25er Schnur, 6er Haken.

Besonderheit

Zander sind im Fluss deutlich leichter als im See zu fangen, weil das Wasser trüber ist und zum Prüfen der (vermeintlichen) Nahrung weniger Zeit bleibt. Im Stillwasser ist Nachtangeln am erfolgreichsten – wie schon das trübe »Glasauge« des Zanders verrät, ist er ein Nachträuber.

Buhnen-Zauber

Wo Steinpackungen in den Fluss ragen, so genannte Buhnen, sind immer Zander zu finden. Viele Angler marschieren auf eine Buhne hinaus, ehe sie auswerfen. Falsch! Denn dabei werden Fische verscheucht. Besser: Wirf schon vom Ufer aus beide Seiten der Steinpackung ab. Oft folgen große

Der Schneller-Fänger-Tipp

Mit Leichtigkeit gefangen
Zander sind empfindlich. Beim Posenangeln lassen sie oft los. Deshalb solltest du keine typischen Raubfisch-Posen verwenden (wie die meisten Angler), sondern leichtere. Zum Beispiel kann es sich lohnen, einen Köderfisch an einem gut ausgebleiten Waggler mit 4 Gramm Tragkraft anzubieten. Dann spürt der Zander beim Biss keinen Widerstand – und dein Anhieb wird ein Volltreffer. Auch beim Grundangeln solltest du auf feine Bissanzeiger, wie Aluzylinder bei offenem Schnurfangbügel, vertrauen, statt auf die eher unsensiblen Freilauf-Rollen.

Zander den Futterfischen an die Steinkante. Solche Fische lassen sich fangen, wenn du parallel zu den Steinen fischst.

Hoch im Kurs
Eigentlich bewegt sich der Zander im Erdgeschoss der Gewässer – mit zwei Ausnahmen: Im Hochsommer neigen sie zu Ausflügen in die oberen Wasser-Stockwerke. Ich kenne tiefe Seen, wo sie im Freiwasser in nur ein bis zwei Metern Tiefe gefangen werden. Ebenso starten die Zander zur Oberfläche durch, wenn sie dort Kleinfische jagen, zum Beispiel Lauben. Oft verrät sie ein Klatschen bei Nacht. Dann muss dein Köder schnell an diesen Platz!

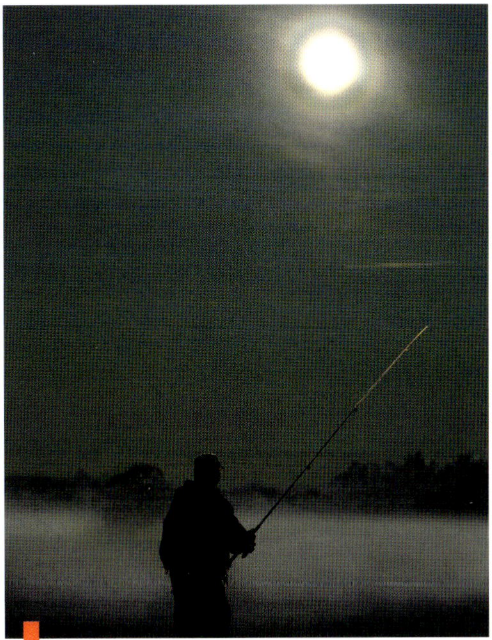

Dunkelheit ist Zanderzeit: Wenn es Nacht wird, geht »Meister Glasauge« auf die Jagd. Nur in trüben Gewässern beißt er bei Tageslicht ähnlich gut.

Friedfische

Brassen: Der Klodeckel

Rekordfisch
16 Pfund 460 Gramm (2000).

Durchschnittslänge
35-45 Zentimeter.

Beste Methoden
Grundangeln mit Pose oder Blei.

Beste Köder
Made, Mistwurm, Mais.

Beste Fangzeit
Frühjahr, Sommer.

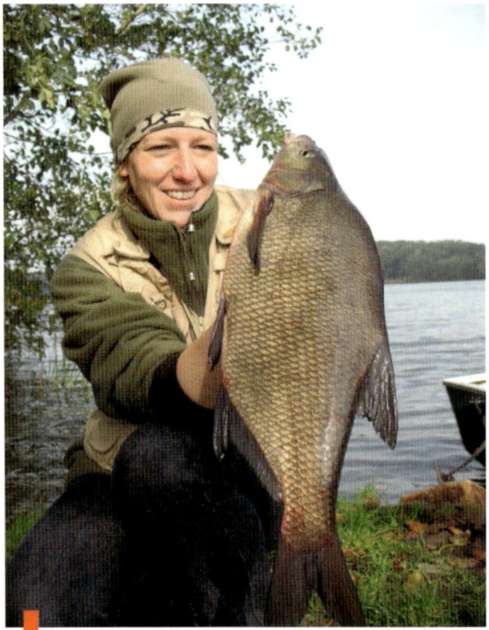

Den Köder nahm er ganz unten, aber das Angler-Herz schlägt bei seinem Anblick höher: ein Prachtbrassen. Kapitale Brassen werden wegen ihrer Form von manchen Anglern etwas respektlos »Klodeckel« genannt.

Der Schneller-Fänger-Tipp

Geliebter Wurm

Große Brassen lieben frische Rotwürmer. Darum lohnt es sich, zerschnittene Rotwürmer ins Trockenfutter zu mischen. Das ausströmende Sekret der Würmer lockt die Brassen aus großer Entfernung an und hält sie für längere Zeit am Angelplatz. Als Hakenköder verwendest du einen ganzen Mistwurm am 12er Haken.

Beste Angelplätze

Schilfränder, Seerosen, Scharkanten.

Verhalten im Drill

Der Brassen ist kein großer Kämpfer. Nach dem Anhieb spürst du sein (teils hohes) Gewicht, aber die langen Fluchten bleiben aus.

Landung

Feinmaschiger Kescher, manchmal mit langem Stiel (zum Beispiel vor Wasserpflanzen).

Gerät

Mittlere Rute, 20er Schnur, 12er bis 14er Haken.

Besonderheit

Der Brassen gehört zu den Fischen, die »gründeln«, das heißt mit ihrem Maul den Schlamm durchsuchen. Dabei steigen perlenartige Blasen an die Oberfläche. Diese Perlen führen dich zum Fisch.

Stabile Verhältnisse

Wie schaffst du es, dass dein Brassenköder beim Posenangeln stabil am Grund liegt? Erstens mit einem großen

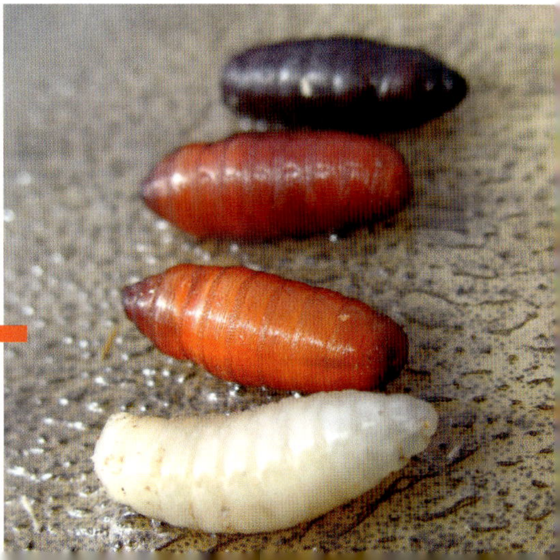

Entwicklungs-Roman in Bildern: von der Made (unten) zur Puppe, die ebenfalls ein guter Brassenköder ist.

Bleischrot zehn Zentimeter vorm Köder, das am Boden liegt. Und zweitens mit einem Trick nach dem Wurf: Du steckst deine Rute ins Wasser und kurbelst die Schnur an. Jetzt verläuft sie unter Wasser und ist der Oberflächen-Drift entzogen. Stabile Verhältnisse!

Süße Puppen

So ein Ärger: In deiner Madendose bewegt sich nichts mehr. Nur noch schwarze Puppen! Doch ärger' dich nicht zu früh: Caster – so nennt man die Puppen – sind ein Spitzenköder für große Brassen. Misch' sie in dein Futter und biete sie an einem dünndrahtigen Haken an, damit sie nicht auslaufen. Vorteil: Du wirst kaum von kleinen Weißfischen behelligt – wenn du Bisse bekommst, dann von schönen Brassen.

Karpfen: Der Rüssler

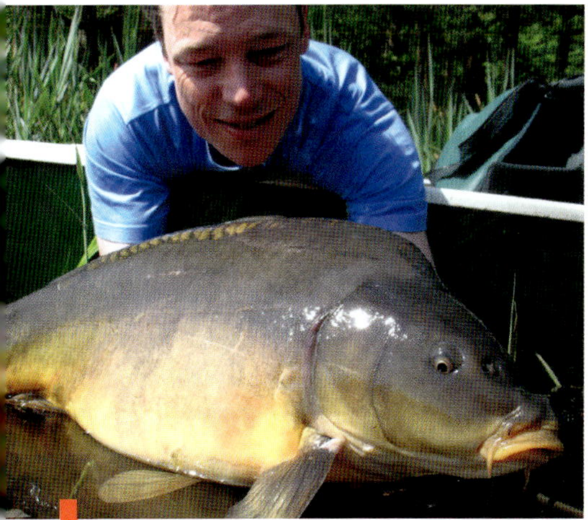

Große Karpfen kannst du regelrecht umarmen. Im Drill geht es weniger gemütlich zu, denn sie strotzen vor Kraft. Ihr (saugendes) Maul wird auch als »Rüssel« bezeichnet.

Rekordfisch

82 Pfund und 450 Gramm (2012).

Durchschnittslänge

40–55 Zentimeter.

Beste Methode

Grundangeln (mit Festblei für Kapitale) und mit Pose.

Beste Köder

Mais, Boilie oder Hartmais (für Kapitale).

Beste Fangzeit

Sommer.

Beste Angelplätze

Vor Wasserpflanzen wie Seerosen, an Schilfkanten sowie an Plätzen mit viel Struktur und Nahrung, zum Beispiel Scharkanten und Muschelbänken.

Verhalten im Drill

Der Karpfen geht ab wie ein D-Zug! Gern eilt er auf Hindernisse zu wie Wasserpflanzen. Wer auf Kapitale angelt, sollte mindestens 200 Meter Schnur auf der Rolle haben.

Landung

Du brauchst einen großen Kescher (Bügellänge mindestens 80 Zentimeter), ein langer Stiel hilft.

Gerät

Mittlere Rute mit durchgehender Aktion, 30er Schnur, 6er Haken.

Besonderheit

Karpfen fressen gern bei Nacht. Darum sitzen moderne Karpfenangler oft mehrere Tage und Nächte am Stück an. Aber auch in der Morgen- und der Abenddämmerung sind gute Fänge drin.

Der Schneller-Fänger-Tipp

Der Karpfen-Detektiv
Wo stehen die Karpfen? Ein wichtiges Signal sind ihre Sprünge: Sie schrauben sich aus dem Wasser und klatschen zurück. An heißen Tagen kann es auch passieren, dass ihre Rückenflossen durch die Oberfläche schneiden und sie Bugwellen erzeugen. Und im klaren Wasser wirst du am Grund schüsselförmige Mulden erkennen: Fressspuren von Karpfen. Hinzu kommen kleine Bläschen, die beim Gründeln aufsteigen. Wegweiser zum perfekten Karpfenplatz!

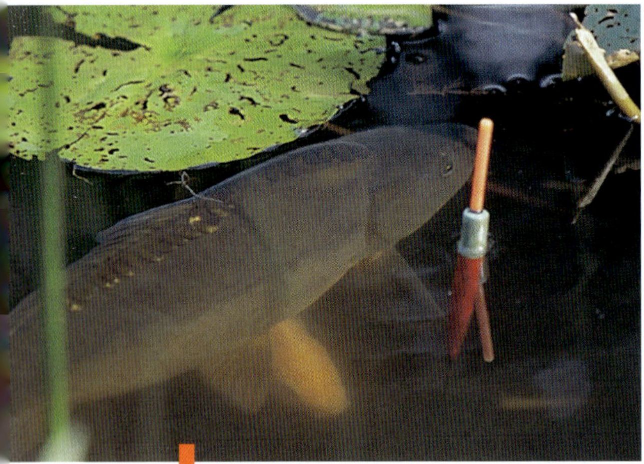

Wer nur auf die Posenspitze starrt, kann viel übersehen. Unter Wasser spielt die Musik!

Süß oder deftig?
Karpfen sind Feinschmecker. Aber worauf haben sie Appetit? Bei kaltem Wasser ziehen sie deftige Geschmacksrichtungen vor. Zum Beispiel darf dein Teig (oder Boilie) nach Knoblauch oder Fisch duften. Sehr fängig ist Paniermehlteig, in den du eine zerstoßene Dose Thunfisch gibst. Dagegen stehen im Sommer die süßeren Geschmacksrichtungen höher im Kurs, zum Beispiel Honig oder Fruchtaroma.

Die perfekte Spur
Karpfen schwimmen leicht an einem Futterplatz vorbei. Mit einer Futterspur vermeidest du das. Beispiel: Du legst 20 Meter vom Ufer entfernt einen Futterplatz mit Mais an. Dort liegt der Hauptteil deines Futters. Doch zusätzlich legst du eine dünne Spur aus Maiskörnern bis zum Ufer und zusätzlich 20 Meter weiter als der Futterplatz in den See hinaus (mit der Futterschleuder). Nun sprichst du alle Karpfen an, die auf den ersten 40 Ufermetern vorbeischwimmen. Sie folgen der Futterspur, stoßen auf den Platz – und auf deinen Köder!

Rotauge: Der Silberling

Rekordgewicht
5 Pfund und 400 Gramm (1981).

Durchschnittslänge
20–25 Zentimeter.

Beste Methode
Posenangeln und Grundangeln.

Beste Köder
Maden, Mais.

Beste Fangzeit
Ganzjährig.

Beste Angelplätze
In der Nähe von Wasserpflanzen, an Scharkanten und in nahrungsreichen Buchten.

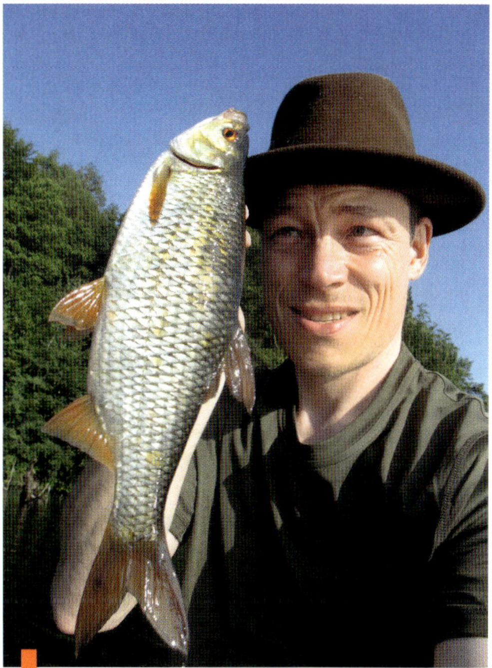

Ein beißfreudiger Fisch, der gute Laune macht: das Rotauge. Hier ein kapitales Exemplar von über 35 Zentimetern.

Verhalten im Drill
Rotaugen kämpfen nicht schlecht, sind aber aufgrund ihrer geringen Gewichte auch mit dünnstem Gerät gut zu landen.

Landung
Durchschnittliche Rotaugen hebst du einfach aus dem Wasser. Größere holst du mit einem engmaschigen Kescher an Land.

Gerät
Mittlere Rute, 18er Schnur (oder dünner), 14er bis 16er Haken.

Besonderheit
Das Rotauge gehört zu den wenigen Fischen, die sich nahezu das ganze Jahr fangen lassen. Die beste Beißzeit ist stets die Abenddämmerung.

Der Schneller-Fänger-Tipp

Flacher fängt
Du wirfst aus. Mal kommt der Biss sofort, sobald deine Pose sich aufrichtet. Dann tut sich über Minuten nichts. Was hat das zu heißen? Offenbar stehen die Rotaugen flacher und folgen deinem Köder (manchmal) nach unten. Also: Den Stopper dichter zur Pose ziehen, flacher angeln – und schon wirst du noch besser fangen. Ebenfalls hilft es, das letzte Bleischrot weiter nach oben zu ziehen – dann sinkt dein Köder langsamer ab und wird dabei genommen.

Die Härte für Große
Gezielt auf große Rotaugen angeln? Das geht mit Hartmais, den du mehrere Stunden kochst und über zwei Tage hinweg quellen lässt. Nun ist er so weich, dass ihn nicht nur Karpfen, sondern auch große Rotaugen nehmen können – aber keine kleinen. Ein paar Hände voll füttern – und los geht's! Du solltest mindestens eine 25er Schnur verwenden, denn auch Karpfen lieben Hartmais.

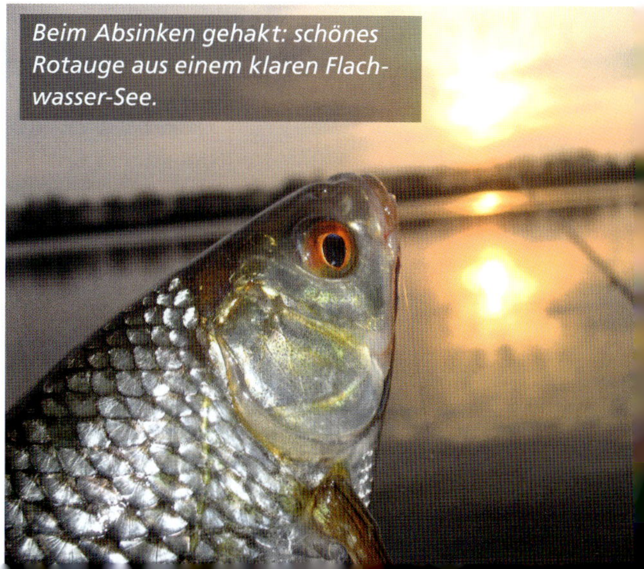

Beim Absinken gehakt: schönes Rotauge aus einem klaren Flachwasser-See.

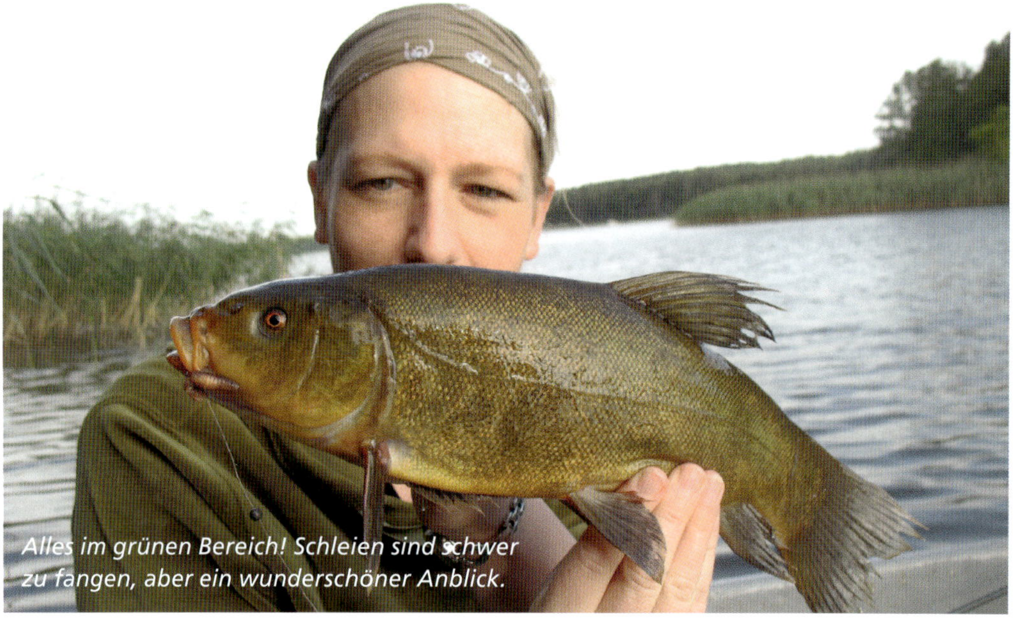

Alles im grünen Bereich! Schleien sind schwer zu fangen, aber ein wunderschöner Anblick.

Flocken locken
Je leichter ein Köder im Wasser ist, desto unverdächtiger gleitet er ins Maul der Rotaugen. Der leichteste Köder ist die Brotflocke. Du zupfst dir die Flocke aus frischem Weißbrot. Nun presst du sie vorsichtig an deinen Haken – aber nicht zu fest, denn sie muss im Wasser noch aufquellen. Dieser Köder kann verblüffende Erfolge bringen. Aber er hält immer nur für einen Wurf und ist schnell abgefressen – häufig wechseln!

Schleie: Die Grüne

Rekordgewicht
9 Pfund und 475 Gramm (1983).

Durchschnittslänge
35–40 Zentimeter.

Beste Methode
Grundangeln mit Blei oder Pose.

Beste Köder
Würmer.

Beste Fangzeit
Sommer.

Beste Angelplätze
Die Körperfarbe der Schleie verrät die besten Angelplätze: Sie lebt im Grünen. Wo Seerosen und andere Wasserpflanzen blühen, ist die Schleie nicht weit.

Verhalten im Drill
Die Schleie ist kräftig (kann es allerdings nicht mit dem Karpfen aufnehmen). Der Drill verlangt Fingerspitzengefühl, denn meist will sie sich in die Wasserpflanzen verkrümeln.

Landung
Schleien holst du mit einem engmaschigen Friedfischkescher an Land.

Gerät
Mittlere Rute, 25er Schnur, 10er Haken.

Besonderheit
Die Schleie gilt als der Frühaufsteher unter den Fische: Im ersten Licht des Tages sind vorzügliche Fänge drin, gerade im Hochsommer. Das frühe Aufstehen lohnt sich!

Der Schneller-Fänger-Tipp

Tierischer Teig
Ist Teig ein guter Schleienköder? Ja, sogar ein tierisch guter – wenn du ihn mit Würmern anreicherst. Du schneidest fünf bis zehn Rotwürmer in kleine Stücke, gibst Paniermehl und etwas Wasser hinzu – und schon kannst du einen Teig kneten. Der Geruch der Würmer lockt die Schleien an und lässt sie den Teig am Haken nehmen.

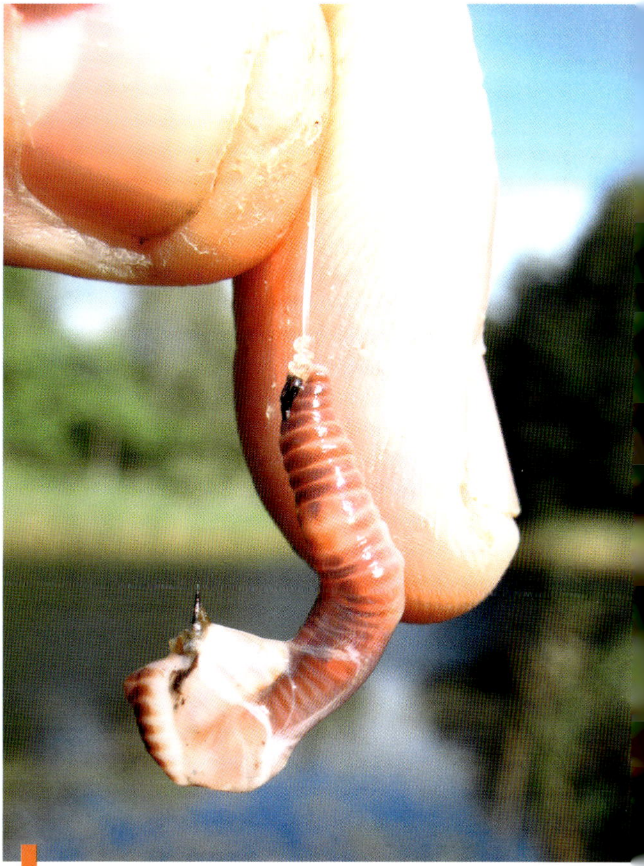

Rezept gegen Fehlbisse: Wer einen Wurmzipfel verwendet, und keinen ganzen Wurm, platziert seinen Haken leichter im Schleienmaul.

Hängt!
Kaum ein Fisch erzeugt so viele Fehlbisse wie die Schleie! Was tun dagegen? Drei Möglichkeiten: Erstens: Den Köder verkleinern – nimm anstelle eines Wurmbündels ein Wurmstück. Zweitens: Die Hakenspitze freistehen lassen – ein winziges Stück reicht schon, um die Schleien besser zu haken. Drittens: Den Zeitpunkt des Anhiebs variieren – mit kleinen Ködern und freien Haken kannst du sehr schnell anschlagen. Bei größeren Ködern dagegen lohnt es, auch mal länger zu warten, bis die Pose regelmäßig abzieht.

Augenkontakt
Manchmal siehst du in klarem Wasser, wie die Schleien am Grund ziehen. Nun besteht die Kunst darin, dass du ihnen den Köder nicht direkt vors Maul wirfst – das Geräusch des Einwurfs könnte sie verscheuchen. Vielmehr musst du vorhersehen: Wohin schwimmen sie? Und genau in diese Route legst du deinen Köder. Wenn du siehst, wie die Schleie beißt, solltest du dich beherrschen – lieber etwas später anschlagen. Sonst kommt der Anhieb vor Aufregung zu früh.

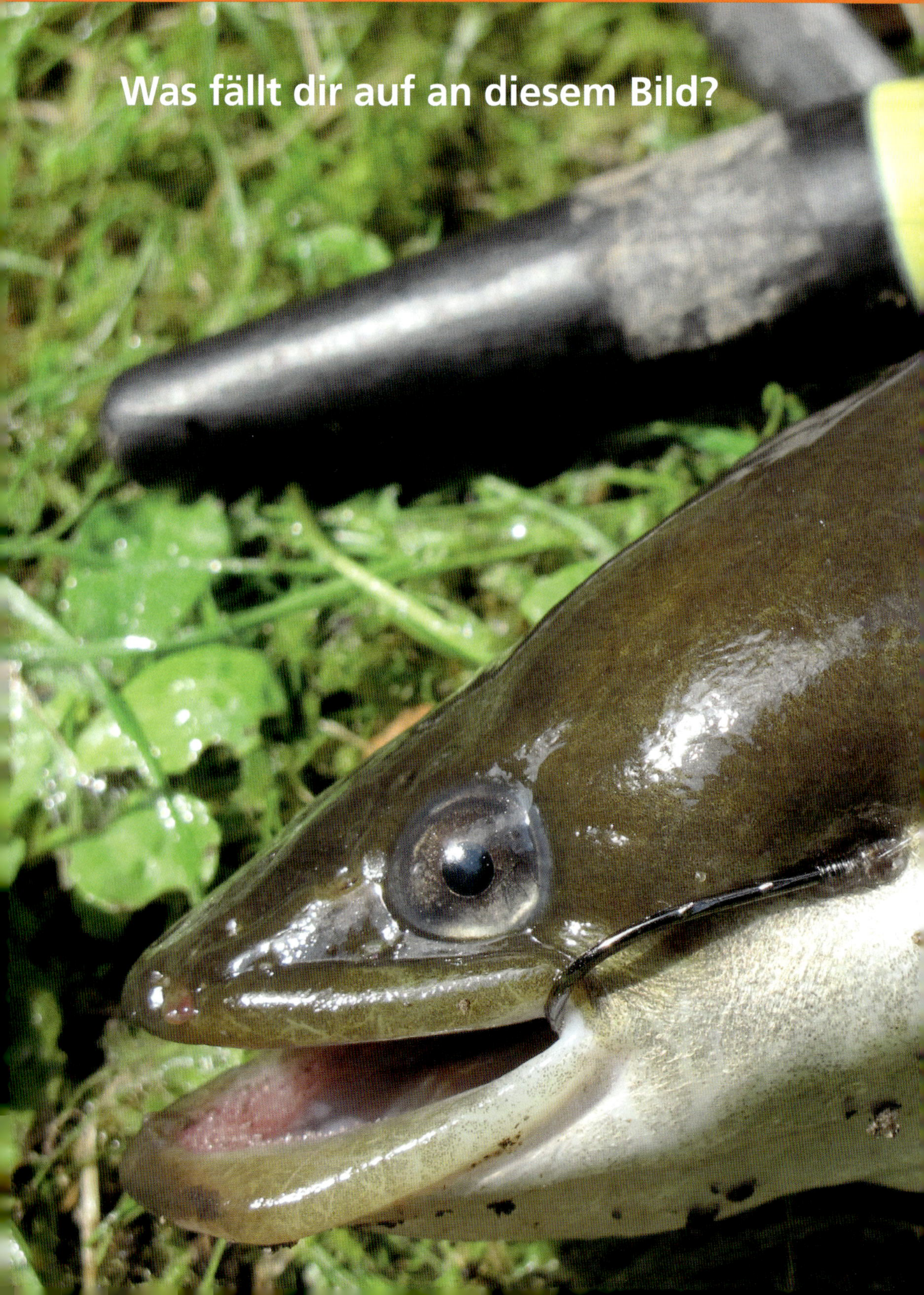

Was fällt dir auf an diesem Bild?

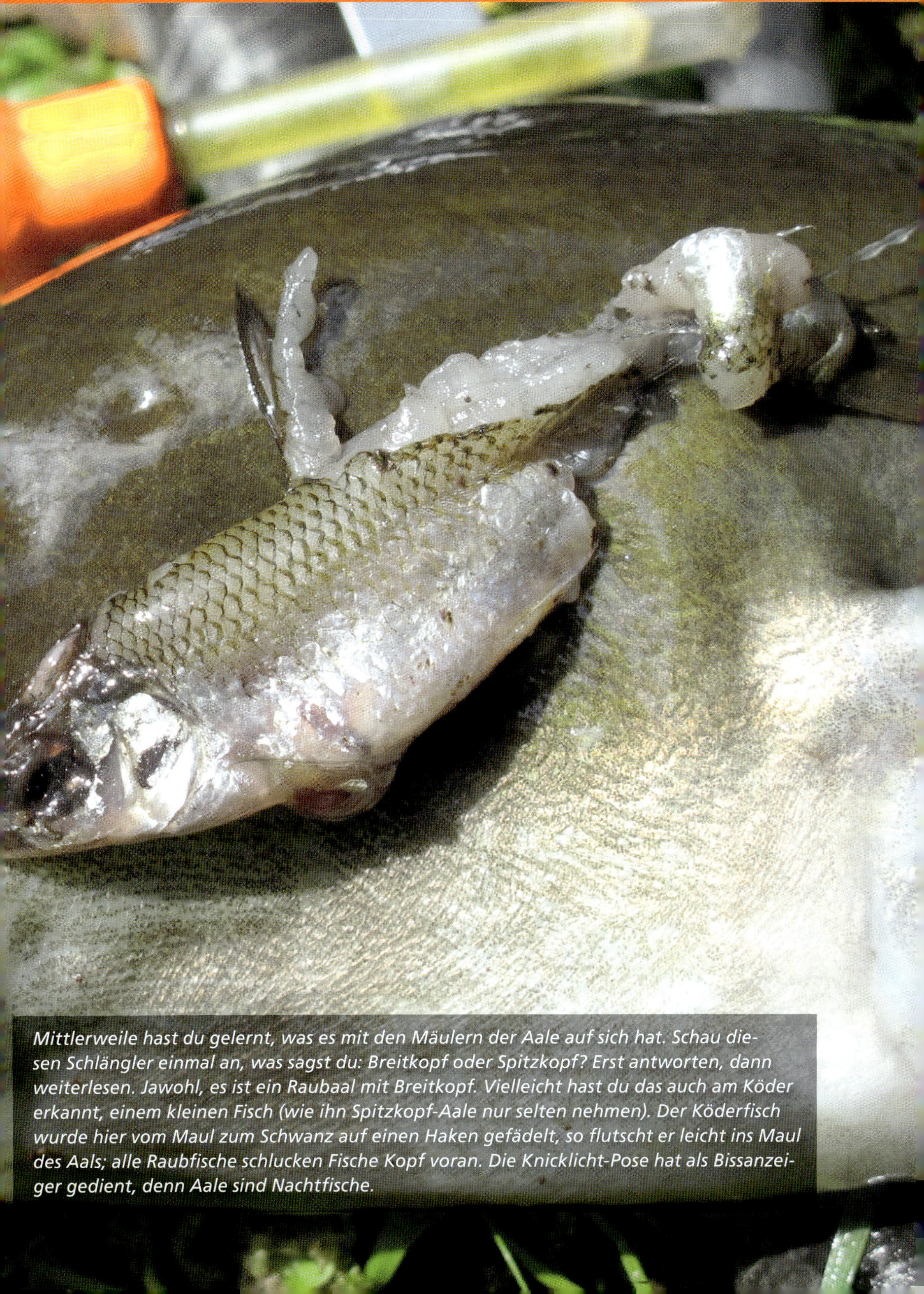

Mittlerweile hast du gelernt, was es mit den Mäulern der Aale auf sich hat. Schau diesen Schlängler einmal an, was sagst du: Breitkopf oder Spitzkopf? Erst antworten, dann weiterlesen. Jawohl, es ist ein Raubaal mit Breitkopf. Vielleicht hast du das auch am Köder erkannt, einem kleinen Fisch (wie ihn Spitzkopf-Aale nur selten nehmen). Der Köderfisch wurde hier vom Maul zum Schwanz auf einen Haken gefädelt, so flutscht er leicht ins Maul des Aals; alle Raubfische schlucken Fische Kopf voran. Die Knicklicht-Pose hat als Bissanzeiger gedient, denn Aale sind Nachtfische.

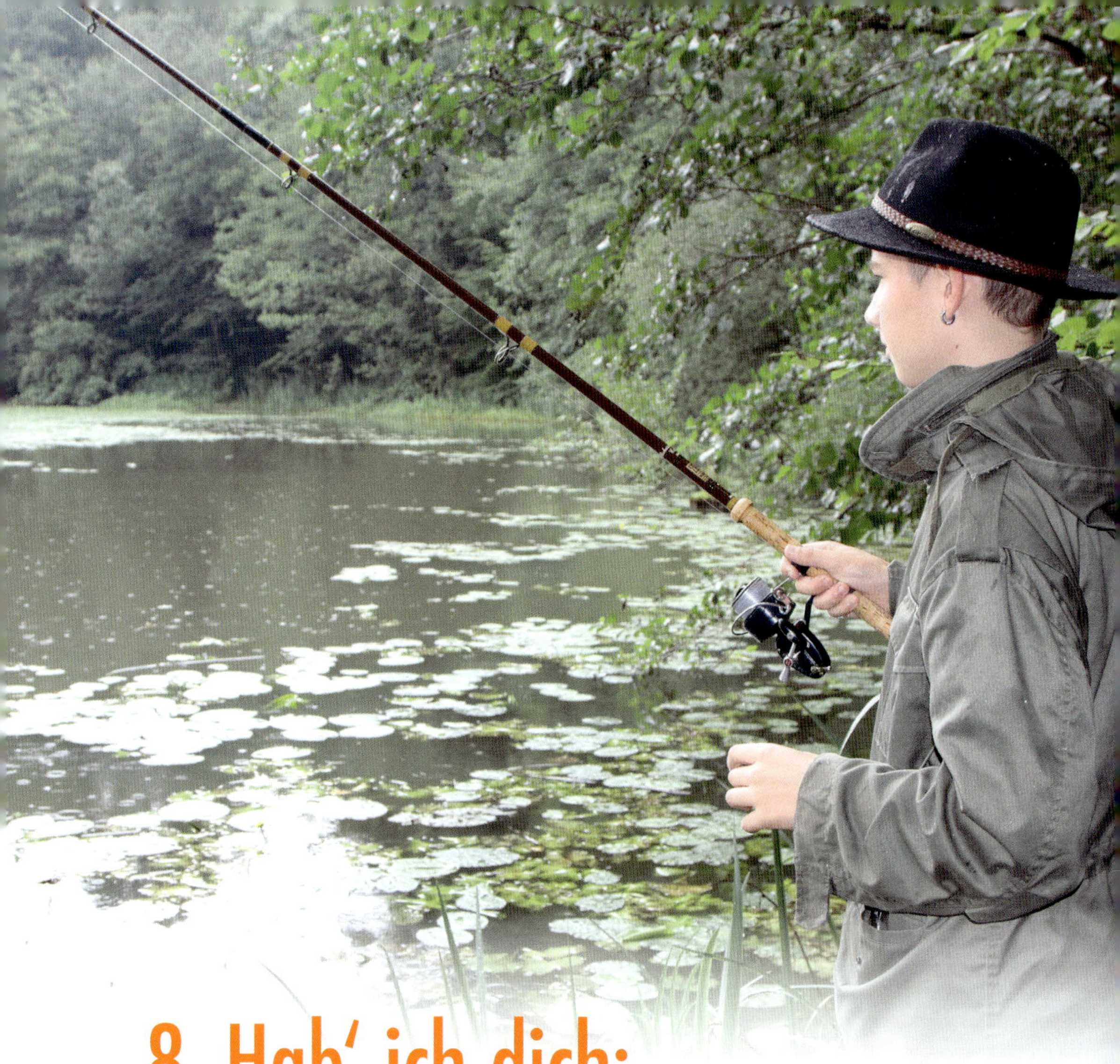

8. Hab' ich dich: Drillen, landen, verwerten

Die Kunst des Drills: »Hol ihn raus!«

Die Abendsonne taucht ab, der rote Himmel spiegelt sich in einem hingehauchten Wasserspiegel. Ein Kuckuck ruft in der Ferne, und der Wald hinter uns summt mit Millionen Mückenstimmen. Auf dem Wasser plätschert es, die Oberfläche wird immer wieder von Mäulern durchstoßen, die nach Insekten schnappen. »Das sind wohl Lauben«, sage ich zu Ingo. »Aha«, entgegnet er, »dann werde ich jetzt auf einen Oberflächen-Wobbler umstellen. Die Futterfische stehen ganz oben, dann sind die Hechte in der Nähe.« Ich nicke ihm respektvoll zu und denke: Wow, mittlerweile hat er seine Lektion gelernt. Nur noch eine Frage der Zeit, bis er seinen ersten großen Fisch fängt.

Ingo kramt in seiner Gerätekiste und hält mir einen flachlaufenden Wobbler mit hellem Dekor unter die Nase. »Perfektes Laubenimitat – oder?« – »Sieht so aus. Aber frag die Hechte!« Er klinkt den Köder in sein Stahlvorfach und wirft ihn mit einem eleganten Schwung mitten zwischen die steigenden Fische. Dann beginnt er, den Köder in Richtung Ufer zu rucken.

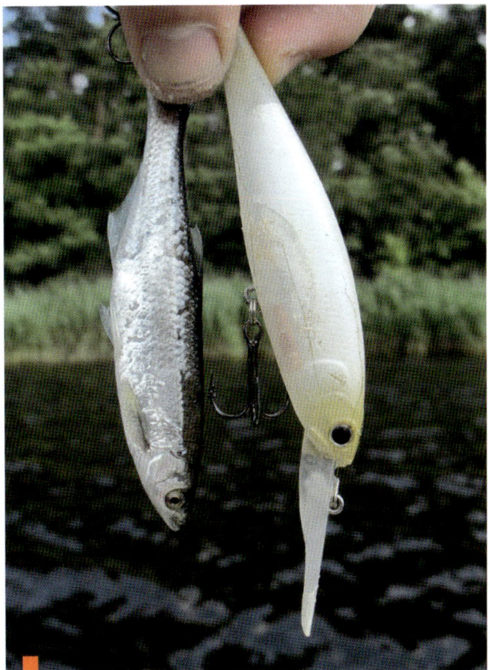

Genialer Griff: Wenn die helle Laube auf dem Speiseplan der Hechte steht, muss ein weißer Wobbler ran!

Der erste Wurf bringt keinen Fisch. Der zweite auch nicht. »Die Hechte schweigen«, sagt er traurig. Doch ein paar Würfe später passiert es: Seine Rutenspitze wirft sich nach vorne, seine Rollenbremse kreischt auf. Ingo will schnell Schnur geben, senkt seine Rute und streckt die Spitze steil nach vorne. »Die Rute hoch!«, rufe ich, »sonst federt sie nicht!« Ingo hebt sie, nun bildet sich ein 90-Grad-Winkel zwischen Rute und Schnur, das ist optimal.

Die Rollenbremse kreischt wie eine Mini-Sirene auf: Fisch-Alarm! »Ist das die Sprache der Hechte?«, fragt Ingo. Seine Rute biegt sich durch, der Fisch fetzt immer wieder Schnur von der Rolle. Er wirft einen kurzen Blick zu mir: »Das muss ein Monster sein.« Und ich bin nicht sicher, was überwiegt: seine Freude, einen solchen Fisch gehakt zu haben? Oder seine Angst, ihn zu verlieren?

»Gib mir ein paar Tipps«, ruft er und klammert sich an seiner Rute fest. »Du machst das prima«, sage ich. »Du musst nur die Nerven behalten, die Zeit arbeitet für dich: Der Fisch arbeitet sich müde. Lass ihn abziehen, solange er abziehen will. Sofern kein Hindernis im Weg ist.« – »Und was, wenn er da rüber zu dem versunkenen Baum zieht?«, fragt Ingo, und Panik schwingt in seiner Stimme mit. »Dann wirst du deine Rute genau in diese Richtung neigen.« – »In diese Richtung?«, fragt Ingo verwirrt. »Ich denke, der Fisch soll von dort weg!« – »Druck erzeugt Gegendruck«, erläutere ich. »Wenn du die Rute nach rechts senkst, erhöhst du die Wahrscheinlichkeit, dass der Fisch nach links zieht.«

»Was ist das jetzt?«, ruft Ingo und starrt nach draußen. 30 Meter vom Ufer entfernt, wo seine Schnur bislang steil ins Wasser lief, öffnet sich der Eintritts-Winkel der Schnur immer mehr. »Achtung«, rufe ich, »dein Hecht kommt nach oben. Gleich springt er!« In diesem Moment schraubt sich ein mächtiger Hechtkörper aus dem Wasser, biegt sich in der Luft und klatscht mit einem Mordsgeräusch ins Wasser zurück.

»Hängt er noch«, frage ich. »Schau doch die Rutenspitze an!«, keucht Ingo. Immer noch ist sie wie ein Flitzebogen gespannt. »Hätte ich den Sprung verhindern können?«, fragt er. »Vielleicht hättest du ihm die Idee ausreden können: Einfach in solchen Momenten die Rute seitlich bis aufs Wasser senken, aber dabei den 90-Grad-Winkel erhalten.« Ingo versucht ein Grinsen: »Druck erzeugt Gegendruck, stimmt's?« – »Gut aufgepasst!«, sag ich. »Wenn du dem Zug deiner Rute eine andere Richtung gibst, wechselt der Hecht ebenfalls die Richtung.«

Nun glüht der Abendhimmel, als hätte er rote Bäckchen. Ein Schwanenpaar schwingt sich durch die Lüfte. Die ersten Fledermäuse schneiden lautlos über das Wasser. »Jetzt reißt er mir keine Schnur mehr von der Rolle«, sagt Ingo. »Stimmt«, sage ich, »das ist ein gute Zeichen. Offenbar wird der Fisch müde. Nun kannst du ihn langsam in Richtung Ufer holen.« Ingo beginnt zu kurbeln, während die Rute steil nach oben weist. Doch die Bremse gibt nach, er gewinnt kaum Schnur.

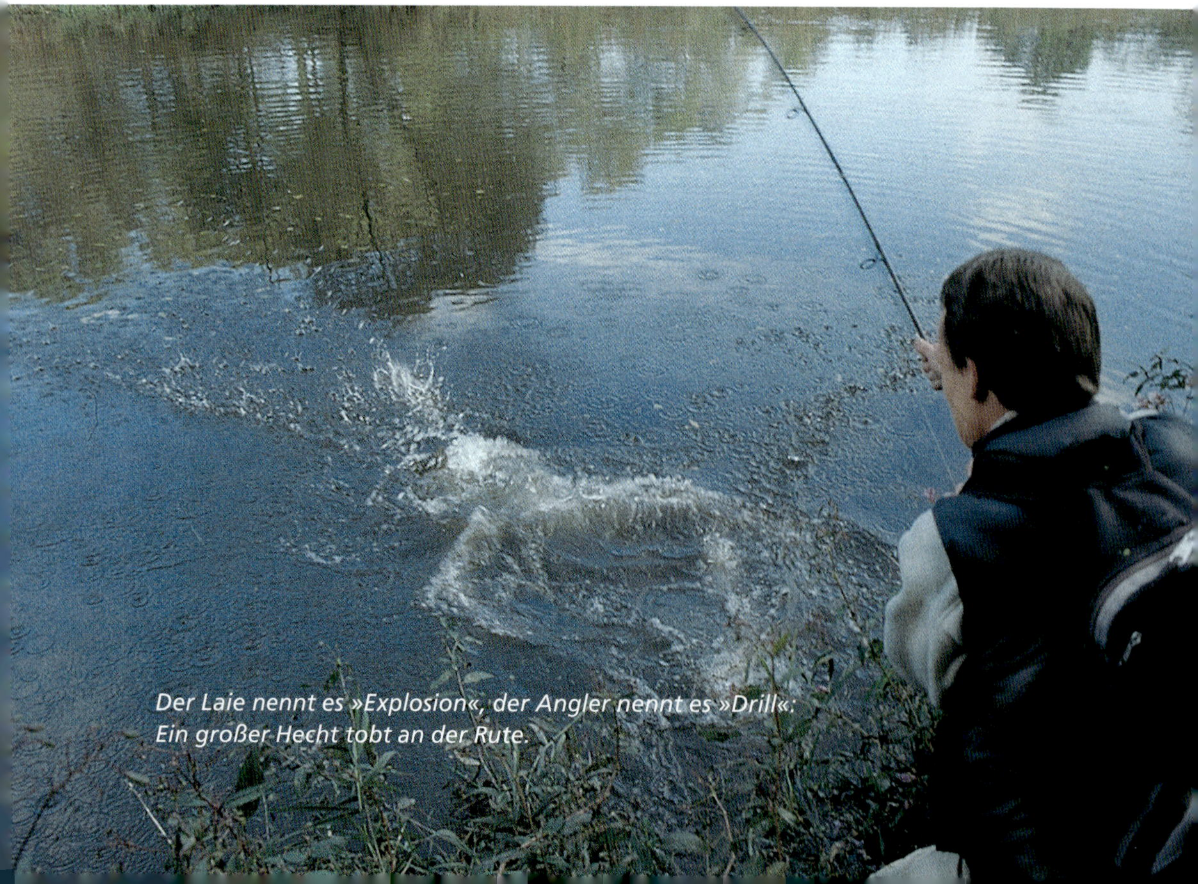

Der Laie nennt es »Explosion«, der Angler nennt es »Drill«: Ein großer Hecht tobt an der Rute.

»Darf ich dir einen Tipp geben?«, frage ich vorsichtig. «Her damit!«, sagt er. »Lass die Rute in dieser Haltung und verschieb sie mit deinen Armen immer wieder einen halben Meter nach hinten. So gewinnst du Schnur. Und wenn du dann einen halben Meter nach vorne fährst, kannst du sie mit der Rolle problemlos einholen. Man nennt das ‚pumpen'.« Ingo tut, wie ihm geheißen. Und tatsächlich: Nun gewinnt er Meter um Meter.

Der Schneller-Fänger-Tipp

Kampf vom Boot

Viele Karpfenangler gehen trickreich ans Werk: Sobald sie einen großen Fisch gehakt haben, springen sie in ein bereitliegendes (Schlauch-)Boot und nehmen die Verfolgung auf. Das ist schlau, denn so kann der Fisch niemals die Rolle leeren, weil du ihm dicht auf den Flossen bleibst. Außerdem verhindert eine kurze Entfernung zwischen dir und dem Fisch eher, dass er in Hindernisse schwimmt oder die Schnur über scharfe Hindernisse wie Muschelbänke schabt. Stück für Stück kannst du dich mitsamt deinem Boot an den Karpfen heranpumpen. Bis er reif für den Kescher ist. Der Trick funktioniert übrigens auch bei kapitalen Hechten oder Welsen.

»Und wie holen wir den Hecht jetzt aus dem Wasser?«, fragt Ingo. »Schau mal, was ich schon bereit halte!« Er wirft einen Blick zur Seite und sieht, dass ich mein Keschernetz bereits ins Wasser getaucht habe. »Langsam, langsam«, sagt er, »der Hecht ist doch noch gar nicht da!« – »Aber das Netz sollte jetzt schon unter Wasser sein. Dann ist der Auftrieb weg. Und dann muss ich den Hecht nicht aufscheuchen, wenn er ans Ufer kommt.« – »Hat der denn noch so viel Kraft?« – »Du wirst dich wundern!«, sage ich, »oft bäumen sich die Hechte vorm Ufer noch einmal auf.«

In diesem Moment, als hätte der Hecht meine Regieanweisung gehört, schießt er an die Oberfläche, schüttelt den Kopf und klatscht das Wasser schaumig. Ingo klammert sich an seiner Rute fest, die Bremse heult noch einmal auf. »Wie gut, dass du die Rollenbremse richtig eingestellt hast«, sage ich. »Sonst wäre der Hecht jetzt weg. Aber er hängt gut, du wirst ihn bekommen.« – »Hast du in die Wahrsager-Kugel geschaut?«, versucht er einen Scherz, und ich sehe Schweiß auf seiner Stirn glänzen. »Nein, ich habe nur gesehen, dass der Wobbler mit beiden Drillingen im Maul sitzt. Das solltest du immer zuerst tun, wenn du einen Fisch im Drill siehst: schauen, ob er gut oder schlecht hängt.«

»Und was tue ich, wenn er ganz spitz gehakt ist«, fragt Ingo, während er seine Rute pumpend noch einmal nach hinten führt. »Dann stellst du die Bremse etwas lockerer und drillst ganz, ganz vorsichtig weiter.« – »Aha«, sagt er abwesend – und starrt auf den Hecht, der jetzt mit einer großen Bugwelle durchs Uferwasser schneidet. Doch Ingo hält konstant dagegen. Der Fisch dreht sich zur Seite. »Er zeigt weiß!«, rufe ich fröhlich. »Jetzt kannst du ihn über den Kescher ziehen, mach Druck!« Ingo fährt mit der Rute nach hinten. »Wo bleibt der Kescher?«, ruft er panisch. »Der bleibt, wo er ist!

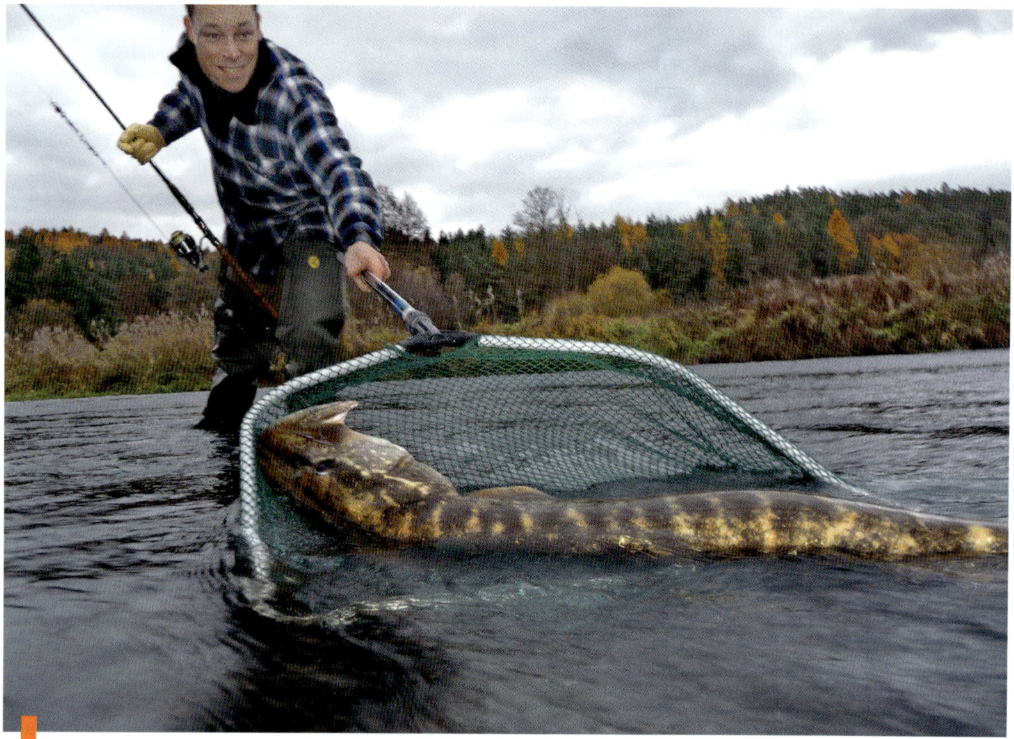

Netz in Sicht! Nicht der Kescher sollte zum Fisch fahren, sondern der Fisch über den Kescher.

Ich warte, bis du den Fisch drüber führst. Wenn ich dem Hecht entgegen fahre, kann ihn das aufscheuchen.«

Ein paar Sekunden später ist es vollbracht: Der Hecht gleitet über das Netz, ich hebe den Kescher nur ein kleines Stück an und ziehe das Netz dann ans Ufer. »Hurra, hurra, wir haben ihn!«, jubelt Ingo und tanzt um den Kescher. Dort erhebt sich ein mächtiger Hechtrücken. »Wie groß der Fisch wohl sein mag?«, fragt er. Ich drücke ihm das Maßband in die Hand. Er legt es an den Fisch. »94 Zentimeter!«, jubelt er! »Petri Heil!«, sage ich, »damit hast du etliche alte Angler schon überholt!«

»Warum hast du den Fisch im Kescher eigentlich an Land gezogen und nicht gehoben?«, fragt er nun. »Weil der Kescher sonst vielleicht gebrochen wäre. Er ist nicht dafür gedacht, dass man ihn am Stiel anfasst und hohe Lasten hebt. Große Fische immer im Keschersack ans Ufer oder ans Boot ziehen – und dann erst rausheben.«

»Und wie hätte ich den Fisch ohne Kescher landen können?« – »Theoretisch hättest du ihm ihn den ersten Kiemenbogen fassen und ihn rausheben können. Dort sind keine Zähne. Aber sobald der Hecht schlägt, holen sich auch Profis blutige Finger. Außerdem ist das gefährlich, wenn noch die Haken eines Wobblers im Spiel

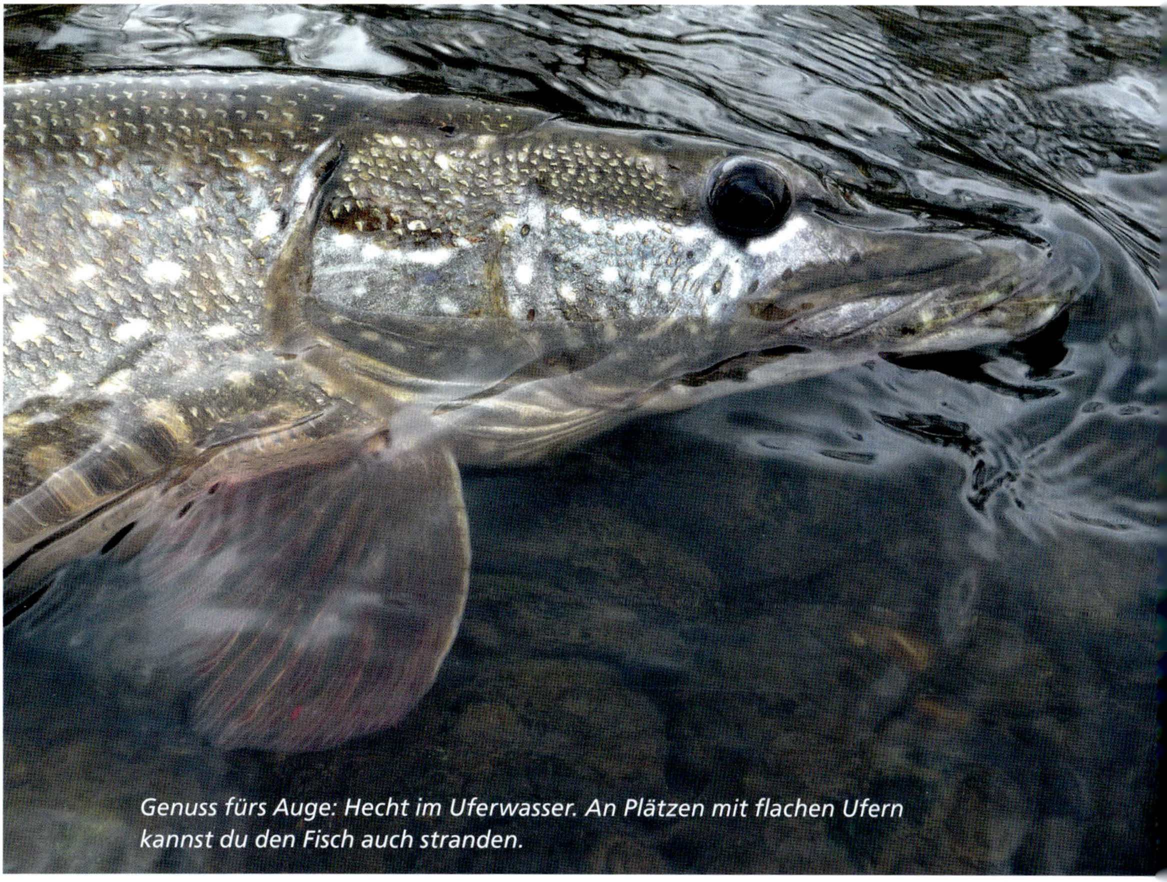

Genuss fürs Auge: Hecht im Uferwasser. An Plätzen mit flachen Ufern kannst du den Fisch auch stranden.

sind.« – »Hätte ich den Hecht auch stranden können?«, fragt er. »Ja«, sage ich, »an diesem Platz wäre das gegangen – hier ist das Uferwasser ganz flach und der Grund sandig.« – »Und wie hätte das funktioniert?«, fragt Ingo. »Du drillst den Fisch völlig aus und ziehst ihn dann schwungvoll so weit an Land, dass er nicht mehr wegschwimmen kann. Die Rute hältst du auf Spannung, während du den Fisch dann im Nacken greifst.« – »Klingt nicht nach einer sicheren Methode«, sage Ingo. »Ist es auch nicht«, antworte ich.

»Und wie kann man einen Fisch noch landen?«, hakt Ingo nach. »Mit einem Fischgreifer«- antworte ich. »Das ist ein stabiler Stab, der vorne in einen zangenähnlichen Greifer mündet und auf Knopfdruck ausgelöst werden kann. Dieser Greifer muss den Unterkiefer des Fisches umfassen, dann kannst du ihn rausheben. Aber der Kescher ist sicherer und weidgerechter.« Ingo nickt und beugt sich wieder über seinen Hecht.

Mittlerweile hebt sich aus dem Abendrot ein Vollmond ab, der allmählich Orangen-Farbe gewinnt. Er schaut herab auf zwei sehr glückliche Angler – vor allem einen Anfänger, der nun zum Fänger eines prächtigen Hechtes wurde.

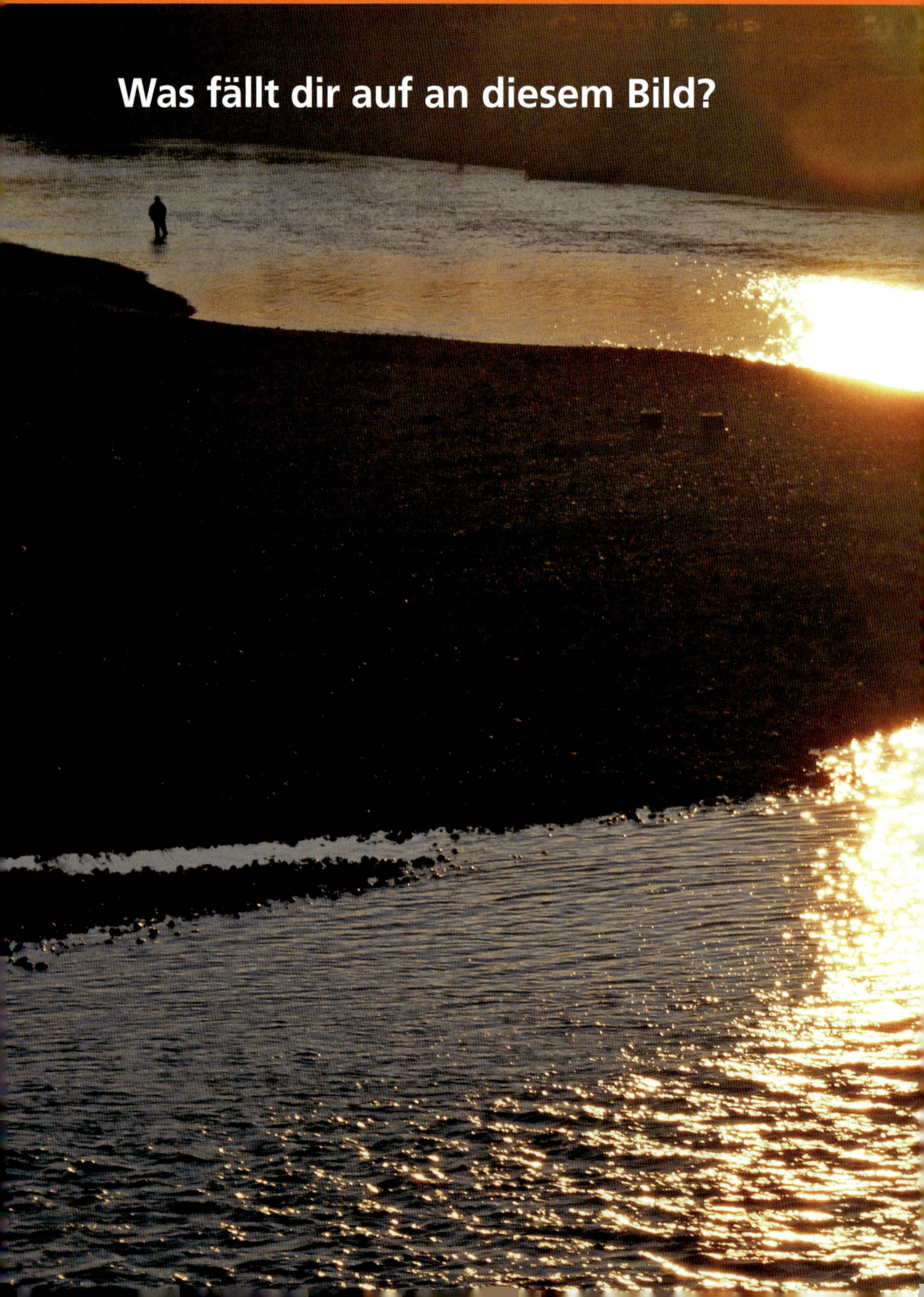
Was fällt dir auf an diesem Bild?

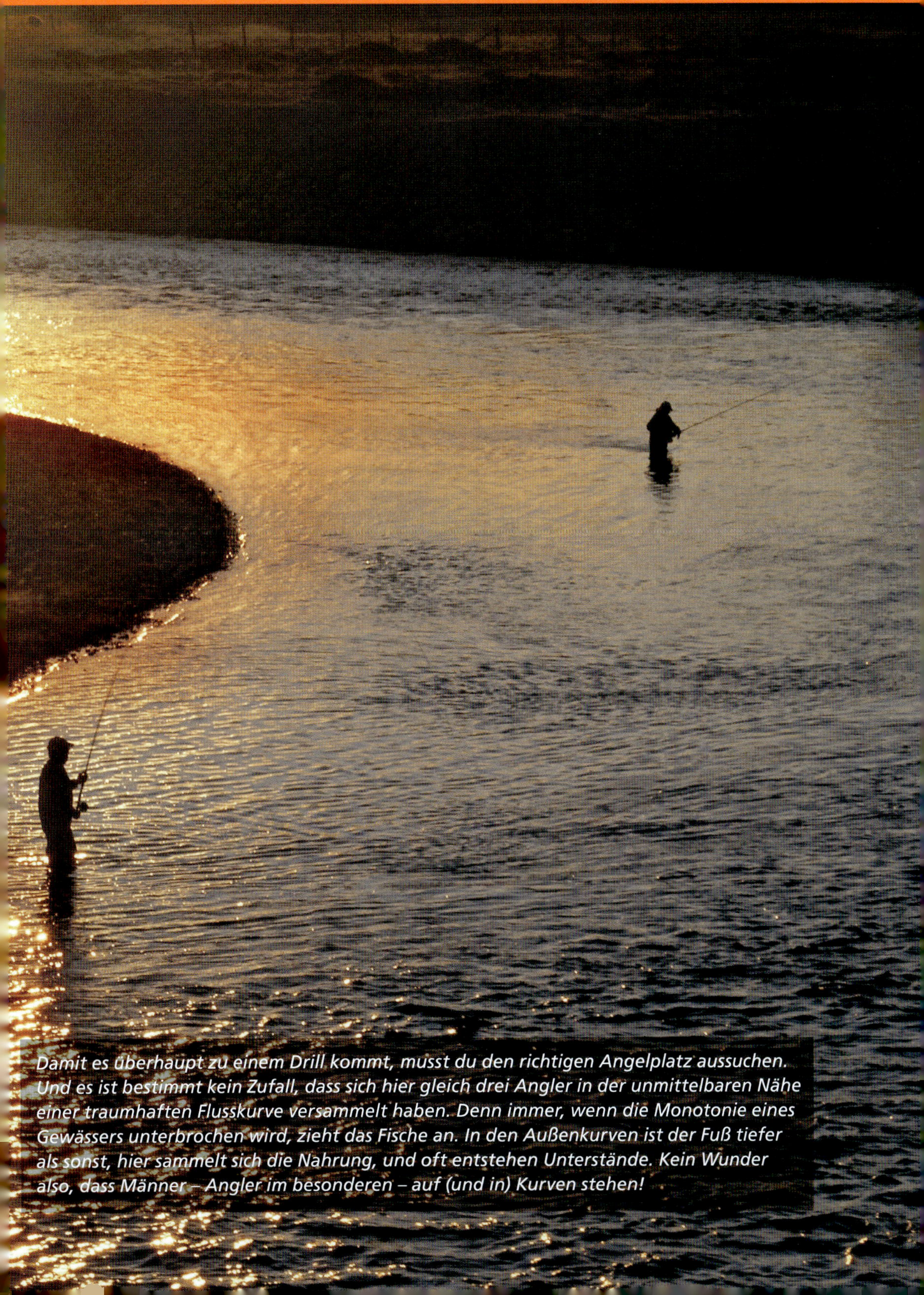

Damit es überhaupt zu einem Drill kommt, musst du den richtigen Angelplatz aussuchen. Und es ist bestimmt kein Zufall, dass sich hier gleich drei Angler in der unmittelbaren Nähe einer traumhaften Flusskurve versammelt haben. Denn immer, wenn die Monotonie eines Gewässers unterbrochen wird, zieht das Fische an. In den Außenkurven ist der Fuß tiefer als sonst, hier sammelt sich die Nahrung, und oft entstehen Unterstände. Kein Wunder also, dass Männer – Angler im besonderen – auf (und in) Kurven stehen!

Der Schneller-Fänger-Tipp

Von Bremsen und Bäumen

Wer seine Rollenbremse einstellt, indem er mit der Hand Schnur von der Rolle zieht, stellt sie oft zu fest. Ein Trick hilft weiter: Knote deine Schnur an ein Hindernis wie einen Baum, öffne den Rollenbügel und entferne dich im freien Gelände 30 Meter. Nun schließt du den Bügel, bringst die Rute in Drill-Position und läufst rückwärts, mit locker eingestellter Rollenbremse. Zieh' die Bremse so lange fest, bis du die optimale Bremskraft gefunden hast. Die Schnur muss von der Rolle laufen, ehe sie reißt. Mit einer solchen Vorbereitung bist du auf Kämpfe mit Kapitalen bestens vorbereitet.

Gut gelöst: Wie kommt der Haken wieder raus?

Wie geht es weiter, wenn du einen Fisch gelandet hast? Klar, du musst ihn vom Haken lösen. Das ist am einfachsten, wenn der Haken weit vorne sitzt, wie es bei frühen Anhieben die Regel ist. Dann kannst du den Haken zwischen Daumen und Zeigefinger greifen und ihn mit leichtem Druck gegen die Hakrichtung aus dem Fischmaul befreien.

Doch Vorsicht: Diese Methode ist bei Zandern und vor allem Hechten nur dann zu empfehlen, wenn der Haken am äußeren Rand des Maules hängt. Sobald du in das Maul hinein fassen musst, wird's gefährlich. Denn nicht nur der Haifisch, sondern auch der Hecht hat Zähne ... Zwar schnappt ein Fisch an Land niemals gezielt nach einem Finger, aber er presst sein Maul automatisch zusammen. Hässliche Verletzungen entstehen, wenn du den Finger in diesem Moment zurückziehst.

Darum: Raubfische immer mit einer langen Arterienklemme vom Haken lösen. Das ist eine Zange, wie sie von Ärzten bei Operationen verwendet wird, nur dass du mit ihr Drillinge aus Mäulern entfernst. Mit einer Hand straffst du die Schnur, dann wird der Haken sicht- und greifbar, auch wenn er tief sitzt. Außerdem reicht der Druck der Schnur bei vielen kleineren Fischen aus, um ihr Maul zu öffnen. Mit der anderen Hand bedienst du die Zange, greifst den Haken oberhalb des Schenkels und gibst ihm einen kleinen Stoß nach hinten. Dann löst er sich.

Aber was tun, wenn ein Hecht sein Maul mit aller Gewalt zusammenpresst? Dann hilft dir eine Rachensperre. Das sind zwei Metall-Enden mit einer Feder, die du zwischen den Kiefer des Hechtes presst und die ihn auseinander drücken. Eine solche Sperre ist dann weidgerecht, wenn du mit einer Einrast-Funktion regulieren kannst, wie weit das Maul des Räubers aufgepresst wird.

Kleine Arterienklemmen eignen sich dafür, die Haken aus Mäulern von Friedfischen wie dem Rotauge oder dem Karpfen zu lösen. Allerdings musst du darauf achten, dass deine Zange nur den winzigen Haken greift – und nicht die dünne Schnur oberhalb. Wenn du die Schnur erwischst, kann sie beschädigt werden und schon beim nächsten Drill reißen.

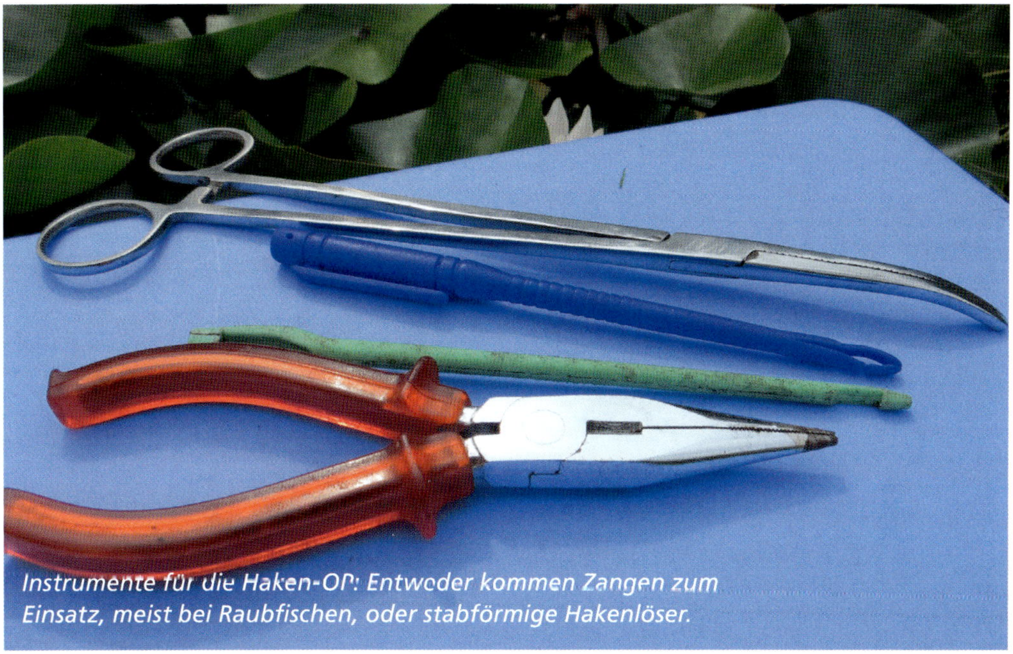

Instrumente für die Haken-OP: Entweder kommen Zangen zum Einsatz, meist bei Raubfischen, oder stabförmige Hakenlöser.

Beliebt unter Weißfischanglern sind auch bleistiftförmige Hakenlöser aus Plastik, deren Spitze aus einer kleinen Gablung gesteht. Diesen Hakenlöser führst du an der gestrafften Schnur entlang ins Maul des Fisches hinein, bis du den Haken berührst. Mit einem schwungvollen Stoß lässt er sich schonend lösen.

Der letzte Akt: Vom Wasser in die Pfanne

Für den Umgang mit dem Fang gilt die Devise: kurz und schmerzlos. Wenn du weißt, dass du einen Fisch entnehmen willst, solltest du ihn so schnell wie möglich töten. Dazu brauchst du zwei Gegenstände: einen Totschläger, das kann ein schweres Kantholz oder ein spezieller Priest sein; und ein spitzes Messer, zum Beispiel ein Filetiermesser.

Der Schneller-Fänger-Tipp

Rezept gegen »arme Schlucker«
Was tun, wenn Fische deinen Naturköder immer wieder tief schlucken? Dann musst du den Zeitpunkt deines Anhiebs überdenken. Egal, ob beim Stippen mit Made oder beim Hechtangeln mit Köderfisch: Wenn du rechtzeitig anschlägst, sitzt der Haken nicht im Rachen, sondern vorne im Maul. Je gieriger die Fische fressen, desto früher solltest du anschlagen. Damit tust du nicht nur den Fischen einen Gefallen, sondern auch dir, weil du schneller wieder angelbereit bist – und Beißphasen ausnutzen kannst.

Nun legst du den Fisch auf den Boden und drückst mit einer Hand fest in seinen Nacken, um ihn am Boden zu fixieren.

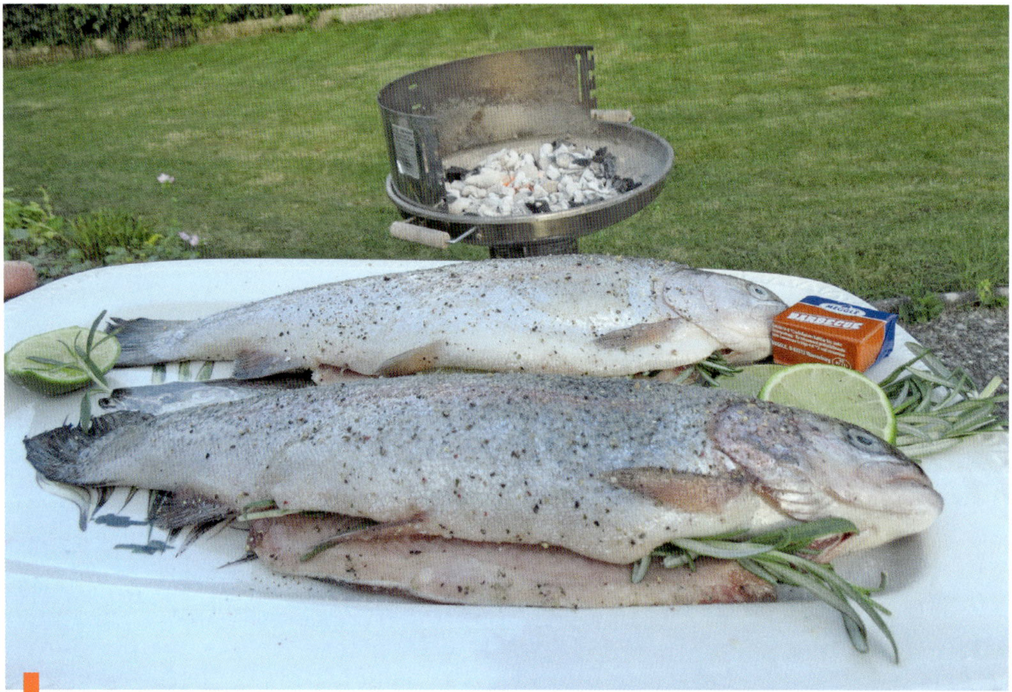

Dem Fang folgt der Genuss: Regenbogenforellen auf dem Weg zum Grill. Am Wasser wurden die Fische durch einen Schlag auf den Kopf betäubt und mit einem Messerstich zwischen die Brustflossen getötet.

Das Fixieren ist wichtig, sonst kann er im letzten Moment noch einen Schlenker machen, und der Totschläger saust auf deine Finger nieder. Der Fisch liegt stabil? Dann holst du mit dem Kantholz Schwung und lässt dieses kraftvoll auf seinen Hinterkopf sausen. Denk daran: Ein harter Schlag, der ihn sofort ins Jenseits befördert, ist für den Fisch besser als ein weicher, der ihn nur langsam sterben lässt. Wenn du nicht sicher bist, ob du richtig getroffen hast, wiederholst du den Schlag. Bei großen Fischen empfehlen sich ohnehin mehrere Schläge.

Nun kannst du sicher sein: Der Fisch ist betäubt und spürt nicht mehr, was nun geschieht. Also drehst du ihn um, mit der Bauchseite nach oben, und führst ein Messer von unten zwischen seine Brustflossen, ein Stück unterhalb des Kopfes. Dieses Messer drehst du im Fisch einmal um die eigene Achse. Dieser Herzstich sorgt dafür, dass der Fisch endgültig tot ist und ausblutet.

Aber das heißt nicht, dass er sich jetzt nicht mehr regt! Gerade große Fische wie ein Hecht können durch Nervenzucken noch Saltos am Ufer schlagen, obwohl sie tot sind. Das verhinderst du, indem du dem Fisch ein Handtuch über die Augen legst; das stellt ihn meist ruhig.

Zur warmen Jahreszeit solltest du deine Beute frisch halten, zum Beispiel in einer

Der Schneller-Fänger-Tipp

Das verhinderte SOS
Was passiert, wenn du Fische direkt an deinem Angelplatz zurücksetzt? Eine Beißphase kann abreißen, denn die Zurückgesetzten alarmieren ihre Artgenossen. Gerade Friedfischen, zum Beispiel Brassen, gelingt diese wortlose Verständigung. Deshalb solltest du Fische möglichst weit vom Angelplatz entfernt zurücksetzen – oder sie in einem Setzkescher hältern, der den gesetzlichen Anforderungen entspricht (etwa vier Meter lang und 50 Zentimeter breit). Damit die Beißphase erst dann abreißt, wenn du mit dem Angeln aufhörst.

Kühltasche. Idealerweise nimmst du den Fisch gleich aus, indem du ihn auf den Rücken drehst, ein scharfes Messer durch sein Weidloch einführst und die Bauchdecke aufschneidest. Nun ziehst du mit den Händen die Eingeweide heraus und schabst den Fisch schließlich mit einem Teelöffel aus. Den Fischabfall musst du mit nach Hause nehmen und dort entsorgen.

Jetzt wird der Fisch noch geschuppt, indem du mit der scharfen Seite eines Messers vom Schwanz in Richtung Kopf fährst, in kurzen, ruckartigen Bewegungen. Das erfordert Ausdauer, gerade bei Fischen mit feinen Schuppen wie dem Hecht. Andere Angler ziehen das Filetieren vor, bei dem der Fisch am Rückgrat entlang in zwei Hälften geschnitten und dann von seinem Rückgrat und von seiner Haut befreit wird. Vorteil: Der Fisch ist noch appetitlicher und grätenfreier. Nachteil: Es geht einiges an Fleisch verloren.

Aber gibt es nicht Angler, die ihre Fische zurücksetzen, statt sie zu verspeisen? Ja, viele Karpfenangler tun das, viele Fliegenfischer, aber auch Raubfischangler. In der Tat stellt sich die Frage: Warum solltest du drei Hechte entnehmen, wenn du nur einen oder zwei sinnvoll verwerten kannst? Zwar darf man Fische in Deutschland eigentlich nur aus gutem Grund fangen, sprich zum Verspeisen. Aber keine Regel ohne Ausnahme! Es könnte ja sein, dass dein Fisch untermaßig ist. Oder gerade Schonzeit genießt. Oder dir am Ufer entgleitet und zurück ins Wasser flutscht …

Womit der nächste Einsteiger die Chance bekommt, dasselbe zu werden wie du: Fänger statt Anfänger!

Dank!
Ein dickes Dankeschön geht an Edwin Hartwich. Seine fantastischen Titelbilder geben meinen Angelbüchern ein ganz eigenes Gesicht. Umso schöner, dass ich solche Schmuckstücke auch in den Büchern verwenden kann!

Und ich danke Birte, die mein Manuskript mit wachem Auge gelesen hat, meine Fanggeschichten unverdrossen anhört und auch dann die gute Stimmung wahrt, wenn ich ohne Fisch nach Hause komme (doch, doch, das passiert auch Angel-Autoren!).

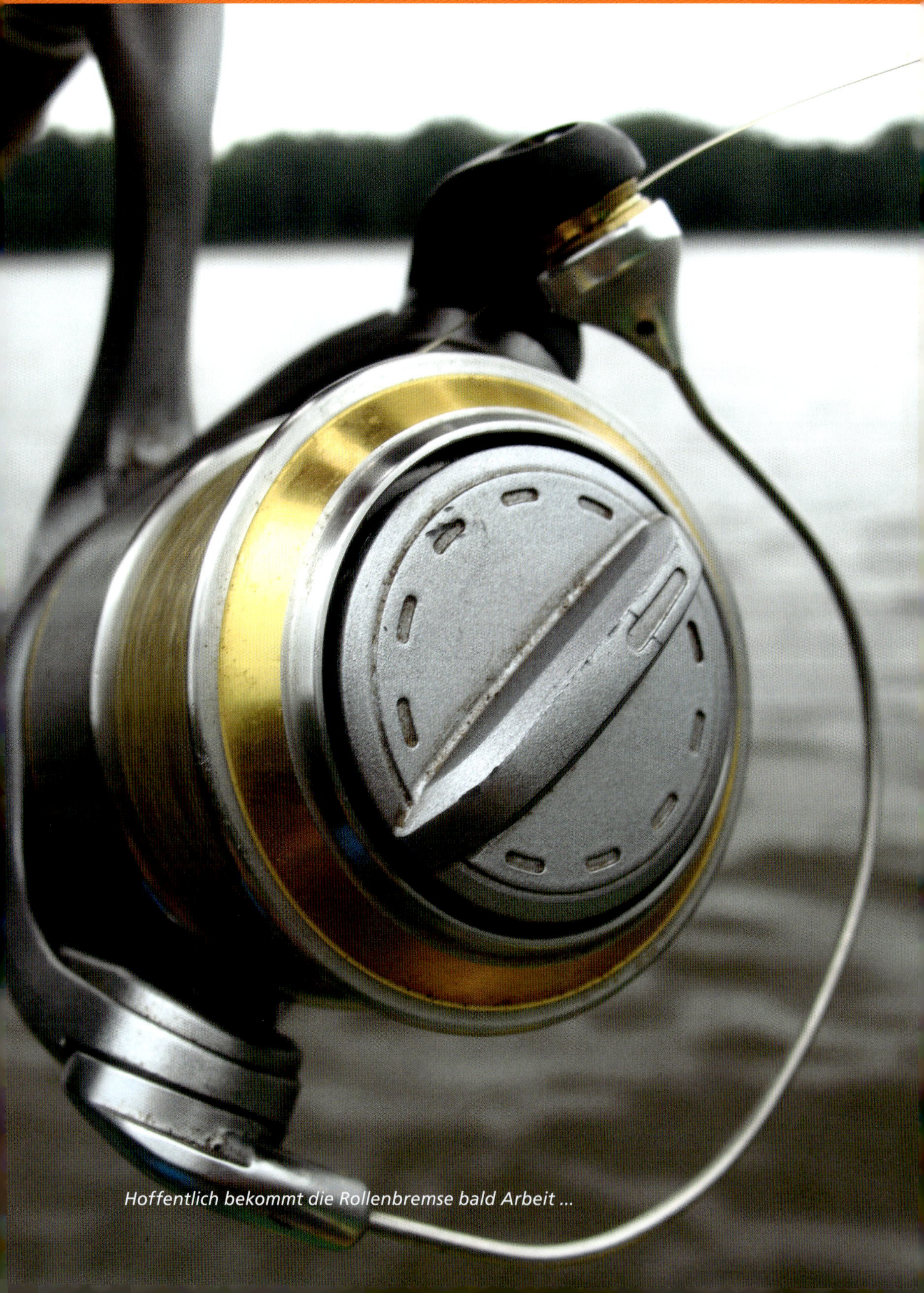

Hoffentlich bekommt die Rollenbremse bald Arbeit …